Heidemarie Winter

Höllenfahrten und Himmelstreppen

Heidemarie Winter

HÖLLENFAHRTEN UND HIMMELSTREPPEN

Der Mensch Notker Wolf

Kösel

MIX
Papier aus verantwortungsvollen Quellen
FSC® C014496

Verlagsgruppe Random House FSC® N001967
Das für dieses Buch verwendete FSC®-zertifizierte Papier
Munken Premium Cream liefert Arctic Paper Munkedals AB, Schweden.

Umschlag: Weiss Werkstatt München
Umschlagmotiv: Heidemarie Winter
Druck und Bindung: GGP Media GmbH, Pößneck
Printed in Germany
ISBN 978-3-466-37123-5

Weitere Informationen zu diesem Buch und unserem
gesamten lieferbaren Programm finden Sie unter
www.koesel.de

INHALT

Notker Wolf 2010 bei der Feier zu seinem 70. Geburtstag in St. Ottilien.

Im Dienst des Ordens

Am 7. September 2000 wählten rund 200 Benediktineräbte aus der ganzen Welt in Rom in der Primatialabtei Sant'Anselmo, dem Hauptsitz der Benediktiner auf dem Aventin, einem der sieben Hügel der Ewigen Stadt, ihren IX. Abtprimas.

Der Abtprimas des Benediktinerordens ist Inhaber eines bewusst vage definierten Ehrenamtes. Er vertritt den Orden nach innen und außen und ist der Vertreter der Benediktiner beim hl. Stuhl, hat aber keine zentrale Leitungsfunktion. Er wird von der benediktinischen Äbtekonferenz für jeweils acht Jahre gewählt; eine Wiederwahl ist für Vier-Jahres-Perioden möglich. Er leitet die Primatialabtei Sant'Anselmo in Rom und ist Großkanzler der gleichnamigen Päpstlichen Hochschule Pontificio Ateneo Sant'Anselmo.

AUS: ORDEN.DE

Wer bis dahin nichts zu tun hatte mit dem Kloster St. Ottilien, der Erzabtei der Missionsbenediktiner im bayerischen Voralpenland am Ammersee, kannte deren Abt und Präses der Ottilianer Kongregation kaum. Notker Wolf, gerade 60 Jahre alt geworden, wechselte 2000 nach Rom, um als der IX. Abtprimas etwa 800 Klöster zu vertreten, in denen heute rund 7 000 Mönche und 16 000 Nonnen und Schwestern leben.

Viel mehr war nicht bekannt in der Öffentlichkeit über diesen neuen Mann an der Ordensspitze. Notker Wolf, geboren 1940 als Werner Wolf in Grönenbach im Allgäu, entschied sich mit 14 Jahren für ein Leben als Missionar, vorerst aber nur für die Klosterschule von St. Ottilien. Nach dem Abitur 1961 trat er in die Erzabtei ein. Mit 37 Jahren wählten ihn die Mönche zu ihrem Oberen. 23 Jahre stand er St. Ottilien vor, bis ihn der Äbtekongress, das höchste Gremium des Benediktinerordens, in Rom zu ihrem Abtprimas wählte, zunächst für acht und dann zweimal für vier weitere Jahre.

Heute kennen viele das Gesicht Notker Wolfs – selbst wenn sie kaum Interesse an Religion und Kirche haben. Sie kennen seine Bücher, haben ihn erlebt in Talkshows, bei Vorträgen oder wenn er als Gitarrist und mit seiner Querflöte in der Rockband *Feedback* mitspielt. Aber das sind Ausschnitte, Momentaufnahmen aus einem Leben, das so viel mehr Facetten hat. Doch fast keine macht einen Notker Wolf wirklich zugänglich. Was treibt er da in seinem 20 qm Büro-Wohnzimmer in Rom? Was motiviert ihn? Wie tickt er und wo will er (noch) hin? Was brennt ihm auf den Nägeln und was ist ihm nicht wichtig?

Vor ziemlich genau 60 Jahren entschied Werner Wolf, sein Leben in den Dienst eines Ordens zu stellen und es damit für Jesus zu geben.

Es wurde ein aufregendes Leben – seit nunmehr 75 Jahren.

Dem Stern folgen

Liebe Schwestern, liebe Brüder,

am 6. Januar wird in vielen Ländern der heiligen drei Könige gedacht, die sich vor 2000 Jahren von weither auf den Weg gemacht hatten, um dem neuen König zu huldigen, den ihnen der besonders helle Stern am Firmament weissagte. So jedenfalls hatten sie dieses Licht am Himmel gedeutet.

Begeben wir uns heute einfach mit den Weisen, den Magiern, den Astrologen auf den Weg. Wir wissen nicht genau, wer sie waren, was das griechische Wort ›Magoi‹ bedeutet. Aber vermutlich waren es orientalische Hofastrologen, die da auf die Suche gegangen sind. Das ist im Grunde echt benediktinisch, denn es war der hl. Benedikt, der dazu aufrief, hinzusehen, ob der Mönch wahrhaft Gott sucht.

Ich glaube, jeder von uns, besonders als Mönch oder Priester, hat einmal den Stern des großen Königs aufgehen sehen, und wir haben uns auf den Weg gemacht, ihm zu folgen.

Für die meisten war es ein langer Weg. Wie die drei Könige trafen wir immer wieder auf einen Herodes, der versuchte, uns vom Weg abzubringen. Auch mir ist es so ergangen, dass mich Leute von meinem Weg abbringen wollten. Als ich meinen Lehrern am Gymnasium sagte, ich würde ins Kloster gehen, waren sie entsetzt. Sie haben mich bedrängt, mein Vorhaben zu ändern. Aber in mir sah ich den Stern, den Stern Jesu, und ich bin ihm gefolgt. Am Ende ist es mir so ergangen wie den Magiern. Wir sind an der Krippe angelangt.

Auf diesem Weg habe ich aber auch bemerkt, dass es noch andere ›Herodese‹ gibt, nämlich in mir selbst. Sie versuchen, mich von diesem Weg wieder abzubringen. Diese Herodese in uns wenden alle Tricks an, das wahre Licht zu verdunkeln. Sie möchten uns mit den Dingen dieser Welt verzaubern. Eitelkeit oder Gefühle oder Ehrgeiz glänzen und geben vor, das Licht des Erlösers zu sein. Es gibt vieles, das uns verblendet, das den eigentlichen Stern durch äußeren Schein verdeckt. Und es gilt, immer wieder zu sehen, dass dies die falschen Ideale sind.

Auch der Weg der Magier war nicht leicht, weit durch die Wüste vermutlich bis von Persien her. Es war ein Weg voller Opfer, aber sie hatten den Stern gesehen und wollten ihm folgen – bis sie in Bethlehem ankamen, im Hause Jesu.

Sie haben die Einladung angenommen und in dem kleinen Kind den neuen König der Juden erkannt, jenen, den das Gottesvolk erwartete. Welchen Beweis haben wir dafür? Es war der Stern, der sie geführt hatte und über dem Haus in Bethlehem stehen blieb. Es war ein Akt des Glaubens, eines Glaubens, der für sie Sicherheit bedeutete.

Dann haben sie ihre wertvollsten Gaben dargebracht, Gaben, die eines Königs würdig waren: Gold, Weihrauch und Myrrhe. Es war das Kostbarste, was sie hatten. Welche Gaben bringen wir dar? Wir müssen alles loslassen, so wie es Petrus zu Jesus gesagt hat. Wir müssen Jesus unser Leben darbringen, unseren Leib, unseren Geist, unsere Gefühle, unsere materiellen und intellektuellen Reichtümer – einfach alles, was wir haben. Nur die Gesamtheit ist dieses Königs würdig, der uns seinen Stern geschickt hat. Das ist die wahre Anbetung. Es geht um unser ganzes Sein.

Gott lässt sich jedoch an Großzügigkeit nicht übertreffen. Er erfüllte die Magier mit übergroßer Freude. Er wird auch uns mit dieser Freude erfüllen. Er selbst schenkt uns das Licht. Ein Fresko in Sacro Speco von Subiaco, in der Höhle, in der der hl. Benedikt drei Jahre lebte, zeigt, wie das Jesuskind seine kleine Hand mit großer Zärtlichkeit auf das Haupt des ersten, vor ihm knienden Königs legt und mit seinen Haaren spielt. Das ist die Gnade, die Gott uns gibt, seine Zärtlichkeit, mit der er uns berührt und uns umfängt.

Mit dieser Freude im Herzen kehrten die Magier in ihr Land zurück. Sie werden übrigens als Heilige verehrt, obwohl sie nicht einmal getauft waren. Sie wurden durch die Gnade des Jesuskinds geheiligt.

Und noch ein letzter Aspekt: Oft sehen wir den Glauben als eine individuelle Tugend an. Die Magier hingegen waren nicht allein, sie waren zu dritt oder viert oder zwölft, wie es die syrisch-armenische Tradition will. Ihr Weg und unser Weg erfolgt in der Gemeinschaft mit andern, die uns begleiten und uns auf unserem Weg stützen. Miteinander werden wir einmal unser endgültiges Land erreichen. »Christus lasse uns miteinander zum ewigen Leben gelangen«, sagt der heilige Benedikt in seiner Regel.

Liebe Schwestern und Brüder, wir haben unseren Weg begonnen, gehen wir ihn mutig weiter, die Augen immer gerichtet auf den Stern, in der Bereitschaft, das Kostbarste zu geben, das wir haben: unser Leben. Und wir werden von übergroßer Freude erfüllt werden.

PREDIGT ZU EPIPHANIE AM 6. JANUAR 2014 IN DER MESSE IN SANT'ANSELMO / ROM

Sant'Anselmo, die Primatialabtei der Benediktiner in Rom.

DER ABTPRIMAS

Das Schiff droht zu sinken

»Es war eine Bruchbude«, sagte Pater Henry O'Shea über die Benediktiner-Zentrale, die Abtei Sant'Anselmo auf dem Aventin in Rom. Er musste es wissen. Über zwölf Jahre lang, seit der Wahl von Notker Wolf zum neunten Abtprimas der benediktinischen Konföderation, saß der gebürtige Ire im Vorzimmer des Benediktiner-Chefs und ›schmiss‹ das Büro, wie er sich in perfektem Deutsch und mit unüberhörbar angelsächsischem Akzent ausdrückte. Allerdings sprach Pater Henry in erster Linie von dem baulichen Zustand des über 100 Jahre alten Gemäuers. Notker Wolf übernahm jedoch an jenem 7. September 2000, als man ihn zum IX. Abtprimas wählte, auch ein inneres Chaos mit einer katastrophalen Situation an der Ordensspitze.

Die Probleme hatten eigentlich schon 1995 begonnen, als der VII. Abtprimas Jerome Theisen am 11. September überraschend starb, ein Jahr vor dem nächsten Äbtekongress, auf dem ein neuer oberster Benediktiner gewählt werden konnte. Ein Jahr lang musste man sich nun mit einem Provisorium behelfen und sich nach einem Kandidaten umsehen. Sehr schnell richteten sich da bereits die Blicke auf den Erzabt von St. Ottilien, Notker Wolf.

Der Äbtekongress 1996 fand nicht, wie gewohnt, in Sant'Anselmo statt, sondern die benediktinischen Oberen trafen sich in Rocca di Papa, einer südöstlich von Rom gelegenen Stadt. Schon im Vorfeld der anstehenden Wahl hatte man begonnen zu sondieren, ob Notker

Wolf überhaupt bereit wäre, das Amt anzunehmen. Er war absolut geeignet für diesen Abtprimas-Posten, weil er bis dahin 19 Jahre als Abtpräses, also als Leiter der Missionsbenediktiner, unterwegs gewesen war in der weiten Welt und mehrere Sprachen sprach.

Allerdings war er sehr beschäftigt, denn seine Initiativen waren erfolgreich: Seine Kontaktaufnahme mit den alten Missionsgebieten in China war inzwischen fest verankert im Gesamtorden, in Form einer permanenten Chinakommission. Unterstützt wurde Notker Wolf von amerikanischen Klöstern, die parallel zu seiner Initiative nach 1985 begonnen hatten, über Taiwan die alten Verbindungen in das nun kommunistische China auf dem Festland aufrechtzuerhalten. Zusammen mit Erzabt Douglas Nowicki von St. Vincent in Latrobe in Pennsylvania initiierte er Mitte der 1990er-Jahre diese Kommission, die dann 1996 vom Äbtekongress installiert wurde. Gleichzeitig stand Erzabt Notker mitten in Verhandlungen über den Krankenhausbau in China. Auch nach Nordkorea waren erste Kontakte geknüpft, die 1996 in konkrete Gespräche mündeten über ein mögliches Engagement des Ordens vor Ort. Zu Hause am Ammersee wurde über die Einrichtung eines Klosterladens debattiert. Da gab es Vorbehalte, Bremser, Diskussionen im Konvent. Der Erzabt entschied sich dennoch für den Bau des Gebäudes.

Und jetzt blickten die benediktinischen Äbte und Oberen auf ihn und wollten ihn nach Rom holen. Das Murren im Heimatkloster und in der Kongregation der Missionsbenediktiner war nicht zu überhören. Notker Wolf machte schließlich etwas ganz Neues. Direkt vor der Wahl beim Äbtekongress 1996 fragte er ›seine Leute‹, die Äbte der Ottilianer-Kongregation, ob sie ihn denn im Falle einer Wahl gehen ließen. In einer eilends anberaumten Sitzung taten die Oberen dann sehr klar und deutlich kund, dass sie dazu gerade jetzt nicht bereit seien. Ihre hochroten Köpfe, mit denen sie den Tagungsraum verließen, sprachen Bände – und Notker Wolf lehnte dementsprechend einen Wechsel nach Rom schon vor der Wahl ab.

Es gab noch einen weiteren, sehr privaten Grund, weshalb er vorerst lieber in Bayern bleiben wollte. Seine Mutter war krank, oft auch im Krankenhaus, und es war ihm wichtig, in der Nähe zu sein. Also war sehr schnell klar, dass der Orden einen neuen Kandidaten finden musste.

Der Mann mit der roten Kappe

So kam man auf Marcel Rooney. Auch Erzabt Notker unterstützte die Kandidatur des langjährigen Professors für Liturgie an der Hochschule Sant'Anselmo. Über ihn als Abt von Conception Abbey in Missouri in den USA und über sein Geschick bei der Leitung größerer Organisationen wusste allerdings kaum jemand etwas. Weshalb sich der Äbtekongress 1996 dann auch gehörig verkalkulierte bei der Wahl von Marcel Rooney zum VIII. Abtprimas. Der Amerikaner gehörte zu jenen Menschen, die ihre Entscheidungen allein zu treffen pflegten, und das in der alten, selbstherrlichen Art der weisungsungebundenen Äbte. Was sich auch in Äußerlichkeiten zeigte. So hielt er den Pileolus, das Käppi, das die katholischen Würdenträger auf dem Kopf tragen, in Rot für sich als angebracht, was normalerweise den Bischöfen vorbehalten ist.

Die zeitlichen Umstände verschlimmerten den Fehlgriff zusätzlich. Marcel Rooney war weiterhin an der Ordensspitze, als die Feierlichkeiten zur Jahrtausendwende anstanden. Pompös und würdig sollten sie werden auf dem Aventin. Er plante tägliche Konzerte in der Kirche, die mitgeschnitten und auf CD gepresst werden sollten. Dem Nachfolger flatterten später Schadensersatzforderungen für den am Ende ungenutzten technischen Aufwand ins Haus. Dass sich der Stab um Marcel Rooney, genauso wie die Klostervorsteher und die Mitbrüder, inzwischen immer weiter von ihm entfernten, bemerkte der Abtprimas nicht. ›Kommunikation‹ war unter seiner Ägide ein Fremdwort. Die Visitation in Sant'Anselmo im Februar 2000, wie immer vor einem Äbtekongress, brachte eklatante Mängel an den Tag. Noch wenige Monate vor dem Äbtetreffen im Herbst trat eine Kommission zusammen, die ihn erneut auf dringende Veränderungen hinwies. Aber Marcel Rooney war beratungsresistent.

Notker Wolf gehörte zu denen, die versuchten, ihn im Amt zu halten, »… durch irgendwelche Konstruktionen, die man halt so macht«. Er schlug einen Rat vor, ein Gremium, ohne das der Abtprimas bei bestimmten Themen nicht mehr allein entscheiden sollte. Aber die Stimmung schlug bereits um, die ersten der stimmgewichtigen Äbte hatten die Nase voll. Man legte Marcel Rooney den Rücktritt nahe. Und Notker Wolf sah das nächste Damoklesschwert auf sich zukommen: Man würde wieder ihn für die Nachfolge vorschlagen. Das wollte er weiterhin verhindern.

Was ihn schließlich umdenken ließ, war die Tatsache, dass, als der Äbtekongress näher rückte, die Funktionsträger in Sant'Anselmo, der Rektor der Hochschule, der Cellerar, der Prior, ihren Rücktritt ankündigten. Wenn Rooney nicht geht, verlassen eben sie das ›sinkende‹ Schiff. Das konnte Notker Wolf nicht zulassen.

Die Kommission wurde unruhig. Marcel Rooney sollte sich endlich erklären. Und Notker Wolf bat man, den Unentschlossenen zum Rücktritt zu drängen. Immer wieder sprach der ihn an, wann das denn endlich geschehen werde. Aber der Amerikaner wand sich, sagte zu, zögerte wieder und schaltete am Ende sogar Papst Johannes Paul II. ein. Der Pontifex riet ihm schließlich, das zu befolgen, was sein Rat ihm empfahl: zurückzutreten.

Im Frühsommer 2000 wusste Notker Wolf, dass er sich bei der möglichen Wahl eines neuen Abtprimas – denn keiner wusste zu diesem Zeitpunkt, ob Rooney wirklich abdanken würde, weil ein Abtprimas beim ersten Mal immer für acht Jahre gewählt wird – auf dem Äbtekongress im Herbst nicht mehr werde entziehen können und dass vor allem seine Mitbrüder im Kloster ihn nun gehen ließen. Unter diesen Vorzeichen feierte er im Juni seinen 60. Geburtstag. »Jetzt bin ich also 60. Und während andere da schon an Rente denken, habe ich vielleicht noch ganz andere Perspektiven.« Schulkamerad Wolfgang Höchenberger, Gast bei dieser Feier, erinnert sich gut an diesen Satz – und verstand zunächst kein Wort. Schon gar nicht verstand er, warum Notker Wolf sich jetzt, ›wo der Laden doch läuft‹ – womit er die Erzabtei meinte –, dazu noch in diesem Alter ein weiteres Mal auf etwas Neues einlassen wollte.

Notker Wolf in Sant'Anselmo, 2007.

Der Erzabt schätzte die Situation gelassener ein. »Ja mei, was machsch, wenn 200 Äbte da sind und dich wählen? Schlecht zum Absagen!« Hingedrängt zu diesem Job habe Notker Wolf sich nicht, meinte der Schulkamerad. Aber dass er es trotzdem gern machen würde, »hat man schon ein bisschen draus schließen können«. Somit war schon im Vorfeld klar, wer Marcel Rooney nachfolgen würde, wenn der denn geht. Manch einer der insgesamt 240 stimmberechtigten Äbte verzichtete daraufhin sogar auf die Anreise nach Rom, was die Wahl weiter beschleunigte und Gegenkandidaten zu Randerscheinungen werden ließ.

Zwei Jahre später fand Notker Wolf die passenden Worte für diese Umbruchzeit, die den Zusammenschluss der benediktinischen Gemeinschaften stark strapaziert hatte. In einer Rede brachte er es mit einem Satz der italienischen Revolutionsbewegung auf den Punkt, der ihm schon immer zugesagt habe: La lotta continua – Der Kampf geht weiter.

Bleibt noch anzumerken, dass nicht alle ihm zugetraut hatten, dass er ›den Karren wieder aus dem Dreck zieht‹. Die Nr. 4 der Missionsblätter von 2002, herausgegeben vom Kloster St. Ottilien, vermerkte, dass nun die Zweifel verschwunden seien, ob Notker Wolf den Strapazen dieses Amtes wirklich gewachsen sei. Man glaubte zudem, dass er sich inzwischen akklimatisiert habe.

Sant'Anselmo

In Rom hatte man solche Zweifel weniger. Zwar blieben die Nachwirkungen dieser chaotischen Zeitspanne dem neuen Abtprimas noch eine Weile erhalten, aber die Konföderation traute ihm die Bewältigung vorbehaltlos zu. Man wollte auch gleich wieder den für Rooney eingerichteten Rat abschaffen. Nur Notker Wolf war sofort klar:

> *Jetzt hab ich die Struktur, die ich brauche. Ich behalte diesen Rat. Das sind die wichtigsten Leute, die Hauptverantwortlichen im Haus. Mit ihnen treffe ich mich einmal im Monat, vor allem wegen der Finanzen.*

Entscheidend für das Gelingen war jedoch, dass Abtprimas Notker von Anfang an vom bis dahin vorherrschenden autoritären Führungsstil zum partizipativen wechselte. Das sollte die folgenden Jahre seiner Amtszeit auch so bleiben.

Der IX. Abtprimas

Die Wahl des IX. Abtprimas der Benediktiner im Jahr 2000 erinnerte ein wenig an Abstimmungen in kommunistischen Staaten. Die haushohe Mehrheit für den Missionsbenediktiner vom Ammersee ließ jeden Mitbewerber in Bedeutungslosigkeit versinken – was sich nach acht und nach weiteren vier Jahren bei der Wiederwahl von Notker Wolf fortsetzen sollte. 2000 zwang ihn so die Konföderation praktisch ins Amt. Und die Mitbrüder in Deutschland gaben auch ihre Einwilligung: »Tu's. Es bleibt nichts anderes übrig. Das ist das Opfer unserer Kongregation«, sagten sie.

Die Benediktinerzentrale liegt idyllisch und jenseits der Hektik der italienischen Metropole.

Obwohl die Wahl Notker Wolf nicht mehr überraschend traf, hatte er keine Zeit für einen geregelten Umzug nach Rom. Er packte einfach alles unsortiert in ein Auto und brach mit Bruder Ludwig Kastl gen Italien auf. Mit im Gepäck noch ungelöste Probleme in China mit dem von ihm mitfinanzierten Krankenhaus. Zehn Tage nach seiner Wahl zum Abtprimas reiste er darum erneut nach Ostasien, um die aufgetretenen Schwierigkeiten in den Griff zu bekommen. Dann, so hatte er sich vorgenommen, geht das ganze Projekt in andere Hände über. Als Abtprimas wollte er nicht länger dafür zuständig sein. Aber er wurde die Verantwortung bis zum Ende des Engagements der Missionsbenediktiner/innen im chinesischen Meihekou 2009 nie wirklich los.

So hektisch der Übergang vom Erzabt zum Abtprimas von außen wirkte – für Notker Wolf blieb es ›business as usual‹. Die Schwierigkeit, für die eine oder andere Aufgabe geeignete Mitarbeiter unter den eigenen Leuten zu finden, hatte ihn 23 Jahre im Kloster begleitet und sollte die nächsten 15 Jahre auch auf dem Aventin so bleiben. »Ich war es eben gewohnt, dass ich zu wenig Hilfskräfte habe, dass ich vieles selbst machen muss. Mein Stil hat sich nicht geändert.« Eines allerdings wusste er sofort. Ein reiner Verwaltungsjob wird das in Sant'Anselmo nicht werden: »Das hatte ich früher einmal gemeint. Aber das können andere machen, dazu brauchen sie mich nicht.«

Sant'Anselmo, ein ›Studienhaus für befähigte junge Mönche‹, war bereits 1687 von der italienischen Benediktinerkongregation eingerichtet worden. Dieses Haus war der Abtei St. Paul vor den Mauern angegliedert und stand unter dem Patronat des heiligen Anselm von Canterbury. Nachdem es in den Wirren des 19. Jahrhunderts den Betrieb eingestellt hatte, eröffnete Papst Leo XIII. (1878–1903) das Studienhaus 1887 wieder, ausdrücklich für die Benediktiner in der ganzen Welt, um sie hier auf die Priesterweihe vorzubereiten. Der Pontifex erwarb auch den Bauplatz auf dem Aventin, einem der sieben Hügel Roms, und finanzierte weitgehend den Bau der Primatialabtei. 1896 konnten 80 Studenten und 20 Professoren das neue Kolleg beziehen. Die Weihe der Kirche, der offizielle Abschluss der Bauarbeiten, fand am 11. November 1900 statt.

Gleichzeitig mit der Schaffung dieser zentralen Ausbildungsstätte für den Benediktinerorden verfügte Papst Leo 1893 auch den Zusammenschluss der damals 13 bestehenden altbenediktinischen Kongregationen zu einer Konföderation. An deren Spitze sollte ein Abtprimas ›als Symbol der Einheit‹ stehen, ausdrücklich nicht ein Generaloberer eines zentralisierten Ordens. Leo XIII. ernannte den ersten Abtprimas, den belgischen Abt Hildebrand de Hemptinne. Danach lag es am Äbtekongress, der Versammlung aller benediktinischen Oberen, sich ihren Repräsentanten und Leiter der Studieneinrichtung auf den Aventin zu wählen.

Wenn man Notker Wolf nach diesen Anfängen fragt, nach den ersten Wochen und Monaten im Anschluss an seinen mittlerweile dritten Umzug nach Rom Ende 2000, und wenn er dann auch bereit ist, darüber zu sprechen, dann kommt dieser Satz vom Alleinsein:

> *Das war nicht so leicht, wie ich mir das vorgestellt hatte. Es gab plötzlich keine Gemeinschaft mehr. Auf einmal kam ein Gefühl der Heimatlosigkeit auf, das mir bisher unbekannt war. Es hat einige Zeit gebraucht, bis ich mich umgestellt hatte.*

Berge von Post erreichen tagtäglich den Schreibtisch des Abtprimas in Sant'Anselmo (2005). Mittlerweile ist zwar das Papier nicht weniger, die elektronische Form dagegen wesentlich mehr geworden.

Hinzu kam, dass ›sein‹ Kloster nicht nur in weite räumliche Ferne gerückt war, sondern er hatte von heute auf morgen dort nichts mehr zu melden, auch wenn das völlig in Ordnung war und er sich bewusst ganz heraushalten wollte.

Von dieser Einsamkeit dort oben an der Ordensspitze sprach auch einer seiner Vorgänger. Rembert Weakland, V. Abtprimas von 1967 bis 1977, hatte sich ähnlich gefühlt. Sant'Anselmo ist nämlich kein Kloster im üblichen Sinn. Mitbrüder wie in St. Ottilien, mit denen Notker Wolf 23 Jahre lang – mehr oder weniger – verwachsen war, gibt es dort nicht. Die 80 Studenten im Collegio, vorwiegend benediktinische Mönche, leben zwar mit im monastischen Rhythmus, also mit Laudes am Morgen, Messe, Mittagshore, Vesper und Komplet, aber sie gehen nach einiger Zeit wieder, wie an einer Universität üblich.

Sant'Anselmo ist offener als ein Kloster, auch wenn die Gebets- und Essenszeiten fester Bestandteil im Tagesablauf sein sollen für alle Bewohner des Hauses. Aber nicht alle studieren im Haus. Da wird die Kontrolle schwierig, auch wenn der Prior ein Auge auf die Disziplin der jungen Mönche hat. Schließlich wohnen sie in einem Studienhaus mit monastischer Prägung. Dennoch nimmt das Private einen größeren Raum ein als im Heimatkloster – für die Neuankömmlinge oft einen zu großen.

Auch der Abtprimas hat einen ›Privatbereich‹, etwas mehr als eine Klosterzelle, man könnte sagen, eine Zwei-Zimmer-Wohnung. Es gibt ein Wohnzimmer, das zudem als sein Büro fungiert mit einem direkten Zugang zum Sekretariat und das groß genug ist, um auch einmal Besucher, Presseleute vor allem, zu empfangen. Ins Schlafzimmer würden gerade mal sein Bett und sein Schrank passen, sagt er, wobei sein Bett geräumigere Maße hat als zum Beispiel in Priesterseminaren üblich. Notker Wolf kann nämlich schmale, kurze Betten und ebensolche Bettdecken nicht leiden.

Das Schlafzimmer war früher größer, erzählt er weiter. Unter Abtprimas Viktor Dammertz wurde in den 1970er-Jahren ein Raum abgeteilt, weil Dammertz ›etwas Gemütliches‹ haben wollte. Nun hat Notker Wolf daraus ein Musikzimmer gemacht. Die ›Schallisolierung‹, die durch die Medien geistert, ist jedoch lediglich eine abgehängte Decke. »Viel zu wenig«, um als Übungsraum für Rockmusiker durchzugehen. Ein kleines Badezimmer und eine Teeküche vervollständigen ›die Wohnung‹. In der Teeküche kocht Notker Wolf sich vielleicht einen Grüntee oder einmal schnell einen Nescafé am Morgen. Kochen in den eigenen vier Wänden, wie sein Vorgänger, das mag er nicht. Wozu auch, das Haus hat Vollpension. Und im Speisesaal oder auf dem Weg dorthin sind die Mitbewohner, finden die Gespräche, das Leben statt.

Blick vom Dach der Benediktinerabtei auf Rom bis hinüber zu Sankt Peter.

Zwei Besonderheiten haben die Privatgemächer des Abtprimas. Ein kleiner Balkon mit Blick auf den Stadtteil Testaccio und die Tag und Nacht lärmende Via Marmorata und der gern genutzt wird für eine kleine Pfeifen- und Zigarettenpause der Besucher, schon des Blickes wegen. Eigentlich aber ist dies nicht notwendig, denn – darauf legt Notker Wolf Wert – in seinen Räumen ist Rauchen erlaubt.

Die zweite Besonderheit ist eine Kostbarkeit, eine Reliquie, eine echte, ›blutige‹, ein Stück Knochen vom Arm des Missionars und inzwischen heiligen Pierre Chanel. »Das ist für mich ganz wichtig«, sagt Notker Wolf, denn dieser Heilige habe ihn dahin gebracht, wo er heute ist.

Wenn ich mich für den Herrgott einsetze, gibt er Erfolg. Aber er gibt ihn a) anders, als ich es mir vielleicht vorstelle, und b) zu seiner Zeit. Und das gibt mir eine gewisse Sicherheit, die andere sich nicht vorstellen können.

Zum Gotterbarmen

Was Notker Wolf nahtlos weitergeführt hat als Abtprimas – und womit er fest gerechnet hatte, dass er es endlich los sein würde, als er das Amt in Rom übernahm –, waren die permanenten ›Betteleien‹. Die Finanzen in Rom schienen geklärt durch die Abgaben der Klöster – was aber nur für den täglichen Betrieb reicht. Statt für Schulen in Afrika und Indien, statt für Krankenhäuser in China oder Nordkorea ging Notker Wolf nun für die Sanierung seiner Päpstlichen Philosophisch-Theologischen Hochschule auf Geldsuche, denn der Zustand der über 100 Jahre alten Gebäude an der Piazza dei Cavalieri di Malta samt der vorsintflutlichen Ausstattung waren zum Gotterbarmen.

Die Kirchenwände zeigten erste Risse, das Dach, nicht nur der Kirche, war undicht. Notker Wolf hielt mehr als einmal die Messe zwischen Wassereimerchen. Der Glockenturm begann zu zerbröseln, sodass das Geläut längere Zeit schweigen musste – wegen akuter Einsturzgefahr. Darum musste auch gestrichen werden, was eine schöne Tradition bei den Benediktinern in Rom hat, nämlich in der Silvesternacht den Turm zu besteigen und nach dem gigantischen Blick auf das Feuerwerk in der Stadt ein Gläschen Prosecco zu trinken. Aber nicht nur oben, auch im Kellergeschoss von Sant'Anselmo lag vieles im Argen. Hier sind die hauswirtschaftlichen Einrichtungen untergebracht wie Waschküche oder Vorratsräume. Die Feuchtigkeit in den Wänden nagte schon lange an den Geräten, den Installationen und Leitungen.

Die Zimmer des Collegio, in denen rund 100 Studenten und Professoren untergebracht sind, waren nur mit einem kleinen Waschbecken ausgestattet und es gab auch nur kaltes Wasser. Die Heizkörper in den Zimmern waren nicht regulierbar. Obwohl Rom nicht zu den Kältepolen zählt, kann es im Winter frisch werden in der Ewigen Stadt – oder extrem heiß in den Sommermonaten. Die alten Fenster boten da keinen Schutz. Der Fensterkitt bröselte und der Wind pfiff durch die Ritzen. Später, als man daranging, neue Fenster einzusetzen, und dafür das Mobiliar aus den Zimmern geräumt werden musste, ist es einfach auseinandergefallen. Nicht zu vergessen die Betten, die sich bei Benutzung von selbst in Hängematten umwandelten.

Kurzum, es taten sich Abgründe auf für Notker Wolf, und die Bitten um finanzielle Zuwendungen wurden eher mehr. Also suchte er weiter Sponsoren für die Sanierung der römischen Zentrale, für eine moderne Telefonanlage, für Fahrstühle und die Ausstattung der Hochschule mit Computerplätzen für die Studenten. Mittlerweile sind auch Gemeinschaftsräume wie der Speisesaal für knapp 200 Personen, der Kapitelsaal und ein Aufenthaltsraum für die rund 450 externen Studierenden vor dem Verfall gerettet. Die Dachsanierungen konnten ebenfalls dank einiger Großspenden komplett abgeschlossen werden.

Die Kosten für Umbauten, Sanierung und Renovierung belaufen sich inzwischen auf rund sechs Millionen Euro, verteilt auf die letzten sieben Jahre. Diese Summe aufzutreiben und richtig einzusetzen, liegt allein in der Verantwortung des Abtprimas. Den grünen Baukran, der jahrelang vor dem Kloster in den Himmel ragte, hatte Notker Wolf zu Beginn der Arbeiten kurzerhand gekauft, um die langen Standgebühren zu sparen. Bezahlt wurde der Kran aber nicht mit Spendengeldern, sondern der Abtprimas finanzierte ihn mit seinen Buchtantiemen. Inzwischen ist das Gerät abgebaut. Statt es weiterverkaufen zu können, wie geplant, musste es jedoch verschrottet werden. Da hatte man den Benediktiner gelinkt.

Fester Bestandteil der Finanzierung des Ateneo, also der Universität, sowie des angeschlossenen Collegios und der Curie sind die Abgaben der Klöster pro Mönch mit Profess. Das summiert sich auf rund eine halbe Million Euro jährlich. Zwar wird auch Personal für den Lehr- und für den Hausbetrieb von den Klöstern gestellt – mit abnehmender Tendenz allerdings –, dennoch muss die Hochschule mit einem Etat von rund einer Million Euro im Jahr auskommen. Ein zweites Finanz-Standbein sind Spenden und Zuwendungen, die mittlerweile in Stiftungen verwaltet werden. Bei Amtsantritt von Notker Wolf existierte eine Stiftung in den USA, die sich weitgehend auf die Unterstützung des Liturgischen Instituts konzentrierte. Nachvollziehbar, denn welcher US-amerikanische Gönner gibt schon Geld für irgendwelche Bauten im fernen Rom? Inzwischen wurde die Stiftung umbenannt in die *Saint Benedict Education Foundation,* die vor allem Stipendien für Studierende an der Benediktinerhochschule vergibt, deren Gemeinschaften die Studiengebühren nicht aufbringen können.

Für Benediktinerklöster hat übrigens die Lehrtätigkeit an Schulen und Hochschulen, aber auch an Handwerkerschulen eine lange Tradition, die schon zu Zeiten des heiligen Benedikt begann, als Kindern in Klöstern Bildung vermittelt wurde. Daraus sind bis heute viele Klosterschulen entstanden, oft mit angegliederten Internaten.

Personal – woher nehmen?

Neben der permanenten Suche nach Geldern für die diversen Vorhaben in Sant'Anselmo fehlt es Notker Wolf – bis heute und immer öfter – vor allem an Personal. Die Klöster in Europa und den USA dünnen aus. In Indien, Korea oder auf den Philippinen sind die Gemeinschaften zwar wesentlich besser aufgestellt, aber auch hier stagnieren mittlerweile die Neueintritte. Die Fremdsprachenkenntnisse dieser Mitbrüder halten sich oft in Grenzen oder ihre fachliche Ausbildung ist auf einen anderen Kulturkreis bezogen. Werden sie dann für die praktischen Arbeiten in Sant'Anselmo eingesetzt, um sich vor Ort erst einmal einzugewöhnen, kommt schnell der Vorwurf, man würde

sie ›wie Sklaven‹ behandeln. »Aber das ist Unsinn«, sagt der Abtprimas. »Sie helfen mir und ersparen mir Angestellte.«
Abgesehen davon, dass es schwierig ist, gute Leute zu finden, werden die Fähigen nicht gern von ihren Äbten freigestellt. Das weiß Notker Wolf nur zu gut. »Deshalb wohnen auch, wenn ich heute um jemanden bitte, immer zwei Herzen in meiner Brust. Ich war ja auch mal Abt eines Klosters.« Besonders prekär wird die Situation, wenn Führungskräfte wie der Rektor der Hochschule oder der Cellerar oder der Prior in ihre Heimatklöster zurückwollen oder -müssen oder wenn sie zum Abt gewählt werden. Zwei Mönche waren diesem möglichen Rückruf ihrer Klöster nicht unterworfen. Sie waren dem Abtprimas nicht nur für zwei, drei Jahre ›ausgeliehen‹: der Sekretär Pater Henry O'Shea und Pater Markus Muff, Benediktiner aus dem Schweizer Kloster Engelberg.

Zwei feste Größen

Als Notker Wolf 2000 daranging, sein Büro handlungsfähig zu machen, erinnerte er sich an den Iren Henry O'Shea aus Glenstal Abbey. Der sei, hatte er gehört, ein akribischer Mensch, hatte in Würzburg studiert und einige Jahre in Münsterschwarzach gelebt, sprach somit deutsch. Also fragte er dessen Abt, ob er ihn entbehren könne. »Wir können dich nicht zur Wahl zwingen und dich dann allein sitzenlassen«, erhielt er als Antwort, und Pater Henry wurde freigestellt für Rom. Elf Jahre sollten es werden, in denen der Ire Kongresse, Synoden und die monatlichen Ratssitzungen organisierte, samt Unterbringung der Teilnehmer. Er konzipierte die Tagesordnungen – die der Abtprimas meistens nicht mehr änderte – und führte das Protokoll. Henry war zudem Prokurator am Heiligen Stuhl. Das heißt, er war derjenige, der die zeitraubenden Gänge in den Vatikan unternahm, um irgendeine Unterschrift unter irgendeine Erlaubnis zu erhalten. Eine weitere, regelmäßige Aufgabe blieb dem Sekretariat und somit auch Pater Henry ebenfalls nicht erspart. 500 bis 600 Weihnachtsgrüße – jedes Jahr – wollen verschickt werden, die der Abtprimas zuvor eigenhändig unterschrieben und in vielen Fällen noch mit einem persönlichen Gruß versehen hat.

Äbte unter sich: v. l. Altabt Daniel Schönbächler von Disentis/CH, Abt Bernhard M. Lambert (†) von Scheyern, Abt Thomas M. Freihart von Weltenburg und Notker Wolf.

Die Gespräche der beiden fanden weitgehend auf Englisch statt. Das liege, so erläuterte Pater Henry, nicht an fehlenden Fremdsprachenkenntnissen, sondern daran, dass Notker Wolf sich gern im Gebrauch des Englischen übe. Die Sprache seines Sekretärs war gespickt mit ausgefeilten englischen Redewendungen, die der Abtprimas dann in seine Vorträge vor englischsprachigen Äbten einfließen ließ und für ein »if you take that you have a lot of coming to you« verblüffte Blicke erntete: »Wo hat er das gelernt?« Ganz wichtig aber war Henrys Platz am Telefon, wenn Notker Wolf gerade wieder im Flieger saß, einen Vortrag hielt oder in irgendeinem Funkloch in Afrika, Asien oder Amerika weilte, wohin das Handy oder die E-Mail nicht reichten. Der Chef war also weg, und der Mann im Büro musste den ungeduldigen Abtpräsides oder Äbtissinnen Rede und Antwort stehen am Telefon. »Was würde er jetzt antworten?«, fragte sich Pater Henry mehr als einmal.

Dieses ständige Unterwegssein des Abtprimas stieß und stößt im Orden nicht nur auf Verständnis. Aber für Notker Wolf, wusste Henry, ist dieses permanente Beschäftigtsein sehr wichtig. »Living on his nerves« nannte das der Sekretär. Gleichzeitig erzählte er von der Fähigkeit des ›Primas‹, zuzuhören und die richtigen Worte zu finden.

Einmal hatte Notker Wolf vier Stunden Zeit zwischen zwei Flügen, um seinen Kofferinhalt auszuwechseln und sich mit den neuen Unterlagen für den nächsten Termin zu versorgen. Nebenbei waren dann noch Unterschriften zu leisten, dringende Dinge zu entscheiden und Arbeiten neu zu verteilen. Da hinein platzte ein junger Student, der seine Probleme unbedingt und dringend und nur dem Abtprimas vortragen wollte. »Naja, schau mer mal«, habe der gesagt und den jungen Mann reden lassen. Nach zweieinhalb Stunden sei der Student ›halbwegs glücklich‹ gegangen. »Ja, und was ist mit deinem Flug?«, wollte Pater Henry wissen. Die Antwort kam prompt: »Eigentlich bin ich Primas geworden, um mit ihm zu reden, nicht um meinen Flug zu erreichen.«

Diese Geschichte endet mit dem, was Notker Wolf gepachtet zu haben scheint, nämlich mit Glück. Die Maschine hatte Verspätung, und er erreichte sie daher noch. Von solch glücklichen Umständen wusste Henry noch mehr zu berichten. Ein Besuch in seiner irischen Heimat, zusammen mit dem Abtprimas, sollte von einer Gartenparty gekrönt sein. Ein absolut verrücktes Unterfangen, denn in Irland regnet es immer, war sich Henry sicher. Fünf Tage waren sie dort – fünf Tage Sonnenschein.

Der zweite ›unlimited‹ Mitarbeiter in der Benediktinerzentrale in Rom ist Pater Markus Muff. Der Schweizer war Notker Wolf bereits Mitte der 1980er-Jahre begegnet, als er in Sant'Anselmo studierte. Eines Tages hatten Pater Markus und ein Mitbruder den damaligen Erzabt von St. Ottilien auf einer Treppe ›aufgelesen‹, zusammengekrümmt vor Schmerz wegen einer Nierenkolik.

> *Damals war mir schon klar, ich würde mal mit ihm zusammenarbeiten. Das kam mir einfach so in den Sinn, obwohl es eigentlich nicht sein konnte. Er ist der Abt von St. Ottilien und ich bin ein Engelberger. Aber es hat sich trotzdem so ergeben – 20 Jahre später.*

Der Abtprimas kann sich an diese Begebenheit nicht mehr erinnern.

Pater Markus hatte recht behalten. Auf dem Äbtekongress 2004 war beschlossen worden, dass man – als Unterstützung für viele anstehende Aktivitäten – in Sant'Anselmo einen Mann brauchte, der sich um die Fortentwicklung, vor allem der Hochschule, kümmern sollte. Notker Wolf begann sich mit den Äbten und mit Rektor Mark Sheridan zu beraten. Der Abt von Engelberg in der Schweiz bot schließlich an, einen Mann aus seinem Kloster, der passen würde, zur Verfügung zu stellen.

Das ›Developement Office‹, das Pater Markus leiten sollte, war anfänglich recht diffus mit Infrastruktur-, Finanz- und hochschulinternen Fragen befasst. Schnell wurde aber klar, dass das gesamte ›Ordensmanagement‹ einen zeitgemäßen Rahmen benötigt. Das bedeutet, dass es nicht nur zukunftsweisender Projekte bedurfte, sondern sie müssen auch kommuniziert werden, um dann die entsprechende finanzielle Unterstützung zu erhalten. Die Geldgeber wiederum wollen konkrete Vorhaben und eine klare Planung. Aus dieser Überlegung heraus wurde ein ›Advisory Board‹ eingesetzt, ein Gremium, das als eine Art Ideengeber fungiert. Hier tauschen sich die Benediktineräbte aus, deren Gemeinschaften eigene Hochschulen betreiben, und sie werden dabei von Persönlichkeiten aus dem Bereich der akademischen Bildung beraten.

Mit der Einrichtung dieser beiden Stellen hatte Notker Wolf aber etwas noch viel Wichtigeres in Gang gesetzt. In Sant'Anselmo war eine ›Kommunikationskultur‹ entstanden und daraus ein gemeinsames Bild von der Hochschule, das über die einzelnen Fachbereich hinausgeht. Auch das war ein neuer Wind, der in den Klöstern – und Hochschulen – bisher nicht unbedingt üblich war.

Noch mehr neuen Wind brachte der Generationswechsel an der Universität mit sich, eingeläutet durch den Weggang von Rektor Mark Sheridan 2009. Die nachrückende Professorenschaft war zunächst unsicher. Wohin soll es gehen mit der Hochschule, innerhalb des Ordens und inhaltlich? Am Ende zwangen auch noch äußere Umstände zu raschem Handeln. Die Studentenzahlen stagnierten. Rund 40 Prozent der Studierenden kommen heute aus Ländern (USA, Italien, deutschsprachige Staaten), die immer weniger Mönche und Nonnen oder Schwestern in ihren Klöstern zählen. Und schließlich ist die universitäre Konkurrenz in Rom groß. Pater Markus brachte es auf den Punkt:

> *Die Schwierigkeit ist, dass du in Rom ein kleines Mäuschen bist, denn da gibt es so viele große Mäuschen und so viele Ratten und so viele Katzen in Rom. Und sie alle haben Hunger, und alle brauchen etwas. Sant'Anselmo kommt immer zuletzt, weil die Abteien erst einmal für sich schauen müssen. Natürlich sind viele großzügig und unterstützen die Hochschule finanziell. Aber das Hemd ist näher als die Hose, sagt man. Und der arme Abtprimas sitzt da und hat keine Mittel, keine Leute, hat nichts und soll eine Hochschule betreiben.*

Eine attraktive Universität verlangt gutes Personal, namhafte Professoren und zukunftsorientierte Studiengänge. Weil aber weniger Benediktiner weniger Studenten und dann auch weniger akademischen Nachwuchs aus den eigenen Reihen hervorbringen, müssen Dozenten eingestellt werden. Das erhöht die Kosten für die Hochschule und bewirkt höhere Studiengebühren, die wiederum ärmere Klöster in den Entwicklungsstaaten nicht aufbringen können.

Für die Universität fehlte das Geld an allen Ecken und Enden und daher war Notker Wolf schon früh klar, dass noch eine weitere Stiftung nötig ist, mit Sitz in Europa und ausgerichtet auf die Aufgaben und Bedürfnisse von Sant'Anselmo. Keiner wusste aber so recht, wie es anzupacken war. »Ich habe gesagt, so etwas brauche ich. Es war mir aber nicht klar, wie so eine Stiftung eingerichtet werden kann. Ich hatte gemeint, alles geht viel leichter«, räumte Notker Wolf später ein.

Wer sich damit weitaus besser auskannte, war Pater Markus. Er hatte bereits in seinem Heimatkloster als ›Financier‹ gearbeitet und war gut vernetzt bei den Eidgenossen. Mit seiner Hilfe begann der Abtprimas eine neue Stiftung aufzubauen. Die Organisation war gedacht als ein ›Arbeitsmittel‹, ein ›Gemeinschaftswerk‹, mithin ein Ort, wo Gelder, also Spenden, und Projekte zusammenkommen. Wichtig war der Ordensspitze dabei, dass es steuerlich sauber gehandhabt wird, »nach den Regeln der heutigen Welt funktioniert«, also auch von Dritten kontrolliert wird. Das heißt, es gibt Rechenschaftsberichte, die in jedem Detail nachprüfbar sind. »Aber damit es nicht nur recht rauskommt, sondern auch entsprechend kommuniziert wird, braucht man Strukturen. Und diese Struktur ist die ›Foundation Benedict‹«, erklärt Notker Wolf. Sie wurde 2007 in Luzern gegründet.

Die Anforderungen steigen

Nun waren die Strukturen vorhanden, jetzt musste das Objekt – in diesem Fall die Universität – den heutigen Hochschulanforderungen genügen. Die großen Mitbewerber wie die *Gregoriana* und das *Angelicum* – um die Theologiestudenten bemühen sich allein in Rom neun kirchliche Hochschulen – hatten schon längst mit ihrer Planungsphase abgeschlossen. Der Einstieg in den ›Relaunch‹ der Benediktinerhochschule war somit dringend geboten. Aber nicht allen war das zunächst ein Bedürfnis. Es waren teilweise zähe und zeitraubende Gespräche nötig, um alle Beteiligten, wie Professoren, den Rektor oder auch den Prior, von dieser Notwendigkeit zu überzeugen. Ein Orden denkt eben nicht wie eine Universität oder ein Wissenschaftsministerium. Eher: Müssen theologische Studien wirklich aktuellen Bedürfnissen genügen?

Ja, das müssen sie, erkannte Notker Wolf, wollte man die Hochschule erhalten, sollte sie ausgelastet und damit konkurrenzfähig bleiben, wollte man den Mitbrüdern weiterhin einen eigenen Ausbildungsort anbieten. Er realisierte, dass er sich mehr als bisher einbringen musste in diese Diskussion, weil sie ins Stocken geraten war. »Die Hochschule hat jetzt mehr Bedarf an meiner Präsenz, mehr Bedarf an meiner Kraft und meinem Einsatz.« Zunächst aber, weil in monastischen Kreisen kaum eine Diskussionskultur gepflegt wird, mussten die Beteiligten, also Dekane und Administration, lernen, unter Anleitung von Experten einen konstruktiven Prozess in Gang zu setzen, der in einem Strategie-Plan enden sollte. Das musste im ersten Halbjahr 2012 geschehen, denn im Herbst stand der Äbtekongress an. Hier musste und wollte der Abtprimas den Oberen als der Trägerschaft von Sant'Anselmo erläutern, was die Ordenshochschule plant und warum – und welche finanzielle Komponente damit verbunden ist. Zu diesem Zeitpunkt war Notker Wolf ebenfalls klar, dass »zum finanziellen Überleben von Sant'Anselmo die Gesamtzahl der eingeschriebenen Studenten in den nächsten fünf Jahren um 20 Prozent steigen muss«. Außerdem hatte man einen Ruf zu verlieren als Universität mit liberalem Anstrich. Das *Institut Mabillon* in der Theologischen Fakultät, das sich mit der Geschichte der Theologie befasst, und das weltbekannte *Liturgische Institut* waren bisher schon wissenschaftliche Aushängeschilder der Benediktinerhochschule, dem *Pontificio Ateno di Sant'Anselmo.*

Die Zukunft solle einer ›erwachsenen‹ Theologie gehören, die die Studierenden zum Denken anregt, nicht indoktriniert. Das hieß, neben der Theologie, Liturgie und Philosophie würde es ›Profilierungsthemen‹ geben, die sich neben der Spiritualität auch der Forschung widmen. Das Benediktinische in diesem Modernisierungsprozess sei, den jungen Mitbrüdern zu vermitteln, mit Spiritualität und Mönchtum in der heutigen Welt zu leben. Die Studenten werden nämlich in Rom in eine Weltstadt katapultiert, die sie mit einer Normalität konfrontiert, mit der sie oft nicht umgehen können.

Schließlich sollen die Klöster selbst von dieser Neuausrichtung der Hochschule profitieren. 2013 wurde ein erster Kurs *Leadership, Management and Rule of St. Benedict* für Mönche, Nonnen, Schwestern und Laien in Führungspositionen angeboten unter der Leitung von Professor Günter Müller-Stewens von der *School of Management* der Hochschule St. Gallen. Es liegt Notker Wolf sehr am Herzen, dass auch diejenigen weitergebildet werden, die schon längst in leitender Funktion im Orden sind. Am liebsten hätte er den Kurs auch gleich den Interessenten aus der Wirtschaft zugänglich gemacht, deren Anfragen nach solchen Fortbildungsmöglichkeiten sich in den letzten Jahren häuften. Aber die räumlichen wie fachlichen Kapazitäten reichten noch nicht aus in Sant'Anselmo.

Auch hier bleibt dem Abtprimas trotz Stiftung, Developement Office und Advisory Board nicht erspart, dass er als Chef allein die Hand aufhalten und die Gönner am Ende überzeugen muss. Es ist eine andere Art von ›betteln‹. Diejenigen, die sich für die Hochschule, für das Engagement des Ordens in den Schwellen- und Dritteweltländern interessieren und vor allem für die öffentliche Person Notker Wolf, werden entweder nach Rom eingeladen zum Abendessen in Restaurants, die man nur als Römer kennt, oder Notker Wolf reist zu ihnen, erläutert die zukünftigen Vorhaben des Ordens oder bereichert eine Tafelrunde illustrer Gäste mit seiner Anwesenheit.

Wenn die Not groß wird und Notker Wolf nicht mehr weiß, woher er die Gelder nehmen soll, dann geht er zum heiligen Josef im Kreuzgang: »Jetzt bin ich wieder blank. Du musst wieder ein bisschen für uns sorgen.« Tatsächlich ist ihm dann schon passiert, dass er zurückgeht auf sein Zimmer und dort war inzwischen eine E-Mail mit einer Spendenankündigung von mehreren Tausend Euro eingegangen. Aber auch solcherart Geldsegen kommt nicht von allein. Neben den säkularen Ansprechmöglichkeiten nutzt Notker Wolf die Äbtetreffen in der ganzen Welt, um dort die Anliegen von Sant'Anselmo zu erläutern. Bei diesen Gesprächen kann er auch immer wieder den einen oder anderen für seinen Personalbestand rekrutieren.

Die antiken Seiten von Sant'Anselmo (Sant'Anselmo vecchio)

Er wollte nie bauen, sagt Notker Wolf. In St. Ottilien nicht und schon gar nicht in Rom. Aber nachdem die Hochschule expandierte auf inzwischen fast 500 eingeschriebene Studenten – und Studentinnen – und die Räumlichkeiten mehr als beengt wurden, begann der Abtprimas erneut über das nachzudenken, was seit rund 50 Jahren auf der Wunschliste stand – eine neue, große, schöne Aula. Sie sollte im Untergeschoss, unter dem Innenhof entstehen. Ein Glasdach würde für Tageslicht sorgen. Kostenrahmen: rund drei Millionen Euro.

Der Fund war marginal, die Auswirkungen immens. 2007 waren ein paar antike Fliesen bei den Grabungen im Innenhof von Sant'Anselmo gefunden worden.

Als Mitte 2007 die ersten Gelder zusammen waren, begann man mit dem Aushub. Die Nachricht erreichte den Abtprimas irgendwo unterwegs. Nachdem etwa vier Meter Erde entfernt worden waren, war man auf kleine weiße Steine, Teile eines Mosaikbodens, gestoßen. Auch

Säulen flankierten das Areal. Die Grabungen wurden sofort gestoppt und die Denkmalbehörde rückte zur Begutachtung an. Hier hatte zwischen dem 2. und 4. Jahrhundert n. Chr. vermutlich das Stadthaus der Familie Pactumeia gestanden. Im Treppenhaus von Sant'Anselmo gab es bereits ein weitgehend intaktes Stück Bodenbelag dieses Hauses.

In Fachkreisen war diese ›Domus‹ längst bekannt gewesen. Alle wussten von deren Ausmaßen und ahnten, dass noch mehr zu finden sein könnte – nur die Benediktinermönche nicht. Man ließ sie also erst einmal graben. Die Säulen waren zum Glück nicht antik, aber die Mosaiksteinchen durften nicht mehr bewegt werden. Es vergingen Jahre, bis die Denkmalbehörde entschied: Sollte hier etwas gebaut werden, muss der Bereich mit den Mosaiken sichtbar bleiben. Somit war das Aula-Projekt an dieser Stelle erledigt. Die anvisierten 230 Sitzplätze waren so nicht mehr unterzubringen. Das Loch im Innenhof ist inzwischen mit einem Stahldach abgedeckt und neu begrünt. Das ist besonders tragisch, weil eine Teilfinanzierung bereits vorhanden war. Eine amerikanische Abtei hatte Notker Wolf eine Beteiligung an den Kosten signalisiert, sobald auch der Rest der Baukosten gedeckt ist.

Ein ähnlich langatmiger Prozess wartete auf den Abtprimas beim Bau einer Rampe für Rollstühle, um leichter in die Kirche zu gelangen. Auch hier gab es lange Verhandlungen mit dem Denkmalschutz. Heute ist die Rampe gebaut und kaum sichtbar. Oder das Kirchendach. Es hatte bereits neue Ziegel, als der Behörde einfiel, dass diese Ziegel dann doch etwas zu hell waren. Das Umdecken kostete 20 000 Euro, aber – schlimmer noch – die Beamten behielten die Genehmigungen für die Behinderten-Rampe und für neue Fenster in der Schublade, bis die Dachfarbe stimmte.

Man stellt sich natürlich die Frage, warum der Abtprimas bei allen diesen Verhandlungen immer persönlich zugegen sein muss. Weil in Rom immer nur mit dem Chef verhandelt wird. Drunter geht nichts.

Papstbesuch

Einmal im Jahr, am Aschermittwoch, kommt der Heilige Vater auf den Aventin. Beginnend in der Kirche von Sant'Anselmo zieht eine Prozession unter dem Gesang der Allerheiligenlitanei zur Kirche San Sabina in der Nachbarschaft.

Papst Franziskus kam 2014 zum ersten Mal nach Sant'Anselmo, um am Aschermittwoch die Fastenzeit zu eröffnen. Zwischen dem Papst und Notker Wolf steht Kardinal Baldisseri, der neue Titelkardinal der Kirche von Sant'Anselmo.

Papst Johannes XXIII. (1958–1963) hatte damit begonnen, den ersten Stationsgottesdienst in der Fastenzeit auf dem Aventin zu feiern. Er war es auch, der 1961 das Liturgische Institut in Sant'Anselmo eröffnet hatte. Die ›missa stationalis‹, der römische Stationsgottesdienst, hat seinen Ursprung in den ersten christlichen Jahrhunderten. In der Fastenzeit wird seither an jedem Tag in einer bestimmten Kirche Roms ein solcher Gottesdienst abgehalten. 2013 kam jedoch kein Pontifex nach Sant'Anselmo und San Sabina. Papst Benedikt hatte zwei Tage vor Aschermittwoch seinen Rücktritt angekündigt. Nun war an einen Besuch ›im kleinen Rahmen‹ nicht mehr zu denken. Der Andrang der Zuschauer wäre enorm gewesen. Dafür kam 2014 der neue Papst Franziskus. Notker Wolf zeigte ihm natürlich den schönen Innenhof von Sant'Anselmo und erklärte ihm, dass hier insgesamt 120 Menschen wohnen. Der praktisch veranlagte Heilige Vater wollte daraufhin wissen: »Und wie füttern Sie die durch?« Der Benediktiner ist auch dem Pontifex gegenüber um keine Antwort verlegen. »Nun ja, etwas müssen sie bezahlen und ansonsten gehe ich betteln.« Schallendes Gelächter auf beiden Seiten.

Hat er dem Orden gutgetan?

Die Tätigkeit des Abtprimas wird gern mit der Leitung eines Konzerns verglichen. Was nicht so ganz zutrifft. Denn er ist zunächst nur der Repräsentant des Benediktinerordens, also des ›Konzerns‹. Er vertritt ihn und seine ›Belegschaft‹ bei offiziellen Anlässen. Trotzdem hat er eigentlich nichts zu sagen. Das betont Notker Wolf auch häufig. Qua Amt ist er der Abt von Sant'Anselmo und der Großkanzler der Universität. Natürlich sind seine Anwesenheit, sein Rat, seine Meinung auch sonst gefragt. Aber er kann im Orden selbst und vor allem in den einzelnen Klöstern weder etwas anordnen noch durchsetzen. Was ihm allerdings blieb und bleibt an Aufgaben, das kann sich sehr wohl messen mit denen eines Konzernchefs.

Der Orden der Benediktiner ist also nicht zentriert. Der Zusammenschluss der einzelnen Kongregationen, den Papst Leo XIII. 1893 angeordnet hatte, sah an der Spitze lediglich einen obersten Abt vor, einen Abtprimas. Aber mit der Konföderation und vor allem mit der Globalisierung der letzten Jahrzehnte erwuchsen Aufgaben, deren sich ein weltweit agierender Orden wie die Benediktiner annehmen wollte und sollte.

Mittlerweile gibt es vier große Arbeitsgemeinschaften, teilweise in Zusammenarbeit mit Zisterziensern und Trappisten, die auch zu den Benediktinern gerechnet werden, die der Abtprimas leitet oder deren Schirmherr er zumindest ist. Davon war lediglich die AIM (*Alliance Inter-Monastères*) ohne Mitwirken von Notker Wolf entstanden. Die Selbsthilfeorganisation der Benediktiner, Zisterzienser und Trappisten mit Sitz in Paris und dem Abtprimas als Schirmherr, wurde 1961 initiiert. Sie steht den Neugründungen in ärmeren Ländern bei und sorgt sich vor allem um eine grundlegende monastische Ausbildung.

Die internationale *Benedictine Commission on China* wies dann bereits die Handschrift von Notker Wolf auf. Seine Suche nach den Spuren, die seine Mitbrüder in der ersten Hälfte des 20. Jahrhunderts im Nordosten Asiens hinterlassen hatten, sollte ein Projekt des Gesamtordens werden. Man wollte sich vor Ort wieder zeigen und den noch immer vorhandenen Christen helfen. 1996 erhielt die Kommission einen offiziellen Status. Seither fördert sie kirchliche und soziale Projekte in China. Das größte Vorhaben hatte Erzabt Notker selbst angestoßen, nämlich das Krankenhaus in Meihekou.

Mitbeteiligt war er dann als Abtprimas auch an der Gründung der *International Commission on Benedictine Education.* Bei einem Treffen von Lehrern und Schulleitern der benediktinischen Schulen 2002 in São Paulo regte Notker Wolf solch eine regelmäßige Zusammenkunft an, um anfallende Probleme zu besprechen und sich gemeinsam über ein benediktinisches Erziehungsprofil auszutauschen. Alle drei Jahre trifft sich nun das Personal der Schulen unter benediktinischer Leitung, in denen zurzeit rund 150 000 junge Menschen unterrichtet werden. Im Rahmen der Weltjugendtage fanden internationale Schülertreffen statt. Wegen der Kosten werden sie jedoch in Zukunft auf regionaler Ebene abgehalten.

Interreligiöser Dialog

Einen besonderen Stellenwert nimmt sicherlich der *Interreligiöse Monastische Dialog* oder *Dialogue interreligieux monastique* (DIM) ein. Dieser Dialog war gedacht als Kontaktaufnahme zu anderen, nicht-christlichen Religionen. Der Zen-Buddhismus in Japan schien den Benediktinern vor über 30 Jahren ein geeigneter Einstieg in dieses Vorhaben, nicht zuletzt, weil diese Religion auch Klöster kennt. Einzelinitiativen gab es schon länger in Indien, in der Begegnung mit dem Hinduismus. Konkrete Formen nahm das Ganze an, als Erzabt Notker 1979 die ersten buddhistischen und shintoistischen Mönche in seinem Kloster am Ammersee begrüßen konnte. Im Gegenzug war er dann zweimal in Klöstern in Japan. Beide Seiten lebten mit beim jeweils anderen und lernten so die fremde Religion in der Praxis kennen.

Inzwischen hat man sich auf schwierigeres Terrain begeben und sucht den Dialog mit dem Islam. Einerseits gibt es gemeinsame Wurzeln, die andererseits in der tagespolitischen und gesellschaftlichen Reibung unterzugehen drohen. Man könnte es eine glückliche Fügung nennen, dass Anfang dieses Jahrhunderts eine Freundschaft entstanden war zwischen dem benediktinischen Abt von Ampleforth in Yorkshire in England, Timothy Wright, und dem Iraner Mohammad Ali Shomali. Beide begannen bei den jeweils anderen Glaubensbrüdern über die eigene Religion zu berichten, über Gemeinsamkeiten und Unterschiede. Zwischen 2002 und 2006 entwickelte sich so ein Dialog zwischen Benediktinern und Schiiten. Es folgten Einladungen nach England und Qum, der heiligen Stadt südlich von Teheran, die vor allem von gegenseitiger Gastfreundschaft geprägt waren. Als Timothy Wright im Dezember 2005 aus dem Päpstlichen Rat für den Interreligiösen Dialog ausschied, in den er zwischenzeitlich berufen worden war, ergriff Notker Wolf sofort die Gelegenheit und verpflichtete den Engländer, nun für den eigenen Orden die Verbindungen zu den Schiiten weiterzupflegen. »Niemand will es machen, aber es muss gemacht werden«, habe der Abtprimas ihm gesagt, erzählt Abt Timothy und weiter: »Abt Notkers Enthusiasmus für den Dialog mit dem Islam ist etwas sehr Bemerkenswertes, und ich bin dankbar für seinen Auftrag.«

Für Notker Wolf war es schlicht »an der Zeit, mit dem Islam in einen Dialog zu treten, der uns geografisch und aktuell sehr naheliegt. Es ist das Interesse am andern, an seiner Religion und seinem Suchen.« Französische und afrikanische Klöster seien schon lange mit den Muslimen im Dialog. Man meditiere miteinander und studiere die heiligen Texte. »Ich meine, so könnten wir in gegenseitigem Respekt das Verständnis füreinander entwickeln und miteinander für ein friedliches Zusammenleben arbeiten.«

Die Benediktiner besuchten im Rahmen des interreligiösen Dialogs schiitische Geistliche in Qum; Timothy Wright 2. v. li. und Notker Wolf 4. v. li.

Leider gab es auch Rückschläge, wie die getöteten Mönche von Tibhirine in Algerien. Aber die Gespräche und der geistliche Austausch gehen weiter, effektiv und dezent. 2011 waren die ersten schiitischen Geistlichen zu Gast im römischen Sant'Anselmo. Ein Jahr später fuhr Notker Wolf mit dem Generalsekretär von DIM und einer benediktinischen Abordnung nach Qum.

Es fällt auf, dass Notker Wolf eine Vernetzung im Orden auf allen

Ebenen vehement forcierte, die Kooperation von Gruppen und Aktivitäten, die es zwar überall schon gab, die aber kaum Kontakt hatten untereinander. Das war auch so bei den Weltoblaten. Das sind Frauen und Männer, die in Anbindung an ein Kloster benediktinische Spiritualität in ihrem Alltag, in Beruf und Familie verwirklichen wollen. Diejenigen, die sich dafür entscheiden und zusammenfinden, sind immer an ein – autonomes – Kloster angelehnt. Der Abtprimas begegnete diesen Oblaten ständig in den vielen Benediktinerklöstern, die er besuchte. Über das jeweilige Kloster hinaus gab es jedoch keine Verbindung. Das passte nicht in seine Vorstellung von einer globalisierten Welt, und für einen globalen Orden passte es genauso wenig. 2003 nahm Notker Wolf Kontakt auf zu den italienischen Benediktineroblaten und bat deren Nationalkomitee, einen Weltkongress der Oblaten in Rom zu organisieren. »Sie sollten sich kennenlernen, ihre Erfahrungen austauschen und sich bereichern. Obendrein wollte ich, dass sie sich als weltweite Bewegung wahrnehmen.« Diese erste internationale Begegnung 2005 war ein Volltreffer. Es folgte ein zweiter Weltkongress 2009, und zum dritten Mal trafen sich die Weltoblaten 2013 erneut in Rom.

Bei Notker Wolfs Amtsantritt in Rom im Jahr 2000 galt es als Erstes, die Hinterlassenschaft seines Vorgängers abzuwickeln. Das hatte alles irgendwie mit Geld zu tun. Darum musste Notker Wolf genau das fortführen, was er gern in seinem Heimatkloster St. Ottilien zurückgelassen hätte: Spenden sammeln. Im Laufe der Zeit entwickelte er darin ungeahnte Qualitäten: »Dass er selbst ein hervorragender Foundraiser ist, war damals nicht absehbar«, bemerkte Benno Malfèr, Abt im Südtiroler Kloster Muri-Gries.

Natürlich setzte Notker Wolf auch fort, was seine Vorgänger begonnen hatten. Er reiste zu den Äbteversammlungen in die USA, nach Indien und Sri Lanka, in den Süden Afrikas und nach Lateinamerika. Er integrierte die Benediktinerinnen weiter in den Gesamtorden. Er kümmerte sich.

Ob das genug war?

Am 25. September 2008 schlug nach acht Jahren für den Abtprimas die Stunde der Bilanzierung. In geheimer Wahl sollten 230 Äbte über die erste Amtszeit ihres höchsten Repräsentanten urteilen, ob er sie gut vertreten, ob er gut gewirtschaftet, ob er dem Orden gutgetan hat, so gut, dass man ihn für vier weitere Jahre an der Spitze behalten wollte. Natürlich wusste Notker Wolf, dass »sich viele durch einen rockenden Abtprimas nicht repräsentiert fühlen konnten«.

Die Spannung war groß. In diesem ›Konklave‹ sind nur die Männer, die Äbte und Oberen, zugelassen. Die Beratungen des mehrtägigen Kongresses und die Wahl finden in der Kirche in Sant'Anselmo statt. Diejenigen, die draußen bleiben mussten, die Ordensfrauen, die Beobachter, die Gäste richteten sich auf einen langen Tag ein. »Das kann dauern«, sagte Sr. Gisela Happ, die Generalsekretärin von AIM, der *Allianz für Internationales Mönchtum.* Wie bei einer Abtwahl benötigen die Kandidaten in den ersten Wahlgängen eine Zweidrittelmehrheit zur Entscheidung. Sonst wird weitergewählt.

Die Äbtissinnen und Priorinnen, die zum Äbtekongress eingeladen waren, vertrieben sich die Zeit mit intensivem Gedankenaustausch. Die Angestellten in Sant'Anselmo, die mit Notker Wolf in den acht Jahren immer sehr gut ausgekommen waren, nahmen es nicht so gelassen. Viele wollten keinen Wechsel.

Wie Hausmeister Pippo. Den verband ein besonders herzliches Verhältnis mit dem Abtprimas – und ein ähnliches Alter. Er war 1963 als Pförtner auf den Aventin gekommen. Notker Wolf studierte da bereits in Rom. Zu dem jungen Mann an der Pforte hatte er sofort einen guten Draht. Die Freundschaft hielt und wuchs all die Jahre hindurch. »Ich habe bei seiner Trauung das *Ave Maria* gesungen, habe die Hochzeiten seiner Tochter und seines Sohnes gehalten, habe seine Enkelin getauft.« Pippo Barbizi konnte darum nicht in Ruhe und mit der nötigen Distanz die Wahl und den Auszählvorgang abwarten. Er wollte hautnah dabei sein und versteckte sich im kirchlichen Tagungsraum hinter der Orgel, um seinem ›Chef‹ damit vielleicht Glück zu bringen.

Nach acht Jahren im Amt wurde der Abtprimas 2008 mit großer Mehrheit wiedergewählt. Links neben ihm der damalige Abt von Montecassino, Pietro Vitorelli.

Nötig wäre Pippos besonderer Beistand bei der Wahl nicht gewesen. Der alte Abtprimas wurde auch der neue – bereits im ersten Wahlgang, was übersetzt bedeutet, dass er auf Anhieb mindestens 66,6 Prozent der Stimmen erreicht haben musste. Gerüchteweise drang dann auch noch an die Ohren der Außenstehenden, dass der Kandidat auf dem zweiten Platz kaum 20 Stimmen erhalten habe. Ein immenser Vertrauensbeweis, der im Vorfeld so klar nicht zu erkennen gewesen war, für keinen. Aber Notker Wolf hatte schon damals Menschen um sich, die gern mit ihm arbeiteten und ihn mochten. Da hatte sich so mancher für ihn eingesetzt, hat die stimmberechtigten Äbte zu einer kritischen Auseinandersetzung mit den Mitbewerbern angehalten.

Vor den Klostermauern heißt das ›Wahlwerbung‹, aber so etwas ist dahinter nicht erlaubt.

»Dieses Votum hat mich doch umgeworfen«, bekannte der Abtprimas danach. Das durfte man dann fast wortwörtlich nehmen. In den Nächten vor der Wahl hatte er kaum geschlafen, hatte sich Gedanken gemacht, ob man im Orden seine Arbeit und sein Engagement gutheißen würde, ob die Kritik an ihm, vor allem die von einigen vermisste ›benediktinische Spiritualität‹, nicht doch massiv ausfiel. Nach dem unerwartet schnellen Ende der Wahl und der internen Bekanntgabe der Abstimmungszahlen – die absolut der Geheimhaltung unterliegen – wurde mit Prosecco auf die nächsten vier Jahre angestoßen. Dann kam das Fernsehen. Der Bayerische Rundfunk durfte am Abend bei der Vesper in der Kirche den ausgeleuchteten und angestrahlten Abtprimas vor und neben und hinter dem Altar filmen. Schnell noch ein paar Interviews, bis schließlich ein meterlanges Buffet im Kreuzgang des Klosters alle Anwesenden zusammenführte.

Notker Wolf blieb auch am nächsten Tag im Rhythmus seiner bisherigen Amtsgeschäfte. Tag eins nach der Wahl brachte erneut Interviews, Glückwünsche, Telefonate. Nach der ›Siesta‹ um 15.30 Uhr war der nächste Termin anberaumt. Allein, der Abtprimas erschien nicht. Der Sekretär wusste nichts, die Patres an der Pforte waren ahnungslos, Koffer tragende Äbte, die bereits wieder auf dem Heimweg waren, zuckten mit den Schultern. Notker Wolf war nicht auffindbar. Das Handy? Nur die Mailbox gab Antwort. 16.30 Uhr, dann 17.30 Uhr – die Ersten begannen, sich Sorgen zu machen. Nein, im Büro war er nicht und auch auf das Klopfen an den Privaträumen gab es keine Reaktion. Am Abend tauchte er wieder auf. Die geplante Viertelstunde Pause am Nachmittag hatte sich zum Tiefschlaf ausgeweitet. Der Stress der letzten Tage forderte seinen Tribut. Kein Wecker, kein Klopfen an der Tür, kein Telefonklingeln war zu ihm durchgedrungen. Diese seltene Fähigkeit ist ein Erbstück seines Vaters. Notker Wolf kann sich einfach irgendwo hinlegen und schlafen. Das war so vor dem Flughafengebäude in Shenyang, das war so bei Proben mit der Duettpartnerin. »Zwischendrin legte er sich auf eine der hinteren Bänke schnell mal hin zum Schlafen.« Auch der Fotograf Hans-Günther Kaufmann, mit dem er drei Wochen auf ›Weltreise‹ unterwegs war, kennt diese Eigenschaft an ihm und bestätigt: »Das kann Notker wirklich – ›dann bin ich mal weg‹.«

Wiederwahl

Vier Jahre später, am 21. September 2012, stand der nächste Äbtekongress auf dem Programm. Entweder wurde Notker Wolf ein weiteres Mal für vier Jahre bestätigt – oder es gibt einen neuen Abtprimas. Der IX. war inzwischen 72 Jahre alt. Wieder hatten über 200 benediktinische Obere und Äbte darüber zu entscheiden, ob es Sinn macht, ihn noch einmal auf diesen doch anstrengenden Posten zu verpflichten. Die ›Informanten‹, die der Geheimhaltung solch einer Abtprimas-Wahl nicht viel abgewinnen konnten, waren sich sicher, dass Notker Wolf zwar wiedergewählt werden wird, aber nicht mit diesem ›kommunistischen‹ Wahlergebnis wie beim letzten Mal.

Der Amtsinhaber schien im Vorfeld gelassener als vier Jahre zuvor. Gerade war das Projekt zur Neuorientierung der Hochschule auf den Weg gebracht. Das ließ einiges Murren verstummen im Orden. Damit verbunden und auch Thema des Äbtekongresses war die Frage nach der ›Benediktinischen Identifikation‹. Das war einigen Äbten bisher zu kurz gekommen. Schließlich war die Welle der Neuentdeckungen von Missbrauch in den Klöstern des Ordens abgeebbt. Es gab Pläne und konkrete Maßnahmen, diesen Katastrophen in Zukunft vorzubeugen. Notker Wolf kümmerte sich also und schien weiterhin der richtige Mann, um solche Aufgaben anzugehen. Die Wahl hätte erneut zur Formsache werden können.

Dann kam direkt vor der Abstimmung der Vorschlag, eine Vorwahl abzuhalten. Die große Zustimmung für diesen Vorschlag signalisierte Notker Wolf, dass es einen ernsthaften Gegenkandidaten zu geben schien. Es irritierte ihn etwas, weil er so gar nichts davon gehört hatte. Aber das Ergebnis war viel Wind um nichts. Keiner hatte sich – zumindest bei dieser Vorwahl – als ernsthafter Gegenkandidat geoutet. Also schritt man nun zur eigentlichen Wahl, die auch nicht zur Sensation taugte. Auf mehr als zwei Drittel der Stimmzettel war der Name von Notker Wolf notiert. So viele Wahlen, so viele Zettel, so viele Zählvorgänge – die Wahlkommission schien überfordert. Was da falschgelaufen war, wusste hinterher keiner so genau. Das Wahlergebnis konnte in jedem Fall nicht exakt bestimmt werden, also musste ein zweiter Wahlgang her.

Notker Wolfs Nerven lagen blank. Er hatte keine Angst um seine Wiederwahl. Ihn nervte lediglich diese Zeitvergeudung. Und wirklich, der zweite Wahlgang brachte nun eine Dreiviertelmehrheit für ihn. Dafür hatte man eineinhalb Stunden gebraucht. »Ich bin müde. Ich merke, dass mich die Wahl mehr geschlaucht hat, als ich glaubte«, sagte er am Ende.

Eine Woche später flog er nach Teheran zu jenem bereits erwähnten Gespräch mit muslimischen Geistlichen.

Apropos Fliegen

Ehrfurchtsvoll und fast schon zu seiner Vita gehörend, werden immer und überall die 300 000 Flugkilometer angesprochen, die Notker Wolf im Jahr auf seinem Meilenkonto ansammelt. Diese magische Zahl kennen selbst die, die wenig über ihn wissen, denn die Frage danach fehlt in keinem Interview. Wie diese stattliche Summe zustande kommt, das wird weniger registriert.

So gehören die Äbtetreffen der Regionen, in die ein weltweiter Orden untergliedert ist, zum Pflichtprogramm des Abtprimas. Das beginnt im Februar mit der Reise nach Indien oder Sri Lanka, wo sich die Oberen Südasiens treffen. Dann geht es weiter – je nach Terminlage direkt oder mit Zwischenhalt in Rom – ins südliche Afrika. Entweder schon vorher oder unmittelbar danach steht der Abbott's Workshop in einem US-amerikanischen Kloster auf dem Programm.

Dieser Einstieg in das Reisejahr des Benediktinerchefs dauert alles in allem mindestens drei Wochen.

Mehrmals im Jahr stehen Sitzungen der Stiftungen an, entweder in der Schweiz oder in den USA. Die Oberen des ostasiatischen Raums treffen sich alle drei Jahre, meistens in Manila. Auch wenn in Nordkorea die Fertigstellung des Krankenhauses, Teil 2, noch auf sich warten lässt, der Abtprimas schaut immer wieder in der Abtei Waegwan und den Schwesternklöstern im Süden der Halbinsel vorbei. Nach Ostern treffen sich die italienischen und die deutschsprachigen Äbte zu ihren Jahresversammlungen. Ebenso zu den Pflichten gehörte bis Ende 2013 Notker Wolfs Präsenz im Unternehmerbeirat der Gothaer Versicherung. Die Leben aller Mönche von St. Ottilien sind dort versichert. Was dem einstigen Erzabt Sitz und Stimme verschaffte – und mindestens einen Hin- und Rückflug pro Jahr beinhaltete.

Ein besonderes Anliegen sind ihm die kleinen, oft entlegenen Niederlassungen des Ordens in Afrika, Südamerika oder in der Karibik, die kaum von Durchreisenden besucht werden. Er nimmt Treffen der Benediktinerinnen oder der Schulleiter der Ordensschulen, bei denen er selbstverständlich dabei ist, zum Anlass, um einen Abstecher zu machen zu Gemeinschaften auf kleinen Karibikinseln, nach Zimbabwe oder Burkina Faso, ins Hinterland von São Paulo oder auf die Insel Malta. Auch die wieder erstarkten Klöster im Osten Europas will er nicht vergessen. Für die einfachen Priorate Norcia in Umbrien und Cokovac in Kroatien ist er der Obere. Die Präsesfunktion hatte er – bis vor Kurzem – für die Abtei Dormitio in Jerusalem inne und seit 2005 auch für St. Paul vor den Mauern, aber die befindet sich in Rom. Ebenfalls als Abtpräses fungiert er für die Abtei Le Bouveret (Schweiz), für Weston Priory (USA) und für die traditionalistische Abtei Le Barroux (Frankreich), deren Eingliederung in die Konföderation der Benediktiner er mitbetrieben hatte. Schließlich ist der Abtprimas auch Prokurator für die Abtei Chevetogne (Belgien), die der Orientalischen Kongregation untersteht. Mit ihr verbunden ist das Griechische

Kolleg in Rom, für das er ebenfalls zuständig ist, dessen Direktor er vorschlägt und dessen Stellvertreter er ernennt. Sie alle haben quasi ein Recht auf ihn und seine sporadische Anwesenheit.

Seit seiner zweiten Wiederwahl 2012, mit der er den festen Vorsatz verband, dass es keine dritte Wiederwahl geben wird, kommt so etwas wie eine Abschiedstour hinzu. Nicht nur er wird die circa 800 Niederlassungen nicht mehr als Abtprimas besuchen, sondern viele der ehemaligen, in der Welt verstreuten Weggefährten, die um einiges älter sind als er, werden nicht mehr da sein. Da ist ihm ein Kurzbesuch wichtig und kein Umweg, kein Abstecher, kein Extraflug zu viel. So auch im September 2013, als er für einen Tag von Manila nach Digos im Süden der Insel Mindanao flog, um Pater Felix Huber zu besuchen – ein letztes Mal.

Einen nicht zu geringen Anteil am Flugkilometer-Konto haben An- und Abreise zu seinen Vorträgen. Sie konzentrieren sich zwar weitgehend auf Deutschland, Österreich, die Schweiz und Italien, aber manchmal sind es am Ende zehn Termine im Monat. Da addieren sich die Wege. Denn der Benediktiner bleibt nicht mal schnell eine Nacht in einem Hotel, um dann am nächsten Tag weiterzureisen. Er fliegt auch nur für ein paar Stunden zurück ›nach Hause‹ nach Rom, weil eine Ratssitzung ansteht, ein paar Dokumente auf seine Unterschrift warten oder ein Problem, wenn nicht aus der Welt zu schaffen, so doch wenigstens besprochen werden muss.

300 000 Flugkilometer im Jahr mögen immens sein und Bewunderung verdienen. Viel gravierender, weil zeitraubend, sind jedoch die Stunden, die Notker Wolf vor und zwischen den Flügen auf den Flughäfen und in den Lounges zubringt. Damit könnte man vermutlich ein halbes Leben ausstatten.

Unser Haus ist euer Haus

Kaum Kontakt untereinander hatten auch die Benediktinerinnen – wenigstens bis zum Ende des letzten Jahrhunderts. Dabei waren sie längst in den meisten Gremien und Arbeitsgruppen des Ordens aktiv. Aber es war ihnen selbst oder ihrem Kloster überlassen, inwieweit sie sich einbrachten. Beim ›Aushängeschild‹ des Ordens, dem alle vier Jahre tagenden Äbtekongress und damit auch bei der Wahl des Abtprimas – das, was in der Öffentlichkeit wahrgenommen wird – sind die Frauen bis heute nicht vertreten. Das liegt zunächst einmal daran, dass der Äbtekongress ein Gremium der Konföderation ist, und das ist ein Verbund von Männerklöstern. Für die Frauen existiert solch ein Zusammenschluss nicht. Also, wird man folgern, sollten sie sich doch zusammenschließen. Das war auch ein Anliegen von Abtprimas Notker gewesen, als er das Amt 2000 antrat. Anfänge waren bereits gemacht. Abtprimas Weakland hatte in den 1970er-Jahren begonnen, mithilfe von jeweils einer Kommission für Nonnen und für Schwestern mit einem gemeinsamen Sekretariat als Überbau, deren Kontakte untereinander anzukurbeln. Erst 1980 trafen sich zum allerersten Mal überhaupt benediktinische Ordensfrauen verschiedener Traditionen und aus allen Teilen der Welt, nämlich als Gäste beim Äbtekongress in Rom.

Abtprimas Viktor Dammertz legte 1988 beide Frauenkommissionen zusammen und initiierte damit ein erstes Treffen der bisher separat tagenden Gruppen der klausurierten Nonnen und apostolisch tätigen Schwestern. Diese Konferenz mit Delegierten aus 18 (später 19) Sprachregionen sollte ein gemeinsames Symposium aller Benediktinerinnen organisieren. Seit diesem Zeitpunkt gibt es jedes Jahr eine Konferenz und alle vier Jahre ein Symposium der Frauen.

Als Notker Wolf zum Abtprimas gewählt wurde, hatte das alles noch keinen Namen, und es gab untereinander weiterhin jede Menge Vorbehalte. Aber die Frauen wollten, wie Schwester Maíre Hickey, die ehemalige Äbtissin des Klosters in Dinklage, es ausdrückte, aus der »Bedeutungslosigkeit in der Gestaltung des Ordens« heraustreten. Das war auch im Sinne des neuen Abtprimas, der qua Amt weiterhin rechtlich zuständig ist für die Frauenklöster. Notker Wolf ermutigte sie von Anfang an, ein Netzwerk der Kommunikation aufzubauen, das ihnen ermöglichen sollte, wie Mutter Maíre 2003 in einem Vortrag formulierte, »sich aus ihrer Position der Unterlegenheit in der Confoederatio zu befreien«.

Die benediktinischen Schwestern mögen ihren Abtprimas; hier mit der Generalpriorin Teresa Paula Dias Peridigâo aus Portugal, beim Äbtekongress 2008.

Die *Communio Internationalis Benedictinarum* (CIB), diese Kooperation der weltweit 16 000 Benediktinerinnen (Nonnen und Schwestern), existiert seit 2001. Bei der Ausarbeitung der Statuten war noch Viktor Dammertz behilflich gewesen, und sie funktioniert bis heute. Oder, um es mit Schwester Johanna Domek zu sagen, bis Mitte 2010 Priorin des Benediktinerklosters von der *Ewigen Anbetung* in Köln-Raderberg: »Wir respektieren die Grenzen, die die kirchliche Ordnung uns setzt, aber bitte, in dem Raum, den wir haben, tanzen wir.«

Die Struktur einer ›geistlichen Gemeinschaft‹ war Notker Wolf eingefallen, weil anderes nicht möglich war. Der Minimalkonsens zu Beginn der Kooperation waren nämlich die Regel des heiligen Benedikt und die benediktinische Tradition, die alle gleichermaßen leben und teilen. Der Ottilianer wollte eigentlich, als er sein Amt antrat, mehr für die Frauen erreichen. Eine Parallelstruktur zur (männlichen) Konföderation hatte er sich vorgestellt – und kommentiert das heute mit: »Pfeifendeckel«. Denn die Frauen gliedern sich nicht wie die Männer in Abteien, die sich zu einer Kongregation zusammenfassen ließen. Es existierten die unterschiedlichsten Zugehörigkeiten und Strukturen. Der grundlegende Unterschied ist zunächst der zwischen klausurierten Nonnen und den Schwestern. Es gibt Gemeinschaften, die in Kongregationen zusammengefasst sind, andere sind in männliche Kongregationen inkorporiert (angegliedert) oder mit diesen affiliert (aufgenommen). Dann untersteht jedes Frauenkloster einem Diözesanbischof. Dazu kamen Sensibilitäten: Manche Frauenklöster in Italien, Spanien und Frankreich fühlten sich da, wo sie waren, gut aufgehoben und wollten lieber nicht unter ein Dach mit feministischen amerikanischen Benediktinerinnen. »Da ist mir der Unterschied von Männern und Frauen sehr deutlich geworden«, kommentierte Notker Wolf.

Andere Frauenklöster wollten sich dem Patriarchat jedoch durchaus entziehen, denn sie betrachteten sich als ›gut gehaltene Sklavinnen‹. Mutter Edeltrud Weist etwa, ehemals Generalpriorin der Tutzinger Schwestern und sehr aktiv im Aufbau von Neugründungen der Gemeinschaft in Korea, Indien und Brasilien, erzählte die Geschichte von dem Abt, dem sie die schlechte Behandlung der Frauen vorgehalten hatte. »Ja, die kriegen doch alles«, habe er geantwortet. »Wir schicken sie zum Arzt, zum besten! Sie können nach Deutschland fahren. Sie kriegen Ferien. Wir bezahlen alles.« – »Ja, sogar die Unterwäsche kriegen sie von Ihnen«, entgegnete daraufhin die streitbare Oberin.

Um aus diesen Abhängigkeiten herauszukommen und ein eigenes Profil zu gewinnen, sollte das neue Netzwerk der CIB dienen. Aber ohne Einigkeit untereinander kamen sie nicht weiter. »Es waren so verschiedene Lebensformen. Das gemeinsame Benediktinische wurde oft nicht gefühlt«, sagte Schwester Johanna Domek. Vielen Benediktinerinnen brannte dennoch das Bedürfnis nach Austausch unter den Nägeln, woraus schließlich die CIB entstand. Nie, bemerkte Johanna Domek, habe der Abtprimas die CIB in irgendeiner Weise behindert. Obwohl er »voll in den vorhandenen Strukturen stehe«, setzte das bei ihm nie die Fantasie, das Unkonventionelle und das Kreative außer Kraft, so Johanna Domek, und: »Er ist nie ein Verwalter, er ist immer ein Mitmacher.« Fragen »nach vorn formulieren«, das könne er sehr gut. Wobei ihr als selbstbewusster Frau nicht entgangen war, dass Eitelkeit auch einem Notker Wolf nicht unbekannt ist. Nach gelungen formulierten Fragen gehe er schon mal aus der Veranstaltung mit dem Gedanken: Ich bin doch mal gespannt, wie die drauf reagieren, vermutet sie augenzwinkernd. Aber das ist, wie sie weiter meint, ein anteilnehmendes In-Ruhe-Lassen.

Was sich auch oder gerade unter Notker Wolf eingebürgert hat, ist, die Benediktinerinnen in Sant'Anselmo nicht nur zu beherbergen und ihnen eine Versammlungsmöglichkeit zu geben, sondern sie wirklich willkommen zu heißen. 1987 hatte man das noch sehr skeptisch gesehen. Mutter Maíre berichtete von einer zaghaften Anfrage, als die Frauen ihr erstes Symposium in der römischen Confoederatio-Zentrale abhalten wollten. Die Mönche hätten ihnen damals ausrichten lassen, dass sie sich »nie und nimmer eine solche weibliche Invasion zumuten würden«. 15 Jahre später hat der Abtprimas sie willkommen geheißen mit den Worten: »Unser Haus ist euer Haus.«

Die Frauen sind vor allem von der Unkompliziertheit Notker Wolfs angetan und natürlich von seiner Art zu arbeiten. »Wir haben gerade eine Sache mit zwei afrikanischen Klöstern, da ist der schnelle Draht zum Abtprimas ausgesprochen hilfreich. Schickt man eine Mail, hat man zwei Stunden später die Antwort.« Diese Rolle des Kommunikators erwartet man von ihm. Wenn er nur ›trappistisch schweigen‹ würde, würde er ihnen nicht viel nützen.

Einen »Dienst am Leben« tue er, sagt Schwester Johanna, echt und mit seiner ganzen Person. Vor allem fängt er alles mit einer »Portion Lust« an. Dass er diese Lebens-Lust gelegentlich auch in Talkshows vermittelt – und für ihren Geschmack vielleicht auch ein bisschen zu oft –, nimmt sie gelassen. »Das muss er selbst ermessen.« Es sind eben die Plattformen unserer Zeit. »Notker Wolf kann sich gut in Szene setzen«, urteilt die Benediktinerin. Das sei auch notwendig bei einem, der wie er ständig in der Öffentlichkeit stehe. »Ist verflixt schwer«, so Schwester Johanna, »wenn man in eine derartige gesellschaftliche Stellung hineingewachsen ist – weniger durch das Amt als durch die Bücher.«

Da spricht sie ein bisschen aus eigener Erfahrung.

DER ERZABT

»Wer also den Namen ›Abt‹ annimmt, muss seinen Jüngern in zweifacher Weise als Lehrer vorstehen: Er mache alles Gute und Heilige mehr durch sein Leben als durch sein Reden sichtbar ... In seinem Handeln zeige er, was er seine Jünger lehrt, dass man nicht tun darf, was mit dem Gebot Gottes unvereinbar ist ...«
REGEL BENEDIKT (RB) 2, 11–14

Und:

»Der Abt muss immer bedenken, was er ist, und bedenken, wie man ihn anredet. Er wisse: Wem mehr anvertraut ist, von dem wird mehr verlangt.«
RB 2, 30

Dies gab Benedikt vor 1500 Jahren seinen Mönchen vor. Er gebot es dem, der die Klostergemeinschaft leiten soll. Ein Abt trägt die Verantwortung für ›sein‹ Kloster, das im Benediktinerorden autark, also selbstständig ist und keinerlei Anweisungen von außen zu befolgen hat. Der Abt entscheidet innerhalb des Klosters. Ein kluger Abt wird jedoch, auch das empfiehlt ihm der hl. Benedikt, die Meinungen seiner Brüder hören.

Plötzlich ganz oben

Die Zeit hatte Notker Wolf immer, um in seine Ämter und in seine öffentliche Stellung hineinzuwachsen. Er war 23 Jahre Erzabt und nun seit fast 15 Jahren Abtprimas. Sein erstes Buch war 2006 erschienen. Allerdings – der Einstieg war jedes Mal katapultartig, zumindest der in das Amt des Erzabtes. Darauf hinarbeiten konnte er nicht.

In St. Ottilien war im Jahr 1977 Viktor Josef Dammertz seit zwei Jahren Erzabt und damit auch Präses der Kongregation der Missionsbenediktiner. In Sant'Anselmo in Rom residierte seit zehn Jahren Rembert Weakland als Abtprimas. Für den Herbst war ein turnusmäßiger Äbtekongress angesetzt ohne Wahl des Abtprimas. Personalveränderungen waren also nicht vorgesehen. Pater Notker war seit über sechs Jahren Professor für Naturphilosophie und Wissenschaftstheorie in Sant'Anselmo.

St. Ottilien hat einen neuen Erzabt. Das Gebetsbild von 1977.

Er hatte den Sommer in Rom verbracht, bis er Anfang September für seinen Erzabt sein Zimmer räumen musste, der zum Äbtekongress in der italienischen Hauptstadt bei ihm einquartiert war. Am 6. September kam Notker Wolf in St. Ottilien an, ein guter Monat ›Pause‹ lag vor ihm. Einige Tage später fuhr er mit seiner Mutter zur Verwandtschaft ins rheinland-pfälzische Neuwied. Auf dem Rückweg machten die beiden noch Station bei einem befreundeten Pfarrer bei Heilbronn. »Hast du schon gehört, sie haben Rembert Weakland zum Erzbischof gemacht?« Pater Notker fiel aus allen Wolken. Sein vermeintliches Insiderwissen hatte ihm solch eine Entwicklung nicht zugeflüstert.

Denn im September 1977 hatte der Vatikan plötzlich entschieden, dass Rembert Weakland für die Weltkirche bessere Verwendung in den Vereinigten Staaten von Amerika fände, und ernannte ihn kurzerhand zum Erzbischof von Milwaukee. Für den *Ordo Sancti Benedicti* (OSB), die Konföderation der Benediktiner, war das ein mittleres Erdbeben, denn keiner hatte sich im Entferntesten Gedanken gemacht, wer – irgendwann – dem gerade 50-jährigen Rembert Weakland nachfolgen könnte.

Notker Wolfs erste Gedanken galten seiner Arbeit in Sant'Anselmo. Was wird nun aus seinem Studiengang, aus seinem Professoren-Dasein? Die benediktinische Hochschule war in jener Zeit latenten Veränderungen ausgesetzt. Die Philosophische Fakultät sollte ausgedünnt werden, die Vorstellungen über Studienschwerpunkte divergierten, die Studentenzahlen gingen zurück. Im Heimatkloster am Ammersee erzählt man bis heute, dass Notker Wolf im Herbst 1977 aus Rom zurückbeordert werden sollte. »Die Zeit wäre für ihn dort eh abgelaufen und hier wäre ein Einsatz fällig gewesen …«, kolportierte ein Mitbruder.

Die Neuigkeiten aus Rom bewirkten, dass es Notker Wolf nun plötzlich sehr eilig hatte. Schnell fuhr er zurück ins Allgäu, brachte die Mutter noch in der Nacht nach Grönenbach und traf gegen halb zwei in St. Ottilien ein. Dort verkündete ihm das Schwarze Brett eine völlig neue Situation: »Senioratssitzung – Thema Abtwahl«. Die Eruptionen hatten die bayerische Zentrale der Missionsbenediktiner erreicht, ihr eigener Erzabt Viktor Dammertz war als Nachfolger auf den Stuhl des Abtprimas gewählt worden. Das war zunächst eine gute Nachricht, denn mit Abtprimas Viktor Dammertz schien die Professur von Notker Wolf gesichert. Aber in St. Ottilien musste nun ein neuer Abt gewählt werden, und da schwappten beim Frühstück am nächsten Morgen die römischen Wellen auch in das Leben von Notker Wolf. Ein Mitbruder erklärte ihm leutselig: »Woaßt scho, bist aa im G'spräch!«

Die Wahl eines neuen Erzabtes mit derart geringem zeitlichen Vorlauf, in der sich die Mönche Gedanken machen können, wer passt, wer kann es, wem traut man es zu, ist eine schwierige Situation. Sicher erleichterte das Procedere der Vorwahl die Sache etwas. Dabei musste jeder der damals über 180 Mönche die Namen seiner jeweiligen Favoriten auf einen Zettel schreiben, angeblich immer acht Namen. Danach wusste man zunächst, wer vom Konvent als fähig für diese Aufgabe angesehen wurde. Nun hatten alle Vorgeschlagenen die Möglichkeit zu sagen, ob sie sich überhaupt zur Wahl stellen.

Da mit dem Erzabt von St. Ottilien auch in Personalunion der Präses der Kongregation gewählt wurde – das änderte sich 2012 – mussten zudem alle Oberen der Kongregation dieser Vorschlagsliste zustimmen. Die eigentliche Wahl forderte dann in den ersten vier Wahlgängen jeweils eine Zweidrittelmehrheit. Hatte bis dahin keiner die nötige Stimmenzahl erreicht, genügte in einem fünften oder eventuell noch sechsten Wahlgang die absolute Mehrheit.

Die Wahl war für den 10. Oktober angesetzt, weil am 11. das Generalkapitel beginnen sollte, das Treffen aller Äbte der Missionsbenediktiner, und bis dahin brauchte man einen neuen Abtpräses. Drei Wochen war nun Zeit sowohl für Notker Wolf wie auch für die Mitbrüder, um über die bevorstehende Wahl und die diversen Kandidaten nachzudenken. Traute ihm die Gemeinschaft das Amt zu, traute es sich Notker Wolf zu?

An diese Zeitspanne zwischen dem 18. September und 9. Oktober, dem Tag der Vorwahlen, erinnern sich manche Ottilianer. Pater Martin Trieb zum Beispiel, dem auf den Klosterfluren ein sehr freundlich grüßender Pater Notker aufgefallen war. Im Nachhinein, sagt er, sieht er es als ›ein Mittel zum Zweck‹, als eine Art ›Wahlwerbung‹, die er sich auch mit dem Ehrgeiz des Pater Notker erklärt. »Er wollte es vielleicht werden. Und dann – er war halt einer der ganz wenigen, die zur Verfügung standen.« Wobei Pater Martin Ehrgeiz nicht negativ bewertet.

Unbekannt war Pater Notker in St. Ottilien sicher nicht. Dennoch – seit sechs Jahren arbeitete er in Rom als Professor und zuvor, während seines Studiums in München, war er im dortigen Kolleg St. Benedikt einquartiert gewesen. Die Ferien allerdings verbrachte Notker Wolf immer im Heimatkloster und schien dabei ausreichend Eindruck hinterlassen zu haben, um als Erzabt-Kandidat zumindest in Betracht zu kommen. Der heutige Abtprimas kann sich an eine eigene Wahlwerbung per freundlichem »Grüß Gott« nicht erinnern. Was ihm aber im Gedächtnis geblieben ist, waren die Patres, die an den Sonntagen vor der Wahl fleißig in der 11-Uhr-Messe erschienen, die man ihm aushilfsweise übertragen hatte. Da seien sie gestanden und hätten seinen Predigten gelauscht. Also war, was man bisher über ihn wusste, nicht Reputation genug, um ihn so einfach zum Erzabt zu wählen. Der Konvent machte sich die Entscheidung offensichtlich nicht einfach.

Wer auch sehr gründlich überlegte, wem sie ihre Stimme geben wollten, waren die Brüder in St. Ottilien. Sie sind, im Unterschied zu den Patres, nicht zu Priestern geweihte Mönche. Bislang war ihnen die Beteiligung an der Erzabtwahl nicht erlaubt gewesen. Zum ersten Mal sollten 1977 auch die einfachen Mönche ihren Oberen mitwählen dürfen – und sie stellten die Mehrheit im Konvent von St. Ottilien. Wo sollten sie sich Informationen holen über Notker Wolf? Die Brüder erkundigten sich einfach bei denjenigen, mit denen er die letzten sechs Jahre verbracht hatte. Die Studenten und Professoren in Sant'Anselmo sollten ihnen berichten, wie er denn so sei, der Pater

Notker, und ob er sich als Erzabt eignen würde. Aus Italien kamen, je nachdem, von welcher Seite man es betrachtete, gute beziehungsweise schlechte Nachrichten. Dort wollte man ihn nämlich überhaupt nicht gern gehen lassen, weil sich der Dozent Pater Notker in Rom um seine Studenten gekümmert habe, um die Neuen, um die, die Eingewöhnungsprobleme hatten, um ihre medizinische Betreuung und um notwendige Übersetzungen von Dokumenten. Er war immer persönlich ansprechbar. Außerdem hatte er der Gregorianik und damit der Schola von Sant'Anselmo zu neuem Ansehen verholfen. Es wäre ein Verlust für die ganze Einrichtung, wenn er abgezogen würde, ließ man in St. Ottilien ausrichten.

Innerhalb dieser drei Wochen vor der Wahl zogen so alle ihre Erkundigungen und Informationen ein, offene wie versteckte. Die Wirkung war eindeutig. Die Vorwahl, quasi die Kandidatenaufstellung, brachte Notker Wolf bereits die meisten Stimmen ein.

Wahlgeheimnisse

So eine Abtwahl mit ihren Richtlinien und Abläufen, aber vor allem am Ende die Anzahl der Wahlgänge und das Stimmergebnis, ist ein angestrengt gehütetes Geheimnis. Wer von den älteren Brüdern und Patres in St. Ottilien sich daran erinnerte, wollte meist nichts dazu sagen. Andere verließ ihr Erinnerungsvermögen. Manche ließen sich höchstens zu kryptischen Bemerkungen hinreißen.

Notker Wolf jedenfalls war nach diesem unerwarteten Vorwahlergebnis seinen Sekretärsposten bei der Wahl erst einmal los. Eine schlaflose Nacht folgte. Mit Mission, die natürlich ein Schwerpunkt der Arbeit eines Erzabtes von St. Ottilien ist, hatte er bisher so gut wie nichts zu tun gehabt. Der einstige Traum vom Missionar war längst beiseitegelegt. Er hatte sich damit abgefunden, in Zukunft als Lehrer für den Orden zu arbeiten.

Der Wahlakt am 10. Oktober bleibt bis heute geheimnisumwittert. Eine sehr schwierige Wahl sei es gewesen, wird gemunkelt. Es hatte in jedem Fall mehrere Wahlgänge gegeben, denn die für die ersten Abstimmungen erforderliche Zweidrittelmehrheit schaffte keiner der drei verbliebenen Kandidaten. Außerdem wechselten ständig die Mehrheiten. Es brauchte einen ganzen Tag, bis am Spätnachmittag Notker Wolf die notwendige, nun nur noch absolute Stimmenmehrheit auf sich vereinen konnte.

Anscheinend hätten manche gern noch weitergewählt. Denn als es darum ging, ob der Gewinner die Wahl auch annehme, wurde Notker Wolf plötzlich geraten, sie abzulehnen. In diesem Moment fühlte er sich denjenigen verpflichtet, die ihm durch alle bisherigen Wahlgänge immer wieder ihre Stimme gegeben hatten, die ihn als Abt haben wollten. Er dachte an seine Verantwortung für das Kloster, für das er sich entschieden hatte – und er erwog die Alternativen. Wer würde dann statt seiner die Zukunft des Klosters bestimmen? »Daraufhin war meine Entscheidung klar.«

Im Vorfeld hatte Notker Wolf sich wenig Gedanken machen können, was auf ihn zukommt durch diese Wahl zum Erzabt. Genauso, wie er sich bis heute nie darüber den Kopf zerbricht, was sein könnte. Er trifft Entscheidungen, wenn sie anstehen. Nach seiner Wahl aber, nach Ende des Generalkapitels, nach der Abtweihe durch den Augsburger Bischof Stimpfle setzten doch irgendwann Gedanken darüber ein, wie es nun weitergehen sollte. Denn mancher hatte mit seinen Erwartungen an den neuen Abt nicht hinterm Berg gehalten. »Jetzt haben wir dich gewählt. Jetzt muss Ruhe sein für einige Zeit. Wir wollen nicht nochmal so schnell eine Wahl haben.« Und was einigen auch sehr am Herzen lag: »Ich hoffe nur, dass du nicht schon nach einem Jahr so versauert bist wie dein Vor-Vorgänger, Erzabt Suso.« Auch Notker Wolf hatte sich etwas vorgenommen: nämlich die starke Reisetätigkeit seiner Vorgänger weder fortzusetzen noch auszuweiten. Ein ›frommer‹ Wunsch – und der beste Beweis dafür, dass ihm Planung nicht wirklich liegt.

Ebenfalls der Zufall bescherte ihm einen Sekretär für die nächsten 23 Jahre. Pater Dominikus Drexl entdeckte den ziemlich erschöpften neuen Erzabt in dessen Zimmer am Abend der Einsetzungsfeierlichkeiten vor Bergen von Post. »Wenn du Hilfe brauchst, sag bitte Bescheid!« Die Not muss sehr groß gewesen sein, denn Abt Notker folgte der Einladung sofort.

Notker Wolfs Schreibtisch in St. Ottilien (verm. 1978). Ein echtes Highlight, das monströse Faxgerät, das den Erzabt damals mit den Missionsbenediktinern in der ganzen Welt verband.

Ein Jahr später gab es in St. Ottilien eine kanonische Visitation, eine gute Gelegenheit, alle Unzulänglichkeiten des Neuen, Fehler, Verfehlungen, alles, was den Mitbrüdern so gar nicht passte, zu Protokoll zu geben, ohne dass sich die Kritiker zu erkennen geben mussten. Notker Wolf weiß noch, dass die Visitatoren erstaunt waren über das Ergebnis. Kaum einer brachte Beanstandungen vor. Der ganze Konvent stand hinter dem neuen, jungen Erzabt Notker.

»Fürchtet euch nicht«

Als Chef der Ottilianer-Kongregation standen für Erzabt Notker nun Reisen in die Missionsgebiete auf der Tagesordnung. Auch, wenn er direkt nach seiner Wahl noch versprochen hatte, nicht so viel unterwegs zu sein, das mit den Reisen – siehe die folgenden Kapitel – musste er bald korrigieren. Zum einen blieb ihm nicht erspart, als neuer Präses die Klöster zu besuchen, für die er zuständig war. Aber er war auch schon immer gern unterwegs gewesen. Bereits nach dem Noviziat hatte ihm sein damaliger Abt Suso den Namen ›Frater Vagabundus‹ verpasst. »Das hat er beibehalten«, bestätigt Pater Claudius Bals, der ehemalige Prior von St. Ottilien. Einen »glatten Übergang« habe er geschafft, so Bals, vom Dozenten in Sant'Anselmo zum Leiter der Missionsbenediktiner. Denn schon in Italien war Notker Wolf nicht als Stubenhocker aufgefallen, und nun zwang ihn die weltweite Präsenz der Kongregation immer wieder zu einer ›Tour d'Horizon‹.

Beim Bauen wollte er ebenfalls zurückhaltender sein als seine Vorgänger. Trotzdem blieb ihm auch das nicht erspart. Das erste und größte Bauvorhaben, das Erzabt Notker in die Hand nahm, war das Priorat auf dem Jakobsberg. Ende 1960 hatte St. Ottilien das Kloster erworben. Zu Beginn seiner Amtszeit stand die Frage im Raum, was nun aus dieser ›Außenstelle‹ wird, in der die Mönche Landwirtschaft betrieben, Exerzitien und Jugendarbeit anboten sowie in den umliegenden Gemeinden mithalfen. Die Erzdiözese Mainz, zu der der Jakobsberg gehört, hatte das Kloster bereits als geistliches Zentrum eingeplant und Hermann Kardinal Volk, bis 1982 Bischof von Mainz, hatte Notker Wolf nicht nur spaßeshalber gefragt, wie viel er den Benediktinern bieten müsse, damit sie blieben.

Die bauliche Substanz der Gebäude war schlecht. Der ausgetrocknete Lehmuntergrund hatte Risse im Mauerwerk hervorgerufen. Aber viel wichtiger war dem Erzabt das Konzept, das hinter diesem Kloster stehen sollte. Er wollte eine funktionierende Gemeinschaft. Aber wenn er schon baue, dann sollte auch ein Kreuzgang entstehen. Der fehlt ihm nämlich bis heute in St. Ottilien. Also diskutierte Notker Wolf zuerst mit dem Konvent, dann mit der Diözese und am Ende mit den Architekten bis das neue Kloster 1982 eingeweiht werden konnte. Nur drei Stunden brauchte er damals mit dem Auto vom Ammersee auf den Jakobsberg, sagt er.

Nachdem man nun die Umtriebigkeit des Erzabtes kennengelernt hatte, ließ ihm seine Gemeinschaft zu Hause nicht mehr so viel Entscheidungsfreiheit. Zur Hundertjahrfeier des Klosters 1984 sollte die Kirche renoviert werden. Halbe Sachen macht Notker Wolf nicht, also zog er einen Kirchenrestaurator hinzu, dessen Vorschläge jedoch vom Konvent abgelehnt wurden. Nur den Anstrich erneuern, das wollte wiederum Notker Wolf nicht. Jahrelang, wird erzählt, wurden seine Ideen und Vorschläge zur Kirchenrenovierung in steter Regelmäßigkeit abgelehnt. »Da hat er dann einfach aufgegeben, hat gesagt: ›Habt's mich gern. Ich mag nimmer‹«, erzählt Pater Claudius. Er hatte dann eine Idee, wie man die Gemeinschaft doch noch dazu bringen könnte, die Bauvorhaben zu unterstützen, was Notker Wolf mit den Worten kommentierte: »Wenn du schon so g'scheit bist, ja dann mach du das.« Damit übergab er Pater Claudius die Bauaufsicht und war, so berichtet Claudius weiter, »heilfroh und sehr, sehr dankbar, dass ich da mit angepackt habe«. Notker Wolf war tatsächlich keineswegs beleidigt, denn nun war er die Debatten mit dem Konvent los. Letztlich hatte ihm dazu die Zeit gefehlt, weil er den ›Vagabundus‹ nicht abgelegt hatte.

Das dritte Versprechen, nämlich der allgegenwärtigen Angst und Überwachung im Kloster einen angstfreien Umgang miteinander gegenüberzustellen und Freiheit und Würde des Einzelnen zu respektieren, ist bis heute der Stempel, den er seiner Erzabt-Zeit in St. Ottilien aufgedrückt hat. Alle, ob sie Notker Wolf zugetan sind oder eher der kritischen Fraktion angehören, wissen um seine Anstrengungen für ein ›angstfreies Kloster‹, selbst die, die das gar nicht wollten. Im Grunde war es eine Bestätigung, dass man ihm vorwarf – und das bis heute –, er habe »das Kloster abgeschafft«, weil er manche strengen und entwürdigenden Vorschriften gelockert hatte.

»Es gab schon eine ganze Reihe, die sagten, das ist Demontage der Klosterzucht, der Klosterordnung.« Ein Pater habe ihm vorgeworfen: »Bei dir weiß man nicht mehr, welche Regeln gelten.« Was war noch erlaubt? Wo waren die Grenzen? Solche Fragen konnte wiederum

Notker Wolf nicht verstehen. Man kann, meint auch Pater Claudius, nicht durch Regularien ein angstfreies Kloster schaffen, sondern nur durch die eigene Person. Und Notker Wolfs Maßstab war der ›erwachsene Mensch‹.

Notker Wolf hält die Messe beim Benediktusfest 2007 in St. Ottilien.

Bei dieser Diskussion darf man nicht vergessen, was noch in den 1960er-Jahren hinter Abteimauern gang und gäbe war. Das einjährige Noviziat musste generell ohne jeglichen Kontakt zur Familie durchgestanden werden. Briefe und Päckchen waren vor den Augen des Magisters zu öffnen. Der schaute sich genau an, was die Post von zu Hause enthielt. Fanden sich Dinge wie Süßigkeiten, so wurden sie mit den Mitbrüdern geteilt. Solche Restriktionen machen erfinderisch. Pater Claudius' Schwester etwa kreierte Schachteln mit doppeltem Boden. Wie in anderen Konventen gab es in St. Ottilien bis auf eine wöchentliche Kirchenzeitung keinen medialen Blick in die Außenwelt, auch keinen optischen. Die innere Klausurmauer, die »den paar Quadratmeter großen Novizengarten« begrenzte, war das Ende der zugänglichen Welt. Raus durfte nur, wer dort eine Beschäftigung nachweisen konnte. Novizen hatten das in der Regel nicht.

Schweigen war oberstes Gebot und nur in seltenen Fällen durfte man die Mitnovizen ansprechen, dann aber per Sie. Auch Kontakte zu älteren Mitbrüdern waren stark eingeschränkt. Deren Zelle durfte nur in Ausnahmefällen betreten werden. Es gibt Menschen, die das positiv sehen. »Man verlor so keine Zeit mit Schwatzereien – und man ›verlor‹ sich auch sonst nicht …«, meinte dazu ein ehemaliger Priesterseminarist. Gespräche mit Gästen, Freunden, Familienmitgliedern mussten knapp gehalten werden. War dennoch das Bedürfnis nach einem längeren Gespräch vorhanden, musste zuerst die Erlaubnis des Oberen eingeholt werden – und der wollte natürlich wissen, was es zu besprechen gab.

Damit wurde unterbunden, eigene Probleme und Schwierigkeiten – und die der anderen – aus dem Kloster hinauszutragen.

> *Jedes unnötige Reden über die im klösterlichen Zusammenleben stärker als sonst fühlbaren Fehler, Schwächen und Sünden von Mitbrüdern öffnet dem Versucher die Tür und führt meist auch zu eigenem Versagen. Alle Menschlichkeiten mit Liebe zu ertragen und vor Gott durch Gebet, Sühne und entsprechend gutes Beispiel auszugleichen, ist eine besonders schöne Verwirklichung.*

So ist in den Instruktionen für Novizen nachzulesen, die zu Zeiten von Erzabt Suso in den 1960er-Jahren noch galten. Die wichtigste Übung für Novizen und Laienbrüder, also Mönche ohne Priesterweihe, war – gemäß den Instruktionen – der Gehorsam:

> *Der Wille Gottes offenbart sich in den Anordnungen der Oberen und in den von ihnen gutgeheißenen Regelungen des täglichen Lebens. Wenn sie unverständlich erscheinen, muss dies in Demut als mangelnde Erkenntnis der Absichten Gottes verstanden und hingenommen werden.*

Einmal im Monat kamen alle zur sogenannten Culpa zusammen. Der Erzabt oder einer der Oberen rief dabei Einzelne auf, die dann vor der gesamten Gemeinschaft offenbaren mussten, ob und wie sie die Regularien auf irgendeine Weise gebrochen hatten. Ohne Sünde ist bekanntlich keiner, und diese Vorschriften immer genau zu befolgen, ging eigentlich nicht. »Das war natürlich eine Gewissensbelastung, weil man doch nicht alles sagen konnte, was man da nicht an Vorschriften mitvollzogen hatte. Und es wurde auch geahndet«, weiß Claudius noch. Aber nicht nur die Männer, die sich – aus welchen Gründen auch immer – für das Ordensleben entschieden hatten, waren solcher Art Zucht und Ordnung unterworfen. Der einstige Prior erzählt auch von den »pädagogischen Anweisungen«, die man ihm mitgegeben hatte, als er 1968 als Präfekt, als Betreuer, ins Internat der Schule geschickt wurde. »Ihr müsst den jungen Leuten das Rückgrat brechen, damit sie gefügig werden fürs Kloster«, zitiert er Erzabt Suso.

Notker Wolf hat es sich nicht brechen lassen und wollte es später auch keinem brechen. Dass so viele es damals durchgestanden und auch verhältnismäßig gut überstanden haben, lag an ihrem gemeinsamen Traum, Missionar zu werden. Denn dort, in der Ferne, in Afrika, Asien, Lateinamerika, da wartete das andere Leben. »Da, haben wir gewusst, da gibt es diese Freiheit.« Sie begriffen die Zeit im Noviziat vor allem als eine Art Durchgangsstadium, »hin zu unserem Beruf draußen in der Mission«. Und dieses »freie, andere Leben«, das waren keine Hirngespinste, keine Einbildung, denn die, die aus der Mission zurückkamen, hatten mitunter Angst, »sie müssten jetzt wieder Mönche sein«, erinnert sich Claudius.

Dass Pater Claudius und der zwei Jahre ältere Notker Wolf diesen Lebensabschnitt überstanden haben, lag auch an Persönlichkeiten wie dem damaligen Prior Paulus Höger, »der wirklich ein väterliches und mütterliches Herz hatte gegenüber allen und vor dem man nie Angst haben musste«. Auch die Novizenmeister jener Zeit verteidigt Pater Claudius. Pater Ansgar Schmid und der spätere Erzabt und Abtprimas Viktor Dammertz seien keine Schnüffler oder permanente Rüger gewesen. »Wir haben damals gesagt, der Viktor kann nicht schimpfen, der fängt's Lachen an, und der Ansgar kann a net schimpfen, der wird rot dabei.« Damit widerspricht Pater Claudius auch Notker Wolf. Der wirft in seinem ersten Buch dem einstigen Novizenmeister eine autoritäre Haltung vor, die er, Claudius, überhaupt nicht bestätigen könne. Allerdings, vermutet Claudius weiter, könne der enorme Freiheitsdrang des Notker Wolf, »den er auch versucht hat durchzusetzen«, bei den Oberen eventuell eine massivere Gegenreaktion hervorgerufen haben. »Ja, er hatte ewig und hartnäckig diskutiert mit ihnen.«

Die Mönche mit höherer Schulbildung hatten Zugang zum Theologiestudium, was wiederum Voraussetzung ist für die Priesterweihe. So konnten sie wenigstens den gehobenen Status des Paters erreichen, auch wenn ihnen der Weg in die Mission verschlossen bleiben sollte. Sie hatten damit Stimmrecht bei der Wahl der Oberen. Vermutlich fanden sie auch Mittel und Wege, der Gängelung weitgehend zu entgehen. Die Laienbrüder aber, die Handwerker, die Helfer in der Landwirtschaft, die ›niederen‹ Dienste, die waren bis zum 2. Vatikanischen Konzil nicht weit entfernt vom Status der Leibeigenschaft. Sie lebten in einer ständigen Angst vor Bestrafung wegen nicht eingehaltener Regularien. Und die, die über sie bestimmten, durften sie nicht mitwählen. Erst 1977, mit der Wahl von Pater Notker zum Erzabt von St. Ottilien, wählten die Laienbrüder mit, die damals mehr als die Hälfte des Konvents stellten. Sie waren es am Ende, die die Wahl entschieden. Das war ihm damals nicht bewusst gewesen, merkt Notker Wolf an.

Gewählt zum Erzabt, wollte er nun gegen die Arroganz auf der einen und die Ängste auf der anderen Seite etwas unternehmen. Denn er hatte nicht vergessen, wie er sich gefühlt hatte in seinen Anfangsjahren hinter Klostermauern. Mit seinem Amtsantritt begann Abt Notker diese kleinen Regularien großzügiger zu handhaben. Wer etwas kaufen wollte, wer ein Hemd, eine Hose, ein Jackett brauchte, der bekam das Geld dafür, ohne sich groß rechtfertigen zu müssen. Er überließ es der Eigenverantwortung der Mitbrüder. »Manche Mitbrüder aus der Reihe der Laienbrüder haben gesagt, beim Notker haben wir das erste Mal erfahren, dass wir Menschen sind und auch etwas gelten«, erinnert sich Alt-Prior Claudius. »Diese innere Freiheit, die er den Leuten gewährt hat, das ist, glaube ich, seine Größe.«

Vor allem für die ›Unbeholfenen‹, die sich schwertaten, für die war er »wirklich ein Vater«. Mit seiner eigenen Erfahrung als Dick- und Querschädel im Hinterkopf, versuchte der Erzabt, den jungen Mönchen nicht »das Rückgrat zu brechen«, sondern wählte den Zugang über gutes Zureden und Aufmunterung. Allerdings funktionierte es nicht bei allen. Darum, muss Notker Wolf inzwischen eingestehen, war es auch nicht immer der Königsweg. Er hat irgendwann lernen müssen, dass »es keinen Sinn macht, auf einen Mitbruder und seine Schwächen besonders Rücksicht zu nehmen, ihm gerecht zu sein, und dabei ungerecht gegenüber den anderen zu werden«.

Diese anderen, die sich zunehmend zu kurz gekommen fühlten, meldeten sich bald zu Wort. Man behinderte nicht nur einen Teil seiner Baupläne. Bald beklagten sie sich über seine ständige Abwesenheit, weil der Erzabt »eigentlich die Symbolfigur der Anwesenheit war«, oder sie schüttelten über manche seiner Neugründungsbemühungen den Kopf. Und natürlich fand selbst das ›angstfreie Kloster‹ nicht nur Zuspruch.

Die meisten Menschen, mit denen Notker Wolf in Kontakt kam oder kommt, schätzen ihn, bewundern ihn sogar. Einen »sehr, sehr offenen, warmherzigen, optimistischen Typ« nennt ihn Claudius. Nur ein paar wenige urteilen zynisch über ihn. Als man Notker Wolf zum Erzabt gewählt hatte, sagte Kardinal Walter Brandmüller, damals noch Ordinarius für Neuere und Mittelalterliche Kirchengeschichte an der Universität Augsburg, zu Claudius, er könne nur mit dem alttestamentlichen Propheten sagen: Ein Kind habt ihr euch zum König gemacht. Claudius sieht das völlig positiv. Notker Wolf habe sich wirklich sein »kindliches, frohes, ungeniertes Gemüt« erhalten. Und er sieht es als das Geheimnis von Notkers Ausstrahlung an, dass er diese Unmittelbarkeit den Menschen gegenüber habe. Wobei: »Der Herr Kardinal hat's a bissel anderscht g'meint.«

Diese Unmittelbarkeit bescherte dem Erzabt und später dem Abtprimas – und natürlich der Erzabtei – auch die Notker-Wolf-Fangemeinde, die zweimal im Jahr in einer Stärke von 80 bis 100 Frauen und Männern an den Ammersee zu den Exerzitien des Abtprimas anreist. Als der frisch gewählte Erzabt Notker seinen Mitbruder Claudius 1978 zum Leiter des Exerzitienhauses berief, gehörte zu dessen Aufgaben auch das Seminarangebot für Gäste. Damals bat Claudius seinen Abt, Exerzitien, also geistliche Übungen, auch persönlich anzubieten. »Beim ersten Kurs hat das schon voll eingeschlagen.« Bis heute sind Notker Wolfs Kurse ausgebucht. Was den langjährigen Weggefährten Claudius gar nicht wundert, denn »a bissel eitel und ehrsüchtig« sei er schon in der Schule gewesen, »nach Darstellung suchend«.

»Ist das die Arbeit eines Missionars?«

Eigentlich war Notker Wolf seinem Vorhaben, das er als 14-jähriger Werner Wolf hatte, nämlich als Missionar in die Welt hinauszugehen, nun ein Stück näher gerückt mit der Wahl zum Erzabt von St. Ottilien und damit zum Präses der Kongregation der Missionsbenediktiner – wenn auch auf eine etwas abgewandelte Weise. Die nun anstehende Verantwortung für die Mission hatte zwar nichts mit einem Aufbruch in ferne Länder zu tun und schon gar nichts mit jenen wortgewaltigen Predigern früherer Jahre, die Seelen fürs Himmelreich gewinnen wollten, wie der Abtprimas in seinem Buch *Wohin pilgern wir?* seine Jugendvision formulierte. Aber Neugründungen der Kongregation wurden ein Teil seiner Arbeit. Die Initiative, das Befürworten, das Organisieren solcher Projekte sollte in Zukunft über seinen Schreibtisch, über sein Telefon laufen. Er war natürlich auch vor Ort. Der Unterschied war, dass ihn der Flieger immer wieder zurückbrachte.

Mission war das nicht. Aber fast ein Vierteljahrhundert nach seiner

Berufsentscheidung hatte sich Notker Wolf längst damit abgefunden, dass ›seine‹ Mission nun in seiner Arbeit im Orden für Kloster und Kongregation lag. Die Missionare waren auch keine Prediger mehr, die die Heiden bekehren sollten. Notker Wolf nennt das inzwischen ›Entwicklungsarbeit‹: »Die vordringlichste Aufgabe eines Missionars besteht mittlerweile darin, durch das eigene Vorbild zu überzeugen, also die christliche Botschaft selbst zu leben.«

Zunächst aber stand er im Oktober 1977 plötzlich vor dem Generalkapitel, der Versammlung aller missionsbenediktinischen Äbte und Prioren, und sollte dies von jetzt an leiten. Die Probleme und Anliegen des eigenen Klosters waren ihm bewusst, aber die der Kongregation? Also ließ er sich informieren, nutzte die Anwesenheit der Oberen beim Generalkapitel, um von ihnen etwas zu erfahren über die 13 Außenstellen der Ottilianer, verstreut über vier Kontinente. Zwar hatte er seinem Konvent gesagt, dass er nicht mehr so viel reisen wolle wie seine Amtsvorgänger, doch die Äbte selbst, vor allem diejenigen der außereuropäischen Klöster, baten ihn zu kommen. Prior Paulus ermutigte ihn zu fahren. Also übernahm Notker Wolf alle anstehenden Visitationen in den Klöstern der Ordensgemeinschaft zuerst einmal selbst.

Sein erster Besuch galt den Niederlassungen in Ostafrika. Dort, wie in vielen anderen Teilen der Welt, ist die christliche Religion nicht allein vor Ort. Dieser Kontakt zu anderen Glaubensgemeinschaften, dieser Blick über den Tellerrand, der ›Mission‹ auf eine ganz neue Art buchstabierte, nämlich die anderen Religionen kennenzulernen und zu respektieren, hatte seine Anfänge in Notker Wolfs Zeit als Erzabt.

1979 fragte das Ostasien-Institut aus Bonn an, ob man sich in Ottilien um eine Gruppe buddhistischer und shintoistischer Mönche aus Japan kümmern könne. Sie wollten nicht nur christliche Klöster besuchen, sie wollten auch für einige Zeit in der Gemeinschaft mitleben. Der experimentierfreudige Erzabt öffnete ihnen gerne sein Kloster. Im Gegenzug besuchte Notker Wolf zweimal die Mönche in Japan und lebte mit ihnen, wie man das von ihm gewöhnt ist, nach dem Motto: ganz oder gar nicht.

Das bezog sich nicht nur auf das stundenlange schweigende Meditieren im Lotussitz. Zum täglichen Leben der buddhistischen Mönche gehörte ebenso das Betteln. Mit einer Gruppe, in buddhistische Gewänder gehüllt, zog er, zusammen mit Bruder Josef Götz, der ihn auf der Reise begleitete, im Gänsemarsch durch eine Ortschaft. Danach verteilte man sich, um an den Haustüren zu betteln. Am Ende stellten sie unter Gelächter fest, dass Bruder Josef mehr gesammelt hatte als sein Erzabt.

Der junge Erzabt zu Besuch in der Abtei Inkamana in Südafrika 1978, hier mit Bruder Clement.

Dieses Kennenlernen der buddhistischen Religion war ein erster Schritt zu dem, was als *Interreligiöser Dialog* (DIM) weitergeführt wurde, eine Initiative der Benediktiner, die Notker Wolf entscheidend mit auf den Weg brachte. Ein Nebeneffekt dieses Austauschs hat bis heute Fortbestand. Notker Wolf hatte damals einen Freund gewonnen, einen Tempelpriester aus Japan, der 1982 mit nach St. Ottilien gekommen war und nach Jahren in Japan ein Institut gründete für interreligiösen Dialog.

Aber in jenen Jahren nagten auch Fragen an Erzabt Notker: »Ist das die Arbeit eines Missionars, die ich da mache? Habe ich mein Ziel erreicht?« Umso mehr, da er seit seinem Amtsantritt immer wieder Briefe erhielt, Bitten, doch da und dort ein Kloster zu gründen. Solch eine Anfrage erreichte den Erzabt auch 1981 im koreanischen Seoul, wo er wieder einmal zu einer Visitation weilte. Der Bischof von Digos auf Mindanao, ganz im Süden der Philippinen, bat die Benediktiner eindringlich, ihn und die dort bereits tätigen einheimischen Benediktinerinnen zu unterstützen.

Notker Wolfs Erfahrung in Sachen Neugründung war gleich null, jedoch, wie er später zugab, »juckte es mir sozusagen in den Fingern, das Experiment zu wagen und ein neues Kloster auf die Beine zu stellen«. Zunächst wollte er sich die Gegebenheiten wenigstens anschauen in dem Teil der Philippinen, in dem der Anteil der Muslime größer war als anderswo. Also buchte er kurzerhand um: statt zurück nach München jetzt nach Davao via Manila. Neben Pater Felix Huber, der den Erzabt als Co-Visitator nach Korea begleitet hatte, fuhr auch Pater Sebastian Rothler aus Südkorea mit. »Und da hab ich zum ersten Mal gemerkt, dass Notker Wolf wirklich ein großes Interesse an der Mission hat und an missionarischen Herausforderungen der ganzen Weltkirche«, erzählte Pater Sebastian.

Wesentlich auffälliger an der Arbeit Notker Wolfs war damals schon seine Schnelligkeit, mit der er Entscheidungen zu treffen pflegt. Gerade diese erste Klosterneugründung seiner Erzabtzeit in Digos zeugt davon. »Innerhalb von zwei oder drei Monaten hat er schon entschieden, dass wir dort anfangen«, berichtete Pater Sebastian weiter. Ein Erzabt kann jedoch nicht einfach allein entscheiden, darum trug er das Projekt dem zuständigen Gremium der Kongregation mit Vehemenz vor: »Wir müssen dahin gehen, wo die Menschen uns am meisten brauchen.« Da konnte wohl keiner mehr Nein sagen. Nun war damit zwar die Entscheidung gefallen, noch lange aber nicht die Konditionen geklärt und auch die wichtige Frage nicht beantwortet: Wen wollen wir dort hinschicken?

Notker Wolf arbeitet bekanntlich schnell. Pater Felix fiel ihm ein, der ihn beim ersten Besuch in Digos begleitet hatte und bereits damals 62 Jahre alt war. Abt Odo Haas, mit 52 etwas jünger, war auch gerade frei, denn seine Pfarrei in Japan war anderweitig besetzt worden. Am Ende musste noch die zweite große Abtei der Missionsbenediktiner, Münsterschwarzach, ihren Beitrag leisten und Novizenmeister Pater Edgar Friedmann ›abtreten‹, der Prior in Digos wurde. Zu Hause am Ammersee kommentierte man diese ›Kloster-Erstausstattung‹ mit beißendem Spott. Einige lästerten, dass ihr Erzabt damit »die Veteranen im Volkssturm« nach Südostasien entsandt habe. Immerhin entschlossen sich auch zwei koreanische Mönche, bei diesem Unternehmen mitzumachen.

Damals hatte Notker Wolf die Vorstellung, dass Waegwan, das permanent wachsende Kloster in Südkorea, die Betreuung der Neugründung übernehmen könnte. Aber Festland-Asiaten haben oft ein Problem, wenn sie sich außerhalb ihres Kulturkreises bewegen. Sie haben schlicht Heimweh, sehr stark und sehr schnell. Der Erzabt hatte es noch mehrmals versucht, aber »mit keinem ist es auf längere Zeit gut gegangen«. Sollten jemals Klöster in China oder Nordkorea entstehen, wäre dort für die Mönche aus Südkorea der ideale Einsatzort.

»Das ist das Wesentliche für mich an Notker«, meint Pater Sebastian, »dass er nicht nur von irgendwelchen Projekten träumt, sondern sie auch in die Tat umsetzt, dass er da sehr schnell ist und sehr klug.« Diese Schnelligkeit war nicht bei allen Mitgliedern der Kongregation gern gesehen. Man zog manchenorts immer noch das bedächtige Handeln vor. Außerdem war es eine Besitzstandsfrage. Jede Neugründung ist mit Verlusten im Mutterkloster verbunden. Bei immer dünner werdender Personaldecke in Europa und den USA sollten trotzdem Brüder dafür freigestellt werden. Auch Geld musste man für diese Unternehmungen aufbringen, von denen keiner wusste, ob sie gelingen. Aber »nichts zu versuchen, führt ja erst recht zu nichts«, war damals wie heute Notker Wolfs Standpunkt. Seine anfängliche Skepsis vertraute er nur seinem Tagebuch an: »Da wird nie etwas draus werden …«, habe er dort vermerkt, berichtet er.

Am 11. Juli 1983 wurde das neu gegründete Priorat in Digos offiziell eröffnet als ›spirituelles Zentrum‹ für philippinische Priester, Ordensleute und Schulkinder. 25 Jahre später war der Abtprimas natürlich zur Jubiläumsfeier eingeladen und fand ein Kloster vor mit 30 Mönchen, die Landwirtschaft betreiben und Käse, Milch und Honig produzieren. Außerdem gibt es eine kleine Ambulanz, die täglich etwa 200 Kranke versorgt. Geplant hat er nie etwas, versichert Notker Wolf. In Pater Sebastians Augen war das auch gar nicht notwendig. »Er hat eine Vision für das, was möglich ist und was gemacht werden muss, gerade im missionarischen Bereich.«

Zwischen Afrika, China und Nordkorea

»Wenn das ein Flop wird …«

In den letzten Apriltagen des Jahres 1988 saßen im Flughafen der belgischen Hauptstadt Brüssel zwei Männer vor einem Abflugschalter. Ein großer, stattlicher Mann und ein etwas kleinerer, drahtiger – Fidelis Ruppert, der Abt von Münsterschwarzach, und Notker Wolf, der Erzabt von St. Ottilien. Die Anzeigetafel verriet den Zielort ihrer Reise – Lomé, die Metropole des westafrikanischen Staates Togo. Sie waren dabei, »in den afrikanischen Busch zu gehen, um zu schauen, wie ein paar junge Leute ein Kloster gründen«, wie es Pater Fidelis aus der Distanz von 25 Jahren ausdrückt. ›Pater‹, weil ›Abt‹ Fidelis 2006 nach seiner Resignation, dem Rücktritt vom Amt des Abtes, auf diese Anrede ganz bewusst verzichtete, weil »das Brudersein die Grundlage unserer Gemeinschaft ist«. Er trat, wie es ein Mitbruder ausdrückte, zurück ins Glied.

Aber 1986 war Pater Fidelis noch Abt der Benediktinerabtei bei Würzburg, als das erste Mal ein dunkelhäutiger Mann von knapp 30 Jahren bei ihm vorsprach. Er war von einem gemeinsamen Bekannten geschickt worden, einem Entwicklungshelfer in Togo. Boniface Tiguila hieß der Schwarzafrikaner, und er erklärte dem deutschen Mönch, dass er Hilfe suche, weil er ein Kloster gründen wolle, mitten im Busch, im nördlichen Togo, und das so sein soll »wie ihr hier«. Er sei, berichtete er Abt Fidelis weiter, zuvor schon einige Jahre im Kloster Dzogbégan (Togo) bei französischen Benediktinern gewesen, aus der Gemeinschaft aber wieder ausgetreten. Deren stark kontemplative Ausrichtung und vor allem ihre starke französische Prägung lagen ihm nicht. Er wollte es offen, kommunikativ – afrikanisch eben.

Der Deutsche war skeptisch. Zum einen konnte sich Fidelis nicht vorstellen, dass seine Kongregation in Westafrika einsteigt, denn »wir haben noch nie in französischem Gebiet etwas gemacht«. Im Moment ginge das auch gar nicht. Aber Boniface ließ nicht locker. Er brauche kein Personal, er brauche nur Anschluss an eine Gemeinschaft. Er wolle »etwas Afrikanisches« machen.

Der Deutsche blieb weiter skeptisch. »Ich wollte auch nicht, weil ich dachte, da geht einer weg vom Kloster und fängt etwas Eigenes an – das kennt man ja. Das gibt es massenweise auf der Welt.« »Nein«, beschied er ihn, »ich sehe da keine Möglichkeit.« Ziemlich verärgert, wird Boniface später erzählen, machte er sich von Münsterschwarzach auf den Heimweg.

Ein Jahr später kam der Afrikaner noch einmal und versuchte die Missionsbenediktiner erneut zu überzeugen. Allerdings kam er nicht mit leeren Händen. Der Togolese hatte ein Exposé mitgebracht, wie er sich Mönchtum in Afrika vorstellt. »Und das war toll«, musste auch Abt Fidelis eingestehen. Sehr mutig sei es gewesen. Es zeigte dem Ordensmann, dass sie doch auf gleicher Linie lagen, was die Grundlagen des Mönchtums wie das Gebet oder den Umgang mit der Heiligen Schrift betraf. »Das hat jemand geschrieben, der weiß, worum es geht.« Nun war der Münsterschwarzacher überzeugt, allein: »Ich bin nicht zuständig für Gründungen.« Also schickte er Boniface Tiguila nach St. Ottilien zu Notker Wolf, zum Präses der Kongregation.

Pater Fidelis erinnert sich gut. »Der war dann offener. Der ist ja eher so der Typ, der mit Begeisterung etwas macht.« Erzabt Notker zeigte sich gleich interessiert und rief nach dem Gespräch mit Boniface in Münsterschwarzach an. Der eher zurückhaltende Fidelis blieb skeptisch. »Bevor man das nicht gesehen hat – also ich kauf nicht die Katze im Sack.« »Dann muss man's mal anschauen«, gab Notker Wolf zurück. Und wer macht das? Am Ende beschlossen sie beide hinzufahren. »Dann hat er (Notker) gesagt: Wenn du gehst, geh ich auch.« Denn, erklärt Notker Wolf später in einem Buch, er war mit seiner Vorliebe für Experimente schon mehrfach in die Kritik geraten.

So saßen sie nun beide in Brüssel am Flughafen und bekamen erste, massive Zweifel.

»Notker, wenn das ein Flop ist, dann lacht uns die ganze Kongregation aus. Zwei Äbte von den größten Klöstern, die wir haben, fahren in den afrikanischen Busch und gucken nach ein paar jungen Leuten, ob das stimmt, was die gesagt haben. Irgendwie ist das ja blöd.«

Andererseits waren beide angetan von dem, was ihnen Boniface von seinen ersten Aktivitäten berichtet hatte. Eine echte ›grassroots‹-Gründung, die Entstehung eines Klosters von unten, das war, was man sich schon immer gewünscht hatte. Bisher war alles nur ›von oben runter‹ entstanden. Nun würde etwas Afrikanisches wachsen.

Ein weiterer Grund, dass beide doch an die Ernsthaftigkeit des Unternehmens glaubten, war der Bischof der Diözese Sokodé, in der das Kloster liegen sollte. Der war selbst nach Deutschland gekommen und hatte den Missionsbenediktinern versichert, dass er sehr für diese Gründung sei und sie unterstütze. Eine Klostergründung unter seiner Jurisdiktion lehnte er jedoch ab. Er wollte ein Kloster und nicht ein paar Brüder, die später als Chauffeure und Sekretäre seines Nachfolgers fungierten.

So flog man nach Togo.

Afrika-unerfahren, wie die beiden Deutschen waren, hatten sie sich für ihren Besuch eine Woche Ende April ausgesucht. Pater Fidelis lacht: »Das war die heißeste Zeit im Jahr, trocken bis dorthinaus, unmittelbar vor Beginn der Regenzeit. Dümmer kann man das ja nicht machen.« Der Bischof, der sie bei der Ankunft abholte, wollte sie auch gar nicht bis zu der ›wilden Neugründung‹ tief im Busch fahren lassen, zumindest sollten die Europäer dort nicht wohnen. »Nö«, haben die geantwortet, »das machen wir nicht. Wir sind Missionare, wir wollen ja wissen, was los ist.«

Bei der Ankunft in der Nähe von Kara in Nord-Togo erwartete die beiden Besucher zwei kleine Backsteinhäuser mit Blechdach, aber ohne Zwischendecke, dazu eine Kapelle. Das war's. In einem der ›Glutöfen‹ waren zwei Räume für die Gäste vorbereitet. Die Toilette, ein umzäuntes Geviert mit Loch im Boden, und ›das Badezimmer‹, bestückt mit einem Eimer Wasser für alles, was der Reinigung bedurfte. Gegessen wurde unter einem Mangobaum. Das benötigte Wasser entnahmen sie einem Brunnen mittels Strick und Eimer. Jedoch wusste Boniface, weil er bereits mehrfach und länger in Europa gewesen war auf seiner Betteltour, um die Anfälligkeit eines europäischen Magens oder Darms. Es stand immer ausreichend sauberes Mineralwasser zur Verfügung, und das Essen für die benediktinischen Gäste wurde eigens um Reis oder Kartoffeln erweitert. Genützt hat es wenig. Der Erzabt wurde bereits in der ersten Nacht heimgesucht von den Bakterien mit ihrer durchschlagenden Wirkung.

Die Äbte waren dennoch tief beeindruckt. Zum einen von der Ernsthaftigkeit, wie man dort benediktinisches Leben gestalten wollte, von der schon jetzt erkennbaren Spiritualität und Ausstrahlung und von der Vision und den klaren Ideen des Boniface in Hinblick auf afrikanisches Mönchtum. Ein offenes Kloster sollte es werden, offen für die Bevölkerung, und die Mönche sollten am afrikanischen Leben teilnehmen. Das von französischen Benediktinern gegründete Kloster in Togo, in dem Boniface ursprünglich gewesen war, konnte und wollte sich auf solch ein Experiment nicht einlassen, die Missionsbenediktiner schon.

Nun galt es, die Kongregation zu Hause zu überzeugen. Im Herbst 1988 stand das Generalkapitel an. Vor allem die Vertreter der ostafrikanischen Klöster waren von Notker Wolfs neuem Vorhaben nicht begeistert. Man habe weder Personal noch Geld. Darum entschlossen sich die beiden Togo-Reisenden zu einer Werbeveranstaltung der besonderen Art. Der Erzabt lud Boniface und den togolesischen Bischof nach Deutschland ein. Sie sollten ihr Vorhaben in der Oberenkonferenz selbst vorstellen. »Das hat sie sehr beeindruckt, der Bischof, dieser einfache Mann, aber so echt und ehrlich und überzeugend.« 1991 nahmen die Benediktiner das Kloster unter ihre Fittiche. Abt Fidelis und der Abtei Münsterschwarzach wurde die Verantwortung für das weitere Gedeihen des Priorats Agbang, wie das heute eigenständige Kloster in Togo heißt, übertragen.

Abt Fidelis selbst reiste bis 2004 16-mal nach Togo. Pater Boniface wurde sehr bald Mitglied im Kongregationsrat der Missionsbenediktiner und zum Prior gewählt. Die Leitung des Klosters hat er inzwischen an Jüngere übergeben. 2008 hat Agbang die ersten Mitbrüder in die Mission nach Kuba geschickt: Die Neugründung in Havanna wurde von drei Missionsbenediktinern aus Togo mitgetragen. Père Jacques Missihoun ist inzwischen ihr Oberer.

China ruft

Als Pater Notker zum Erzabt von St. Ottilien gewählt wurde, waren die Missionsbenediktiner, deren Präses er nun ebenfalls geworden war, vornehmlich in Afrika engagiert. Daneben gab es im westlich orientierten Südkorea eine Abtei und mehrere kleine Gemeinschaften der Missionsbenediktiner, in denen Mönche vor allem aus St. Ottilien und Münsterschwarzach lebten. Auch die Tutzinger Schwestern, die Missionsbenediktinerinnen, hatten inzwischen in diesem Teil Asiens große Priorate aufgebaut. In die alte ›Mandschurei‹ jedoch, in den Teil, in dem Benediktiner einst missioniert hatten, war man noch nicht vorgedrungen. Seit der Etablierung der kommunistischen Regime in China und Nordkorea waren die Klöster und die Gemeinden verschwunden und mit ihnen vermutlich auch die meisten Christen dort. Dennoch gab es Ende der 1970er-Jahre immer noch oder erneut Hoffnung, dass es im Untergrund noch einige christliche Gemeinschaften gab, zumal St. Ottilien darüber informiert wurde.

Notker Wolf war in Sachen Mission immer noch unerfahren. Aber die Erzählungen der heimkehrenden Mönche in seiner Schulzeit hatten sich ihm eingeprägt. Bereits im Missionsseminar hatte Werner erste Eindrücke erhalten von diesem fernen Teil der Erde – durch Pater Eligius Kohler. Pater Eligius war 1954 aus nordkoreanischer Gefangenschaft entlassen worden. Wieder zu Hause in St. Ottilien kümmerte er sich als Lateinlehrer auch um schwächelnde Lateinschüler, und so geriet Werner an ihn, weil ihm beim Wechsel an das Gymnasium drei Jahre Latein gefehlt hatten. Pater Eligius brachte ihm Achtung vor fremden Kulturen bei, denn: »Als Schüler waren wir noch der Meinung, den Heiden müsse man es zeigen«, so Notker Wolf. Obwohl Pater Eligius fünf Jahre interniert gewesen war und miterleben musste, wie seine Mitbrüder verhungerten oder an Erschöpfung starben, empfand er weder Hass noch Verachtung für seine Peiniger und schon gar nicht für die Völker, denen sie angehörten.

Jahre später erinnerte Pater Notker ein zweiter Mitbruder an die Verbindungen zu Nordostasien. Während seiner Dozentenzeit in Rom kam Notker in den Sommerferien immer wieder an den Ammersee und bezog seine Zelle im Kellergeschoss. Eines Tages führte er in den Klostergängen ein Gespräch mit Pater Philipp Lenz. Da offenbarte sich ihm ein Mensch, der schon als junger Benediktiner in eine Pfarrei bei Yanji geschickt worden war, der die japanische Besatzung der Mandschurei 1931 miterlebt hatte und nach der kommunistischen Machtübernahme des Landes verwiesen worden war. Dennoch hatte Pater Philipp im wahrsten Sinne des Wortes sein Herz an China verloren. Seine Begeisterung für das Land und gleichzeitig seine Sorge um die alleingelassenen Christen dort versuchte er seinem Mitbruder zu vermitteln, in der Hoffnung, dass der sich einmal engagieren würde, für dieses ›Ende der Welt‹.

Nun hatte die Gemeinschaft Notker zu ihrem Erzabt gewählt, und er wollte Neues wagen oder alte Wirkungsstätten wieder neu zu beleben versuchen. Er erinnerte sich an Pater Eligius und an Pater Philipp. »Außerdem war ich entschlossen, ein neues Kapitel unserer Missionsarbeit in China aufzuschlagen«, begründet Notker später sein Interesse an dem fernöstlichen Land.

Nur ganz so einfach war es zunächst nicht. Man kam nicht hinein in die Volksrepublik, geschweige denn nach Nordkorea. So blieb die Idee der Christensuche in den kommunistischen Staaten Asiens vorerst ein einsamer Gedanke Notker Wolfs. Dass allerdings auch Pater Sebastian Rothler, der Mönch aus Münsterschwarzach und inzwischen im südkoreanischen Waegwan beheimatet, ähnliche Gedanken hegte, wusste Notker Wolf nicht.

1984, acht Jahre nach Maos Tod, fühlte sich das kommunistische Rotchina so weit gefestigt, dass es seine Grenzen für Individualreisende öffnete. Unabhängig voneinander erfuhren Erzabt Notker wie auch Pater Sebastian davon. Für Herbst 1984 war das Generalkapitel in St. Ottilien anberaumt, das jährliche Treffen aller Äbte der Ottilianer Kongregation. In Begleitung des Abtes von Waegwan kam auch Pater Sebastian mit an den Ammersee. »Und da hab ich irgendwann mal zu Notker Wolf gesagt: Wäre es nicht gut, die Christen in der Mandschurei zu besuchen, weil wir da früher eine Diözese gehabt haben?« Offene Türen hat er mit diesem Vorschlag beim Erzabt eingerannt, der schon lange mit einer Reise in die missionsbenediktinische Vergangenheit geliebäugelt hatte.

Anlässlich dieses Generalkapitels war auch ein Gast zu einem zwanglosen Treffen mit den Äbten geladen, der damalige bayerische Ministerpräsident Franz Josef Strauß. Thomas Goppel hatte das eingefädelt, Einwohner der Gemeinde Eresing, zu der St. Ottilien gehört, CSU-Landtagsabgeordneter, Sohn des früheren bayerischen Ministerpräsidenten Alfons Goppel sowie Freund der Ottilianer – und natürlich auch ein guter Freund von Erzabt Notker. Goppel hatte viel Energie darauf verwenden müssen, Strauß von der Notwendigkeit zu überzeugen, dass ein Gespräch mit »60 Äbten, quer durch die ganze Welt« eine Bereicherung sein kann. »Was soll ich da, so ein Blödsinn. Die sollen doch mit ihrem Zeug allein zurechtkommen. Aber wenn'st meinst«, zitierte ihn Thomas Goppel. Und ›FJS‹ kam.

Der Ministerpräsident saß noch nicht richtig, als die Äbte aus den südafrikanischen Klöstern ihren Unmut über die Strauß'sche Haltung zur Apartheidpolitik am Kap bekundeten. Zunächst tat das Strauß ab als eine Meinung unter vielen. Aber die Äbte gaben keine Ruhe, sodass der Disput eskalierte. Strauß ›explodierte‹ und rief nach seinem Fahrer. Trotzdem lief die lautstarke Diskussion weiter. Der Ministerpräsident bestand auf dem letzten Wort, die Äbte auch. »Notker Wolf hat sich im Hintergrund unglaublich amüsiert, während die Äbte erst einmal grantig waren – auch auf ihren Abtpräses.« Thomas Goppel hatte sichtlich Spaß daran, von dieser denkwürdigen Begegnung zu berichten. »Am Schluss ist Strauß nicht mehr heimgegangen. Er hat alles abgesagt, und sie saßen bis nachts um zwölf. Keiner wollte mehr weggehen«

Weshalb der Tag dann doch harmonisch ausklang, lag daran, dass sich Pater Sebastian in das Gespräch einmischte und meinte: »Ich habe gehört, Herr Ministerpräsident, dass Sie auch in China waren?« Solche freundlichen Übergänge zu anderen Themen, die dem Herrn Ministerpräsident weitaus genehmer waren, musste man ihm nicht zweimal anbieten. Begeistert fing er sofort an, über seine Reise in das noch ziemlich abgeschottete Land zu berichten. Strauß hatte Freunde in China, wertvolle Verbindungen, die, wie sich zeigen sollte, in der Lage waren, Türen zu öffnen.

Zu Beginn des 20. Jahrhunderts waren die Missionsbenediktiner von St. Ottilien nach Korea gegangen und hatten dort, auch im Auftrag des Heiligen Stuhls, die Halbinsel bis tief in die Mandschurei hinein und fast bis zur russischen Grenze missioniert. Nachdem 1946 die Kommunisten den Landstrich besetzt hatten, wurden die Klöster geschlossen, die Mönche vertrieben, inhaftiert, einige sogar getötet. Für die chinesische und koreanische Bevölkerung, die bis dahin zum christlichen Glauben übergetreten war, wurde ihr Glaube zu einer existenziellen Frage. Sie taten gut daran, ihn aufzugeben oder ihre religiöse Zugehörigkeit zu verstecken.

Noch aber waren es nur Gedankenspiele der beiden Mönche unabhängig voneinander. Pater Sebastian konnte nicht viel tun. Er war nur der Verlagsleiter in der südkoreanischen Abtei Waegwan. Erzabt Notker dagegen wurde aktiv. Durch die alten Aufzeichnungen in St. Ottilien über die Ordensaktivitäten bis zur Aufhebung der Klöster 1949 und die neueren Berichte aus dieser Region über die Christen hatte der Erzabt zumindest eine vage Vorstellung von der Situation im Nordosten von China.

Ein gutes halbes Jahr ließ sich Notker Wolf Zeit für diese Vorbereitungen, was aber kaum jemand mitbekam. Unter anderem nutzte er die Verbindung zu Franz Josef Strauß und bat ihn um ein Empfehlungsschreiben für China. Im April 1985 standen Abtwahlen in Waegwan an, die der Erzabt leitete und wo er auf Pater Sebastian traf. »Ich glaube, er hatte die Idee schon vorher gehabt. Aber in Korea hat er dann zu mir gesagt: In einer Woche fahren wir nach China. Also, versuch das mal ein bisschen vorzubereiten.«

Eine Woche später trafen sich die beiden tatsächlich in Hongkong – ohne Visum für China, ohne Tickets, ohne ausreichende Kenntnis der chinesischen Sprache, ohne irgendeine Vorstellung, was diese Reise überhaupt bringen könnte und inwieweit ihre Informationen überhaupt stimmten.

Das ist für mich das Wesentliche am Abtprimas, dass er nicht nur von irgendwelchen Projekten träumt, sondern sie in die Tat umsetzt, dass er sehr schnell ist und auch sehr klug, vor allem aber, dass er genau weiß, was er tut.

Die beiden quartierten sich bei den Jesuiten in Hongkong ein. Nun musste das Visum beantragt werden. Beim Ausfüllen des Formulars kam die Rubrik ›Berufsbezeichnung‹. Sebastian als Verlagsleiter war gut raus, aber was machte Notker Wolf? Die Geschichte erzählt er gern und sein damaliger Begleiter kann sie bestätigen. ›Archabbot‹ stand noch in keinem Wörterbuch und konnte somit von den Chinesen nicht übersetzt werden. Als unwissend wollten die sich nicht outen, also wurde es ohne Rückfragen akzeptiert. Sogar ein ›Schnellvisum‹ erstanden die beiden, gegen etwas mehr Bezahlung.

Ja, er hatte da großen Mut. Er wollte die Dinge wirklich durchziehen. Das war mir von Anfang an klar. Er hat alles mitgemacht. Ohne Anmeldung. Wir sind immer losgefahren und wussten nicht, wo wir am Ende des Tages übernachten würden. Wir haben das einfach mehr oder weniger dem Zufall überlassen.

Von Peking nach Yanji

Peking, die Hauptstadt des Riesenreiches, gab den beiden Ordensmännern einen ersten Vorgeschmack darauf, was sie erwartete: Menschenmassen, überall musste man anstehen und keine Möglichkeit, sich verständlich zu machen. Keiner von beiden sprach chinesisch. Pater Sebastian hoffte, über die Schriftzeichen weiterzukommen, die er einmal gelernt hatte. Aber sie hatten sich im Laufe der Zeit verändert, und da musste Pater Sebastian passen. Es gelang ihnen trotzdem, ein Taxi zu bekommen, um erst einmal vom Flughafen in die Stadt zu fahren, ein Hotel für die Nacht zu finden und zwei Tickets für den Weiterflug nach Shenyang zu erstehen, ganz im Nordosten der Volksrepublik.

In Peking suchten sie auch die deutsche Botschaft auf, um sich nach den Regionen zu erkundigen, die sie als Ausländer bereisen durften. Die Herren zeigten jedoch wenig Interesse an den beiden Mönchen und noch weniger Kooperationsbereitschaft. Pater Sebastian: »Dann hat der Erzabt den Brief vom Strauß rausgezogen. Auf einmal sind sie gesprungen.« Der Kulturattaché persönlich hatte sich am Ende sogar bemüht nachzuforschen, inwieweit der Nordosten Chinas für Ausländer schon zugänglich war. In Yanji, der Stadt direkt an der Grenze zu Nordkorea, war von den Ottilianern 1920 ein Kloster gegründet worden. Das war das eigentliche Ziel von Notker Wolf, und die Stadt war tatsächlich zwei Monate zuvor auch für Ausländer und für Einzelreisende geöffnet worden.

›Gottvertrauen‹ ist ein Begriff, der gelegentlich auch mit ›Naivität‹ übersetzt werden muss. Die Reise der beiden Mönche hatte zwar kaum etwas zu tun mit Naivität, aber ganz viel mit Gottvertrauen. Die erste Nacht in Peking verbrachten sie bis nach 22 Uhr in einem Hotelfoyer, bevor man sie schließlich in ein Zwei-Bett-Zimmer ließ. Ob die angebliche Anordnung dafür verantwortlich war, dass Fremde in China nachts nicht ohne Dach über dem Kopf sein durften, wie Abt Notker später erfuhr, oder ob tatsächlich ein vorgemerktes Zimmer nicht belegt worden war, wie es Sebastian in Erinnerung hat, sei dahingestellt. Am nächsten Morgen wurden sie auf jeden Fall um sechs Uhr aus dem Zimmer geworfen.

Der Flug nach Shenyang begann damit, dass nach einer Stunde Warten im Flieger alle wieder aussteigen mussten. Die Maschine hatte Motorschaden. Irgendwann ging's dann doch weiter, erinnert sich Pater Sebastian. Er wusste auch noch, dass nur sie beide mit Koffer reisten. Die Funktionäre im blauen Mao-Anton trugen Aktentaschen. ›Langnasen‹, Menschen mit westlichem Aussehen, stachen damals sofort aus der Masse. So war den Mönchen die Europäerin im Flugzeug gleich aufgefallen. Die Dänin, als die sie sich zu erkennen gab und offensichtlich routinierter unterwegs war im Reich der Mitte, hatte schlechte Informationen für die beiden Benediktiner. Hotelzimmer ohne Vorbestellung – aussichtslos, ebenso ein Taxi, um vom Flughafen in die Stadt Shenyang zu gelangen.

Wie gravierend und fatal der Umstand war, dass der Erzabt und Pater Sebastian Koffer bei sich hatten, zeigte sich bei der Ankunft. Die Polit-Funktionäre mit den Aktentaschen verließen geradewegs die Ankunftshalle, stiegen in davor wartende Autos und entschwanden. Die beiden Mönche standen am Kofferband und warteten. Als endlich zwei einsame Koffer auf dem Band erschienen, knipste im selben Moment jemand das Hallenlicht aus und die Ausgangstüren wurden versperrt. Es gelang ihnen gerade noch, nach draußen zu kommen. Aber dort war inzwischen kein Mensch mehr.

Pater Sebastian erinnert sich sehr genau an diesen Abend: »Es war ein schöner Sternenhimmel, kalt und es gab kein einziges Taxi. Es war einfach stockdunkel.« Da standen sie, ohne irgendeine Chance, in die ziemlich entfernte Stadt zu gelangen.

Das hat mich dann doch sehr erstaunt an Notker. Ich wäre gar nicht auf die Idee gekommen. Er hat seinen Koffer einfach auf den Boden gelegt und hat gesagt: ›Du musst jetzt zwei Stunden Wache schieben. Ich muss etwas schlafen.‹ Und dann hat er sich hingelegt und hat einfach geschlafen – auf dem Boden vor dem Flughafen.

Pater Sebastian konnte dem Ganzen nicht so entspannt begegnen. Wie sollte es weitergehen? Beide erschöpft und kein Hotelzimmer …? »Aber er lag da und hat friedlich geschlafen.« Vielleicht gibt's der Herr den Seinen wirklich im Schlaf, denn plötzlich kam ein Taxi. Darin saß jene Dänin, die sich schon gedacht hatte, dass die beiden sicher noch nicht viel weitergekommen waren. Ein Hotelzimmer habe sie ihnen auch schon reserviert. »Der Frau bin ich heut noch dankbar …«

Das Etappenziel Shenyang war erreicht. Nun sollte es weitergehen nach Yanji. Vielleicht kannten die Christen, die man hier zu finden hoffte, noch das Kloster und die Benediktinermönche oder wussten zumindest noch von ihnen?

Shenyang – Yanji

Die Stadt Shenyang ist heute das kulturelle und wirtschaftliche Zentrum Nordostchinas und inzwischen aus Deutschland direkt mit dem Flugzeug erreichbar. Über sieben Millionen Einwohner hat der Distrikt mittlerweile. Als Erzabt Notker und Pater Sebastian 1985 dort ankamen, war das Ganze noch etwas überschaubarer, aber es gab bereits eine große Kathedrale und auch einen Bischof. Dieses öffentliche Christentum in China, die ›patriotische Vereinigung der katholischen Kirche‹, wurde damals schon geduldet und natürlich kontrolliert. Die Messen wurden in Latein gehalten.

In Shenyang, fanden beide, sei es nun an der Zeit, solch eine Messe einmal zu besuchen. Pater Sebastian entschied sich sogar, zur Kommunion zu gehen. Nur war er dann doch nicht bereit, den Bischofsring zu küssen, der den Gläubigen vor Empfang der Hostie entgegengestreckt wurde. Das gefiel wiederum dem Bischof nicht, der auf solch einer Ehrerweisung bestand. Die Hostie bekam Sebastian zwar auf die Zunge gelegt, aber zuvor rammte ihm der Bischof den Ring zwischen die Zähne, was dem Pater eine blutige Lippe einbrachte.

Am nächsten Tag stand die Bahnfahrt nach Jilin an. Damit betraten die beiden nun das alte benediktinische Missionsgebiet. Jilin war in den 1930er- und 1940er-Jahren des vergangenen Jahrhunderts Diözesanstadt gewesen. Vor allem aber sprachen die ersten Bewohner koreanisch, sodass Pater Sebastian sich endlich verständigen konnte. Die nächste Nacht verbrachten die Benediktiner erneut im Zug mit Fahrtziel Yanji, die Stadt direkt an der Grenze zu Nordkorea.

Jetzt war Notker Wolf am Ziel. Hier hatte die Benediktinerabtei gestanden, dazu ein Schwesternhaus. In der Pfarrei hatten früher deutsche Patres gearbeitet. Bis hierher waren zu Beginn des 20. Jahrhunderts die Missionare aus dem Süden der koreanischen Halbinsel gekommen. Jetzt kam auch ein Heft mit Notizen zum Tragen, die der Erzabt im Vorfeld der Reise gesammelt hatte. »Außerdem hatte er ein Heft dabei, da standen all die Namen der Orte drin, wo früher unsere Patres gearbeitet hatten. Der Erzabt wusste genau, was wir vielleicht finden könnten, falls davon noch etwas übrig ist.«

Sie fanden tatsächlich das alte Schwesternhaus, das Notker Wolf von Fotos her kannte, und sie entdeckten ihre alte Abtei, in die inzwischen Militär eingezogen war. Daher konnten sie das Gebäude nicht einfach fotografieren oder gar betreten. Keinen von beiden schreckte das jedoch wirklich ab. Von einem Markt in der Nähe konnte man das Haus wunderbar sehen und mit Pater Sebastians Teleobjektiv gelang ihnen sogar das eine oder andere Foto.

Selbst auf die Fragen im Hotel nach dem Grund ihres Besuchs waren sie gefasst und hatten schon lange passende Antworten vorbereitet. Man wolle ein Buch über Randgruppen in China schreiben, vor allem über die Koreaner, »wie sie sich eingegliedert haben in die Gesellschaft, wie sie leben und wie China sie integriert«. Dem neugierigen Herrn, der sich als Hotelbesitzer ausgab und den man zu ihnen geschickt hatte, schien das als Antwort zu genügen.

Nun waren sie da, nun hatten sie die Spuren ihrer benediktinischen Vergangenheit gefunden – aber wo waren die Christen? Da hatte Pater Sebastian vorgesorgt. Altabt Placidus Ri aus Waegwan hatte immer noch Kontakte in den Norden. Als Abt war er, zumindest pro forma, weiterhin für die ehemals benediktinischen Gebiete und Diözesen zuständig gewesen, also für Nordkorea und die Mandschurei, auch wenn sie für christliche Ordensleute nicht mehr zugänglich waren. Ein Paket mit Medikamenten diente den beiden China-Touristen als Türöffner und Erkennungszeichen. Pater Sebastian sollte es einer Ärztin in einem Krankenhaus übergeben und die würde dann weiterhelfen. Die Sache war in erster Linie für die Medizinerin riskant, weshalb sie das Paket wortlos nahm, sich umdrehte und einfach losging. Den beiden blieb nichts anderes übrig, als hinterherzulaufen. Schließlich deutete sie auf ein Haus und verschwand.

In diesem Haus lebte Domitilla. Sie war die Haushälterin eines Pfarrers in der Mandschurei gewesen und war nach dessen Tod nach Yanji umgesiedelt. In dem kleinen Raum, den sie bewohnte, hatten sich über viele Jahre Christen versammelt und gebetet, was nach chinesischem Verständnis den Tatbestand der ›Untergrundkirche‹ erfüllte und verboten war. Als sich die beiden Benediktiner zu erkennen gaben, »da war sie ganz begeistert – sie hat sogar geweint«.

Nun ging es wie ein Lauffeuer durch die Stadt. Einer nach dem anderen tauchte auf, sodass der Raum bald übervoll war. An einem Tag sei sogar ein ganzer Bus voll Christen angereist, die überhaupt nicht alle in das kleine Zimmer passten, erzählt Sebastian. Solch glaubenskompetenter Besuch aus Europa war eine gute Gelegenheit für die Anwesenden nachzufragen, ob es denn in Ordnung gehe, dass viele der Chinesen nicht an den (erlaubten) Gottesdiensten teilnahmen, weil das die staatlich kontrollierte ›patriotische Vereinigung der katholischen Kirche‹ sei. Die Koreaner dagegen gingen in diese Gottesdienste, weil es sonst keine legale Gelegenheit gab, die Messe zu feiern. Nun wollten beide Seiten vom Erzabt wissen, ob sie denn jeweils richtig handelten. Da Notker Wolf zu den praktisch denkenden Menschen zählt, versicherte er ihnen, dass ihrer beider Handeln durchaus Sinn mache und seine Billigung habe.

Das Sprachproblem trat in Yanji kaum noch auf, weil dort sogar die Straßenbeschilderung teilweise in Koreanisch war. Aber manche Gläubigen wollten mit dem Erzabt direkt sprechen. So erzählte ihm ein Chinese seine Lebensgeschichte auf Latein. Was wiederum Notker Wolf nutzte, um sich nun mit den anderen Chinesen über den Lateiner auszutauschen. Dieses Treffen, erzählt Pater Sebastian, dauerte bis nach Mitternacht.

In Jilin waren sie beide auf einen älteren chinesischen Priester getroffen, der sich mit Notker Wolf auf Französisch verständigte. Er ging mit den beiden an das Grab des gerade verstorbenen Bischofs der Stadt. Später erfuhr der Erzabt, dass dieser Priester zum Bischof gewählt worden war und dass sein sehnlichster Wunsch ein vom Heiligen Vater gesegneter Bischofsring war. Notker Wolf wollte ihm den Wunsch erfüllen. Bei einer Morgenmesse im Vatikan mit Johannes Paul II. bat er den Papst um den Segen für den Ring. Beim nächsten Besuch in China war der Ring mit im Gepäck.

In Yanji wurde den chinesischen Behörden die Unverfrorenheit der beiden Fremden irgendwann zu viel. Denn sie setzten sich immer wieder über ihren begrenzten Bewegungsspielraum hinweg, indem sie etwa Interesse an einem Bauernmuseum vortäuschten, um außerhalb des erlaubten Terrains einen Gottesdienst zu feiern. Man forderte sie eines Tages auf, am nächsten Morgen um 4.20 Uhr in den Zug zu steigen. Der sollte sie über Tumen und Harbin zurück nach Peking bringen. Doch selbst den ›Schatten‹, der zu ihrer Begleitung abgestellt worden war, tricksten sie beim ersten Halt in Tumen aus. Sie ließen ihn mit ihrem Gepäck am Bahnhof zurück, um angeblich auf Sightseeing zu gehen. Ein Chinese brachte sie zu einem ›Kirchlein‹, das Notker Wolf – quasi zwischen zwei Zügen – weihte, nicht ohne den wieder herbeiströmenden Christen Mut zuzusprechen. Hier traf der Erzabt auch zum ersten Mal auf einen Nordkoreaner, der ihm von der Situation jenseits der Grenze berichtete, die noch schlimmer waren als in China.

Am Abend trafen sie in Harbin ein, wieder ohne Hotelreservierung, doch wieder war das Glück auf ihrer Seite. Pater Sebastian vernahm auf dem Bahnhof bekannte Laute, Stimmen in deutscher Sprache. Ein Filmteam des ZDF war bei der Arbeit, dokumentierte das Leben der Nachkommen einst nach Harbin eingewanderter Russen. Die Fernsehleute schickten die beiden in das Hotel, das auch sie bewohnten, was ihnen erneut problemlos ein schönes Zimmer einbrachte. So konnten sie ausgeschlafen und einigermaßen frisch am nächsten Abend um 17 Uhr den Zug nach Peking besteigen, mit Halt nur in Changchun und Shenyang – Ankunft 11 Uhr am folgenden Tag.

Am Ende dieser Reise, nach all den Gesprächen und gewonnenen Eindrücken, war den Missionsbenediktinern klar, dass dieses Gebiet, das sie schon einmal missioniert hatten, erneut ihrer Hilfe bedurfte. Allerdings war ihnen bewusst geworden, dass die Zentralregierung in Peking keinerlei Ordensaktivitäten erlauben würde. Notker Wolf zog daraus zwei Schlüsse. Zunächst wollte er diesen Menschen helfen, wollte ihnen zeigen, dass die, die schon einmal hier gewesen waren, sie nicht vergessen hatten. Andererseits gab er den Missionsgedanken nicht auf. Aber die Zeit dafür war noch nicht reif. Darum sollten erst einmal soziale Projekte Türen öffnen helfen. In ferner Zukunft jedoch wollte man dem Christentum wieder ein festes Fundament schaffen in diesem Teil der Erde.

Für die Festigung des Christentums im Fernen Osten waren und sind bei den Ottilianern die Abtei und die Mitbrüder in Korea vorgesehen. Schon als Abtpräses hatte Notker Wolf die Mönche in Südkorea bei allen seinen Besuchen aufgefordert: »Ihr müsst euch auf die Mission in den Nachbarländern vorbereiten.« Die Abtei Waegwan, die inzwischen mehr Mönche zählt als das Mutterkloster St. Ottilien, sollte dafür die Verantwortung übernehmen. »Deswegen hat er immer ganz klar und eindringlich gesprochen, dass man jetzt schon mit den Vorbereitungen beginnt«, erläutert Sebastian die Intention des damaligen Erzabtes.

Nach dieser ersten Reise 1985 ging es zunächst um ganz praktische Überlegungen. Womit wollte man beginnen, womit sich den Menschen dort nähern? Ein Jahr später fanden – ohne Notker Wolf – erste Sondierungsgespräche mit dem Bürgermeister von Yanji statt. Die Benediktiner boten an, eine Schule zu bauen oder ein Krankenhaus für Behinderte. Dieser Vorschlag hatte einen aktuellen Hintergrund. Der Sohn von Deng Xiaoping, des damaligen Parteichefs und uneingeschränkten Herrschers in Peking, war von Studenten aus einem Fenster der Universität geworfen und so zum Krüppel gemacht worden. Der Bürgermeister konnte das Ansinnen der Ordensleute schlecht ablehnen, aber am Ende wäre ihm eine Handwerkerschule doch lieber gewesen. Das wiederum bereitete dem Erzabt Schwierigkeiten. Trotz intensivster Suche fanden sich keine Mitbrüder, die bereit waren, in ein derart fremdes, fernes Land als Lehrer zu gehen, mit einer so schwierigen Sprache. »Die Leute haben einfach auch Angst gehabt.« Vermutlich war das mitentscheidend, denn: »Der Erzabt hat dann gesagt, wir versuchen es doch besser mit einem Krankenhaus.«

Diese allererste Reise des Notker Wolf ins Reich der Mitte war nicht ganz so harmlos und ungefährlich, wie sich das im Nachhinein anhört. Aus der Distanz von vielen Jahren ging der Abtprimas eher lässig mit der Gefahr um, in der er sich damals ständig befand, und mit den Schwierigkeiten, die man ihm hätte bereiten können. Einer, der das sehr schnell durchschaut hatte, war Prior Paulus in St. Ottilien. Seinem Erzabt wollte und konnte er keine Vorschriften machen, aber Pater Sebastian hatte er sehr deutlich ins Gewissen geredet. Als dieser im Heimaturlaub am Ammersee auftauchte, wurde er ins Prior-Zimmer gerufen.

Du hast mit unserem Erzabt eine Reise gemacht. Und so, wie er das geschildert hat und wie wir es erfahren haben, war er oft in großer Gefahr. Also, wenn Notker Wolf wieder so eine Reise mit dir machen will, dann kannst du ja als Märtyrer sterben. Wir haben nichts dagegen. Aber den Notker, den lass uns, den wollen wir nicht verlieren, den brauchen wir nämlich.

Meihekou

Nun waren die Benediktiner wieder dort angelangt, von wo man sie rund 40 Jahre zuvor vertrieben hatte. Es gab tatsächlich noch Christen, und es gab noch Menschen, die sich an die Mönche von einst erinnerten, an ihre Pfarreien, Abteien, Schwesternhäuser. Trotzdem dauerte es noch einmal vier Jahre, bis sich Erzabt Notker persönlich erneut seinem China-Vorhaben zuwenden konnte. Zwischenzeitlich waren deutsche Mitbrüder immer wieder auf dem Weg von und nach Südkorea über die Mandschurei gereist und hielten so Kontakt zu den Christen.

Als Notker Wolf 1989 seine Koffer packte, schlug genau in diesem Moment das chinesische Militär die Studentendemonstrationen auf dem Platz des Himmlischen Friedens in Peking blutig nieder. Nun sollte, konnte, durfte er nicht fahren, meinte man in seiner Umgebung. In China aber warteten die Christen auf ihn. Also machte er sich sechs Wochen später trotzdem auf den Weg. Es sei das Wesen des Mönchtums, unterwegs zu sein, sagte er. Außerdem hatte er starke Begleitung. Neben einem chinesischen Pfarrer, der in Deutschland lebte und nun als Dolmetscher mitreiste, hatte der Erzabt auch Pater Herbert Wottawah und Pater Basilius Doppelfeld dabei sowie zwei Frauen – Mutter Edeltrud Weist und Mutter Irene Dabalus, die Generalpriorin der Missionsbenediktinerinnen von Tutzing und ihre damalige Vertreterin und spätere Generalpriorin.

Allerdings, darauf bestand Mutter Edeltrud bis ins hohe Alter, habe sie den Erzabt von sich aus angesprochen.

Da hab ich mir gesagt, wenn er fährt, ist das doch 'ne gute Gelegenheit. Als Frau allein zu fahren, ist ja viel schwieriger. Und da bin ich an ihn herangetreten und habe ihn gefragt, ob wir mitfahren dürfen.

Bereits zu diesem Zeitpunkt war klar, dass – sollten die Benediktiner tatsächlich ein Krankenhaus bauen – dort keine Patres arbeiten werden. Ärzte hatten und haben die Ottilianer kaum, im Gegensatz zu den Missionsbenediktinerinnen von Tutzing, bei denen es auch Krankenschwestern, Pflegerinnen, Medizinisch-technische Assistentinnen (MTA) und Laborkräfte gab. Sie hatten nämlich schon Krankenhäuser in Südkorea aufgebaut. Dort gab es außerdem viele koreanische Ordensschwestern, die man in diesen Teil Chinas, mit seinem hohen koreanischen Bevölkerungsanteil, schicken konnte.

Die Generalpriorin und ihre Stellvertreterin waren somit willkommene Begleiter auf der Chinareise. »Wir waren eine recht lustige Truppe«, meinten Mutter Edeltrud wie auch Notker Wolf. Die Männer hatten die Priorin regelmäßig überredet, ihnen am Abend ein Bier auszugeben. »Mich haben sie immer belagert: Sie sind die Einzige, die Geld hat, und wir brauchen heute Bier«, erzählt sie lachend. »Einmal, da hab ich gesagt, so jetzt ist Schluss. Heute gibt es kein Bier.«

Der lockere Umgangston täuscht ein wenig. Die monastische Hierarchie galt weiterhin. Mutter Edeltrud berichtet verschmitzt von dem Fremden – nach ihrer Meinung ein Inder – in Hongkong, der die vier Touristen (ohne Habit) vor der Einreise nach China sofort als Ordensleute erkannt habe. Ehepaare konnten sie seiner Meinung nach ganz und gar nicht sein. »Wie kommen Sie denn darauf?« »Na, wenn Sie richtige Eheleute wären, würden diese Männer sich ganz anders zu Ihnen verhalten!« Da musste Mutter Edeltrud zustimmen. »Die Männer rannten vor und wir beide mussten sehen, wie wir hinterherkamen.« Auch wenn sie mit dem Auto unterwegs waren, saßen die beiden Frauen immer auf den Rücksitzen.

Bei einer der folgenden Reisen habe Notker Wolf Mutter Edeltrud dann ausdrücklich gebeten mitzufahren, weil sie Koreanisch sprach. »Aber im Grunde genommen brauchte er mich nicht«, meint sie. Sie konnte trotzdem damit leben, dass weder der Erzabt noch die Chinesen sie als Frau wahrnahmen und es darum gelegentlich an Zuvorkommenheit fehlen ließen.

Wirklich wichtig wurde Mutter Edeltrud für Notker Wolf in dem Moment, als er im Büro der Religionsbehörde in Changchun vorstellig wurde. Hier sollte über das Krankenhausprojekt der Benediktiner geredet werden, das ohne staatliche Zustimmung nicht realisierbar war. Dem Leiter des Büros stellte Notker sofort »unsere Ärztin, Frau Dr. Weist« vor. »Wir sind OSB«, setzte er hinzu. Damit konnte der Chinese nichts anfangen, aber die Blöße, das zu zeigen, gab er sich auch nicht. Er dachte wohl, das sei eine Firma. Dem Wunsch, sich einmal die Gegend anzuschauen, in der man sich dann mit einem Krankenhausbau engagieren wollte, wurde höflich entsprochen. Die Gruppe erhielt einen kostenlosen Kleinbus mit zwei Fahrern »zu ihrem Schutz«. Diese Überwachung nahmen sie aber gern in Kauf, denn nur so kam man ohne Probleme ins Hinterland. Vor allem fehlte es damals an einer brauchbaren Infrastruktur. Autobahnen waren in dieser Gegend noch ein Fremdwort und die Straßen eher Schotterpisten.

In diesen Gesprächen im Religionsbüro zeigte sich auch, dass der Chinese von gerade einmal 40 Jahren der festen Meinung war, in seinem Heimatland herrsche volle Religionsfreiheit. Es würde schließlich so in den Gesetzen stehen. Wie überzeugt man jemanden, der noch nie etwas anderes kennengelernt hatte?

Mutter Edeltrud und Pater Sebastian stimmen überein, dass Notker Wolf mit einer außergewöhnlichen Begabung gesegnet sei: Er ist »sehr geschickt und diplomatisch«. Er versuchte also nicht, dem Asiaten westliches Verständnis von freier Religionsausübung nahezubringen. Er lud den Mann vielmehr nach Bayern ein. Hier sollte er auch die Kompetenz des Ordens in Sachen Krankenhaus kennenlernen.

Ein Jahr später führte ihn der Erzabt nach Tutzing in das Krankenhaus der Benediktinerinnen. Der Mann war sichtlich fassungslos:

diese Sauberkeit, diese Geräumigkeit, in jedem Bett nur ein Kranker. Seine Mutter lag gerade mit einem Schlaganfall in einem ›wunderbaren‹ chinesischen Krankenhaus und nun das hier. Sein Kommentar zu Notker Wolf: Das muss es auch in China geben. Und wenn, dann natürlich in seiner Heimatstadt, in Meihekou.

Mit chinesischen Verhaltensregeln tat sich der Erzabt anfangs etwas schwer. Einmal waren die Ordensleute zu einem ›großartigen Diner‹ eingeladen, das – wie üblich – mit vielen kleinen Häppchen startete. Davon soll man eigentlich nur kosten, um im Magen Platz zu lassen für den Höhepunkt des Mahls. Aber Notker Wolf hatte Hunger. »Wie sollen wir denn da satt werden?«, beklagte er sich. Also futterten sie eben all die vielen guten Häppchen, bevor das eigentliche Essen begann.

Beim Mittrinken hatte sich Notker Wolf schneller angepasst – auf seine Weise. »Ich bin doch klug«, hatte er der besorgten Mutter Edeltrud anvertraut, »ich trinke doch gar nicht.« Bei den zahlreichen Schnapsrunden während eines Essens konnte Notker Wolf sich natürlich nicht ausklinken. Also prostete er den Chinesen zu – und schüttete, während die tranken, den Hirseschnaps auf den Fußboden.

Eine erste Verhandlungsrunde begann 1991. Ein Jahr später legte man die Absicht schriftlich nieder, dass der Orden mit Notker Wolf als Vertreter und die Stadt Meihekou gemeinsam ein Krankenhaus bauen wollten. Die Chinesen signalisierten außerdem, die Ausländer an der Leitung beteiligen zu wollen. Dann begannen die Debatten über die Größe des Hauses, über die Ausstattung sowie über den Status der Schwestern und deren Kompetenzen, schließlich über die Eigentumsverhältnisse bei diesem nicht gerade billigen Projekt. Mehr als einmal waren die Verhandlungen kurz vor dem Scheitern.

Mutter Edeltrud glaubte noch einige Zeit, dass der Benediktinerorden bald ein Stückchen Land in China sein Eigen nennen könnte. Pater Sebastian aber wusste gleich: »Der Grund gehört nicht uns. Der gehört der Regierung. Weil Land in einem kommunistischen Staat nicht an Ausländer übertragen wird, nicht einmal in Südkorea.« Und

Sebastian sollte recht behalten. Die Generalpriorin nahm es gelassen. »Mit rausnehmen können wir sowieso nichts.« Als Kompensation wollte man den Schwestern, die im Krankenhaus arbeiteten, Gehälter bezahlen. Außerdem konnte Notker Wolf erreichen, dass ein Mitbruder die Bauaufsicht in Meihekou übernehmen durfte.

Die Chinesen sahen in diesem Projekt primär ein lukratives Geschäft. Die Europäer geben das Geld, und die Chinesen setzen es ein nach ihrem Gutdünken. Das wollte Notker Wolf verhindern. Ein ›Joint Venture‹ sollte es werden und der Orden zumindest ein Mitspracherecht in der Verwaltung des Krankenhauses haben. In ersten Absichtserklärungen nach 1992 war noch die Rede von einer kleinen Klinik mit Notaufnahme. Schnell aber wuchsen das Krankenhaus und die Bettenzahl in der Planung der Chinesen. Immer größer wurden die Dimensionen. Notker Wolf und Mutter Edeltrud wussten nicht mehr, wie sie die Gelder dafür zusammenbekommen sollten, zumal die Kasse der Kongregation (der Missionsbenediktiner) damit nicht belastet wurde. Misereor und das Bundesministerium für wirtschaftliche Zusammenarbeit wurden um Zuschüsse angefragt. Dort war man aber sehr zurückhaltend bis ablehnend, weil keiner an eine Möglichkeit der Mitsprache glaubte. Erst die feste Aussicht auf eine Ordensbeteiligung an der Krankenhausleitung überzeugte den damaligen CSU-Bundesminister Carl-Dieter Spranger, dass dieses Projekt förderungswürdig war. Über die Arbeitsgemeinschaft für Entwicklungshilfe interessierte sich nun auch wieder Misereor für das chinesische Krankenhaus der Benediktiner.

Der Himmel hilft

Dem Erzabt ging es aber nicht nur um das Krankenhaus. Er wollte auch Kirchen bauen für die verbliebenen oder neuen Christen und an eigenen Priesterseminaren Pfarrer ausbilden. Die Diözesanschwestern in Jilin sollten ein neues Kloster bekommen. Da waren die Spenden noch rarer. Für solch ferne kirchliche Projekte fühlte sich in Deutschland kaum jemand zuständig. Natürlich bat er Klöster im Orden um Hilfe oder Stiftungen um Unterstützung. Aber oft war es einfach nur Zufall oder Glück – oder vielleicht auch die Hilfe des Himmels.

Wieder stand, Anfang der 1990er-Jahre, eine Reise nach China bevor, und Notker Wolf hatte kein Geld auftreiben können für seine Projekte. Fünf Tage vor Abreise hatte er eine Taufe zugesagt. Als er in der württembergischen Kleinstadt ankam, erinnerte er sich an einen Prälaten, der hier wohnte. Dem wolle er noch Grüß Gott sagen, informierte er Bruder Ludwig, seinen Fahrer. Der Prälat freute sich riesig und lud den Erzabt zu Kaffee und Kuchen ein. »Und dann hab ich auch so erzählt: Am Donnerstag flieg ich nach China. Da will ich eine Kirche bauen, aber im Moment fehlen mir dazu noch 110 000 DM.« Drei Tage später hatte Notker Wolf das Geld auf dem China-Konto in St. Ottilien.

Das Krankenhaus im chinesischen Meihekou, ganz im Nordosten des Landes.

Anfang 1994 traf das erste medizinische Personal der Tutzinger Schwestern ein. Zumindest ihre Behausung sollte ihr Eigentum sein und vielleicht einmal die Urzelle für eine Art Kloster werden. Geplant war zudem, dass die Frauen in die Verhandlungen über die Kooperations- und Managementverträge einsteigen sollten und damit sicher an der Verwaltung der Klinik beteiligt wären. Notker Wolf selbst wollte sich Schritt für Schritt aus dem Projekt zurückziehen. Aber das funktionierte nicht. Zum einen war es für Frauen in China noch nie einfach gewesen, mit Männern zu verhandeln. Ein Mann hatte von vornherein eine andere Position. Hinzu kam, dass in China nicht gerne mit ›Untergebenen‹ gesprochen wird. Und schließlich prallten hier zwei Welten aufeinander. Es fiel den Frauen schwer, Kompromisse auszuhandeln. Sie wollten ihre Ideale leben und sich einsetzen für Randgruppen der Gesellschaft, für die Armen. Das ist nicht gefragt in China.

Eine weitere Hürde in den Verhandlungen war die Übernahme der Kosten. Beim Krankenhausbau hatte sich Notker Wolf nie auf die Zusage konkreter Geldbeträge eingelassen. Er versprach immer nur, Gelder bereitzustellen, wenn er dafür Spender finden würde. Nur im Managementvertrag, der dann 1998 unterzeichnet wurde, stand die Zusage, dass Notker Wolf für drei Jahre für das Defizit aufkommen werde, das das Krankenhaus am Anfang wahrscheinlich macht. Damit sollte sein Mitspracherecht in der Administration der Klinik vertraglich festgehalten werden. Weitere drei Millionen DM wären das nach seinen Berechnungen gewesen. Woher er die nehmen sollte, wusste er nicht.

Ende Dezember 1998 stand endlich die feierliche Einweihung in Meihekou an – aus der aber nichts wurde. Man hatte Erzabt Notker einen Tag zuvor eröffnet, der Vertrag sei von der Provinzregierung annulliert worden, weil Ausländer in China keine Führungsaufgaben übernehmen dürfen. Wieder begannen die Diskussionen von vorn und wurden immer aussichtsloser. Die Ratgeber in Deutschland legten ihm einmal mehr nahe, das Projekt endlich abzuhaken.

Zwei Wochen nach seiner Wahl zum Abtprimas im Oktober 2000 flog Notker Wolf erneut nach China. Plötzlich saßen ihm neue Verhandlungspartner gegenüber, die einsahen, dass, derjenige die Kontrolle haben will, der zahlt. Darum wurde aus dem Managementvertrag für die ›Aimin-Klinik‹ (Liebe zum Volk) die Defizit-Klausel gestrichen und auf eine Kooperation mit den Benediktinern in Sachen Klinikerweiterung verzichtet. 2001 wurde das Krankenhaus offiziell eingeweiht.

Worüber Notker Wolf ungern redet, ist der Widerstand im eigenen Haus gegen das China-Projekt. Von Anfang an waren Mitbrüder seiner Gemeinschaft dagegen, dass er Dinge anfängt, die so viel Geld kosten, und die Erzabtei darunter zu leiden habe oder kein Geld mehr übrig sei für etwas anderes. Anderen stießen auch seine häufigen und weiten Reisen auf und seine lange Abwesenheit. »Man hat ihm unterstellt, dass er viel und unnötig gereist ist«, erinnert sich Pater Sebastian. Denn im Kloster hatten sie seinen Vorsatz nicht vergessen, die ausufernde Reisetätigkeit seiner Vorgänger nicht fortzusetzen. Auch einige Äbte der Kongregation »haben ihm zugesetzt, haben gesagt, das machen wir nicht mit«. Weil sie meinten, dass Chinesen keine seriösen Verhandlungspartner seien. Im Gesamtorden schließlich sah man das Projekt nur als eine einsame Initiative des Notker Wolf.

Mit einem roten Bus fuhren die Schwestern in die Umgebung von Meihekou, um die arme Landbevölkerung mit medizinischer Hilfe zu versorgen.

Pater Sebastian hatte dagegen auf ihrer gemeinsamen Reise einen Mann kennengelernt, der »eine gewisse Vision hat für das, was möglich ist und was gemacht werden muss«, ohne die Realität, sprich die finanziellen Möglichkeiten, aus den Augen zu verlieren. Auch, wenn die Prämisse für Notker Wolf bei diesem Projekt gewesen war: »Geld sollte diesmal keine Rolle spielen.« Dafür musste er dann auch jahrelang Klinken putzen.

Schneller Abschied

Im September 2009 fand das benediktinische Engagement für die Aimin-Klinik ein jähes Ende. Der Abtprimas machte auf dem Weg nach Südkorea zur 100-Jahr-Feier der Abtei der Missionsbenediktiner in Waegwan kurz Station in China. Er überbrachte dem Bürgermeister von Meihekou quasi das Kündigungsschreiben, gab offiziell den Rückzug der Schwestern aus dem Projekt bekannt. An einem einzigen Tag wurden die Stadt als Betreiber des Krankenhauses und dessen Direktoren über den Ausstieg informiert. Weshalb das ganze Projekt, für das der Orden keine geringen Summen aufgebracht hatte, so sang- und klanglos aufgegeben wurde, erfuhr man letztlich nie. Vage war unter anderem von ›ordensinternen Gründen‹ die Rede.

> *Mit dem Aimin-Hospital begann (...) eine einmalige Partnerschaft zwischen dem chinesischen Staat und den Schwestern, die offiziell als internationale Ordensgemeinschaft in China anerkannt waren. (...) Das Krankenhaus in Meihekou wuchs beständig mit einer derzeitigen Bettenkapazität von 700 Betten und einer Tagesklinik von täglich 1500 Patienten. Derzeit wird ein neuer Bettentrakt für die Chirurgie errichtet, sodass die Bettenkapazität im September 2010 auf 1000 aufgestockt wird.*

So hieß es im Herbst 2009 in einer Art Abschiedsbrief der Missionsbenediktinerinnen.

Zu diesem Zeitpunkt waren nur noch drei Schwestern in Meihekou. Angefangen hatte man 1994 mit zehn – im Vertrag festgeschriebenen – Ordensfrauen aus fünf Nationen. Immer wieder hatten sie versucht, ihr Kontingent aufzufüllen, wollten Mitschwestern mit medizinischer Ausbildung nach Meihekou holen. Die Chinesen, die deren Einreise erlauben müssen, bevorzugten Deutsche oder Amerikanerinnen, die die Tutzinger Schwestern aber nicht (mehr) hatten. Sie konnten nur Koreanerinnen anbieten, die wiederum die Chinesen nicht wollten.

Irgendwann begann die Klinikleitung damit, die Kompetenzen der Schwestern – auch die fachlichen – zu beschneiden. Ihre Stellung im Haus wurde untergraben. Notker Wolf blieb nichts anderes übrig, als weiter selbst nach China zu reisen und über alle anstehenden Probleme und Fragen selbst zu verhandeln. Diese Zuständigkeit wurde er auch als Abtprimas nicht los. Oder gerade dann nicht, denn in der Konstitution der Tutzinger Benediktinerinnen steht: »Der Abtprimas ist der geistliche Berater der Kongregation.«

Die Schwestern hatten sich mehr von ihrem Einsatz im Nordosten Asiens erhofft. Sie wollten auch ihren christlichen Auftrag erfüllen. »Die Schwestern waren oft sehr verzagt.« Selbst draußen in den Pfarreien, die durch die Anwesenheit der Benediktiner gefördert worden waren und deren Kirchenbauten man mit finanziert hatte, bestimmte der Staat. Mancher chinesische Priester kam da zum Einsatz, dessen Denken nicht weit weg war von dem der Klinikverwaltung. Bei seinen Besuchen in Meihekou war es an Notker Wolf, die Frauen wieder aufzurichten: »Allein eure Gegenwart ist schon gut und wichtig.«

Zum Schluss wurde der Ausstieg eine Frage des Zeitpunkts – je schneller, desto besser. Denn die Schwestern wurden immer despektierlicher behandelt, und die ausufernde Korruption tat ein Übriges. Der Abtprimas war zwar der Letzte, der zustimmte, aber – ganz Pragmatiker – zog er ein Ende mit Schrecken dem Schrecken ohne Ende vor. Zu ihrer Verabschiedung brachte man ihnen dann doch eine gewisse Wertschätzung entgegen. Das Personal für die morgendliche

Flaggenparade und für den Wachdienst bildete ein Spalier vom Schwesternhaus bis zur Toreinfahrt des Krankenhauses. Der Bürgermeister und die Klinikchefs begleiteten die Frauen. Blumen wurden ihnen überreicht. Schließlich brachten Begleitfahrzeuge ihren Wagen noch bis zur Stadtgrenze.

In einem Abschiedsschreiben hieß es:

> *Am 30. September (2009) nun wurde eine neue Vereinbarung zwischen dem Aimin-Krankenhaus und unserer Gemeinschaft erarbeitet, die die begonnene Partnerschaft weiterführt. Auch in Zukunft besteht die Möglichkeit, dass Schwestern und ausländische medizinische Fachkräfte für einen Kurzeinsatz nach Meihekou kommen, um so weiterhin eine kontinuierliche gute Weiterbildungsqualität der chinesischen Ärzte und des Pflegepersonals zu gewährleisten.*

Kurz und schmerzlos verabschiedeten sich die Benediktiner aus dem Aimin-Projekt. »Man muss sich aus einem Entwicklungsprojekt auch wieder zurückziehen können, wenn die Zeit gekommen ist.« Es sei ein Modellfall von Hilfe zur Selbsthilfe gewesen, erläuterte der Abtprimas seine unsentimentale Position.

Nordkorea

Was in China so gut gelaufen war, wollte Erzabt Notker auch in Nordkorea angehen. 1996 kam es zu einer ersten offiziellen Kontaktaufnahme. Auch, wenn Pater Sebastian, der ihn wiederum begleitete, den missionarischen Gedanken ebenso wie den Pragmatismus des Notker Wolf erkannte, war es nicht ›Mission‹ allein, das den Benediktiner bewog, in dieses völlig abgeschottete Land zu gehen. Auch hier waren sie schon einmal gewesen. Das östliche Drittel des heutigen Staatsgebiets der Demokratischen Volksrepublik Korea hatte Papst Pius X. vor rund 100 Jahren den Missionsbenediktinern als deren Missionsgebiet zugewiesen. Damals hatten sie dort Pfarreien und

Klöster gegründet. Nun schien es dem Abtpräses der Missionsbenediktiner an der Zeit, den Menschen in diesem Landstrich wenigstens humanitäre Hilfe anzubieten, wenn ihnen sonst keiner etwas geben darf oder will.

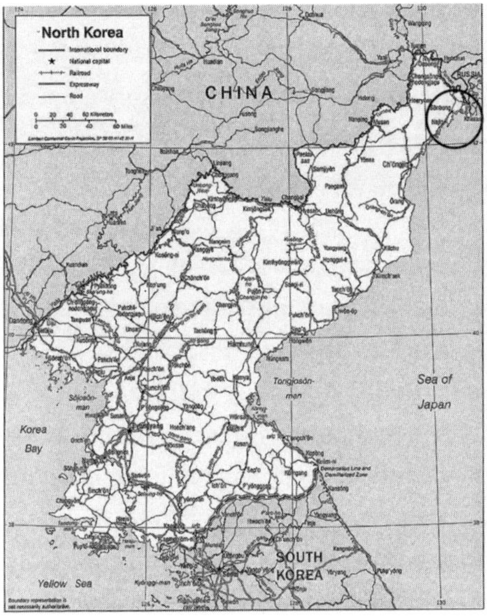

Nordkorea – Rason, die Stadt, in der die Benediktiner ihr Krankenhaus gebaut haben, liegt ganz im Nordosten des Landes (im oberen rechten Winkel der Karte).

Anfang der 1990er-Jahre trafen sich in Peking in einem koreanischen Restaurant zwei Männer, Koreaner – zufällig. Bis auf ihre Volkszugehörigkeit hatten sie nicht viel gemeinsam. Der eine war Katholik und Mönch aus Südkorea, allerdings im Norden geboren und dort in das Kloster Tokwon eingetreten, als es noch existierte. Der andere war Bürger von Nordkorea – zumindest gewesen. Vielleicht war er geflohen, aber er hatte weiterhin intensive Verbindungen zu seiner Heimat. Er wusste auch, was ›die katholische Kirche‹ war, und an die hatte er eine Bitte: Ein Krankenhaus wäre vonnöten. »Da müsst ihr erst einmal einen Plan vorlegen. Dann kann ich vielleicht etwas machen. Also, ich kann Ausländer finden, die sich dafür interessieren«, beschied ihm der koreanische Mönch.

Tatsächlich gab es nach einiger Zeit einen solchen Plan, der irgendwann auf den Schreibtisch von Erzabt Notker gelangte. Als Präses der Missionsbenediktiner war er der Ansprechpartner, wenn es um Projekte seiner Kongregation ging, die einzelne Klöster nicht stemmen konnten, oder, wie im Fall von Nordkorea, um alte Missionsgebiete.

Notker Wolf musste ablehnen. Er hatte zu diesem Zeitpunkt gerade genug mit dem Krankenhaus im chinesischen Meihekou am Hals. Die Verhandlungen schienen zwar fast abgeschlossen, der Beginn der Bauarbeiten stand kurz bevor, aber die Finanzierung war noch lange nicht geregelt. Das Einsammeln von Spenden hielt den Erzabt auf Trab und verschaffte ihm schlaflose Nächte. Zudem war er als Abtpräses den bereits bestehenden Klöstern seiner Ordensgemeinschaft verpflichtet. Wieder etwas Neues anzufangen würde ihn noch mehr Zeit und Geld kosten.

Andererseits war der Gedanke natürlich verlockend. Mit solch einem weiteren, caritativen Projekt könnte er erneut an anderer Stelle des alten Missionsgebiets seiner monastischen Vorfahren Fuß fassen. Zwar wusste keiner genau, wie viele Christen es noch gab in Nordkorea. Aber alle wussten, wie wenig erfreulich die Lage der einheimischen Bevölkerung war. Und er als Benediktiner konnte hier Präsenz zeigen.

Eine allererste Reise nach Nordkorea unternahm Erzabt Notker 1994 als Tourist. Die Äbtekonferenz der Missionsbenediktiner war ins südkoreanische Waegwan einberufen worden. Dabei war man auf die Idee gekommen, doch einmal nachzusehen, was so hinter der Grenze am 38. Breitengrad war, auch was die evangelische Gemeinschaft der Presbyterianer inzwischen aufgebaut hatte. Die Oberen freundeten sich schnell mit dem Gedanken an, dort ebenfalls ein Krankenhaus hinzustellen und damit den Protestanten das Feld nicht allein zu überlassen. Zudem beflügelte Notker Wolf, dass es in Meihekou mit dem Krankenhaus inzwischen doch voranging und mit dem Bau begonnen wurde. »Da hab ich gedacht, das probieren wir jetzt auch in Nordkorea. Mal sehen, was sich da tut, welche Möglichkeiten sich ergeben.« Also flogen die Äbte über Peking nach Pjöngjang, um dann kleine, eng begrenzte Abstecher in die nähere Umgebung zu machen, ständige Begleitung inklusive.

> Anfang der 1990er-Jahre wurde um die Städte Rajin und Sonbong im Nordosten von Nordkorea eine Freihandelszone eingerichtet. Kurz darauf wurden die beiden Orte zu einer Stadt Rajin-Sonbong zusammengelegt, die unter der zentralen Verwaltung der Regierung stand. 2000 erhielt die Stadtprovinz den Namen Rason. 2004 wurde sie wieder in die sie umgebende Provinz Hamgyong-pukto eingegliedert und erhielt 2010 den Titel einer ›Besonderen Stadt‹. Rason ist Industriezentrum, Sonderwirtschaftszone, Kulturzentrum und Verkehrsknoten. Ausländischen Firmen werden bis 2025 Vorzugsbedingungen eingeräumt, damit sie Investitionen tätigen. In Rason befindet sich zudem die größte Erdölraffinerie Nordkoreas.

War es möglich, hier ein Krankenhausprojekt zu starten? In Peking, einem guten Ort, um mit Nordkoreanern ins Gespräch zu kommen, begannen sich Mitbrüder umzuhören. Es gab Verbindungsleute, die Dreiecksgeschäfte arrangierten zwischen Süd- und Nordkorea via Macao. Die wussten auch von der gerade neu eingerichteten ›Sonderwirtschaftszone‹ im Nordosten von Nordkorea. Sogar die UN war beteiligt an diesem Großprojekt namens ›golden triangle‹, das den Wirtschaftsraum im küstennahen Grenzgebiet von Nordkorea, China und der Sowjetunion mit großen Summen aufpäppeln wollte. Das wäre, so die Mittelsmänner, eine gute Gelegenheit, die Genehmigung für einen Krankenhausbau zu erhalten.

Tatsächlich signalisierten die Nordkoreaner Interesse. Wenn hier die prophezeiten ausländischen Investoren anreisten, dann wollte man ihnen eine erstklassige medizinische Versorgung bieten – in Form eines 200-Betten-Hospitals in Rajin. In dieser Stadt am Ost- oder Japanischen Meer hatte es bis zur Übernahme durch die Kommunisten eine katholische Gemeinde gegeben, die auch die Benediktiner gegründet hatten.

Zum ersten Mal trafen sich Nordkoreaner und der Benediktiner-Präses 1996, begleitet von deutschen Patres aus der südkoreanischen Abtei Waegwan, die alle Koreanisch sprachen. Pater Herbert war zeitweise als Lehrbeauftragter für Deutsche Literatur an der chinesischen Universität von Yanji tätig gewesen und Bruder Anselm Schütz führte die Bauaufsicht beim Krankenhausbau im chinesischen Meihekou. Die Gruppe wurde vom Grenzübergang in Tumen am gleichnamigen Fluss abgeholt.

Gleich bei diesem ersten Gespräch machte Notker Wolf klar, dass mindestens die Hälfte des Krankenhauses der Bevölkerung zur Verfügung stehen sollte. Für Ausländer wollte er nicht bauen. Auch die schon existierenden ersten Baupläne, die man ihm vorlegte, entsprachen nicht seinen Vorstellungen. Das wollte er gleich bei diesen ersten Vor-Ort-Gesprächen geändert haben.

Bei Verhandlungen mit Asiaten ist ein Gespür für deren Animositäten erforderlich. Notker Wolf wusste, er hat das Geld, er hat das Sagen. Dennoch musste die Würde des Gegenübers geachtet werden. Harte Verhandlungen seien es gewesen, berichten die, die dabei waren. Laut sei es zeitweise geworden, sehr laut. Und als Erzabt Notker schließlich ein Zeitlimit setzte, in dem sich die Nordkoreaner entscheiden mussten, ob sie die Baupläne ändern oder er seine Finanzierung zurückzieht, da stand der Verhandlungsführer der koreanischen Seite plötzlich auf und verkündete, dass die Pläne überarbeitet werden sollen. »Auf einen Schlag. Da war Stille«, erinnert sich Pater Sebastian.

Schon ein Jahr später reiste Notker Wolf zum ersten Spatenstich für das Krankenhaus in Begleitung von Pater Bartholomäus Henneken aus Waegwan und einer Gruppe südkoreanischer Priester, nun wieder über die Hauptstadt Pjöngjang, ins Land ein. Der erste Teil der Reise war als Sightseeing-Tour angelegt mit einem Halt in den Diamantbergen, »den schönsten Berglandschaften der Welt«. Da Notker Wolf immer mit Querflöte im Gepäck reist, war sie auch dabei, als der Bus am Dreitagesee haltmachte. Nach einer Wanderung war ein Abendessen vorgesehen. Aber die Besucher waren eine ganze Stunde zu früh aus den Bergen zurückgekehrt und mussten nun warten. Der Erzabt wollte nicht untätig rumstehen und verschwand mit der Querflöte unter dem Arm plötzlich in den Diamantbergen. »Und dann hörten wir den Klang einer Querflöte.« Nicht nur Pater Bartholomäus war von dieser Überraschung sehr berührt.

Bei einer Reise 1997 nach Nordkorea besuchte Erzabt Notker auch die Diamantberge.

Die beiden Benediktiner hatten darauf spekuliert, einen Abstecher in die ganz in der Nähe gelegene ehemalige Benediktiner-Abtei Tokwon machen zu können. Sie wollten sehen, was davon übrig geblieben war. Die einheimischen Reiseführer, die jeden fremden Besucher auf Schritt und Tritt begleiten, wollten aber nicht. Dagegen hätte man auf nordkoreanischer Seite gerne gesehen, wenn die Ausländer einen Blumengruß für den ›geliebten Führer‹ Kim Jong Il an dessen überdimensionaler Statue abgelegt hätten. Solche Ehrerbietung wird jedem Besucher nahegelegt. Damit diesem Wunsch auch entsprechender Nachdruck verliehen wird, erhalten die Gäste die Blumensträuße gleich gratis mitgeliefert.

Beim ersten Besuch 1994 hatten die Äbte noch mitgespielt und dem hochverehrten Staatsgründer die Sträußchen gebracht. Man wollte die Sitten des Landes nicht ignorieren. Sie hatten sogar ein kurzes Gebet gesprochen. Bei der zweiten Reise 1997 wusste bereits einer der allgegenwärtigen nordkoreanischen Reisebegleiter, dass kirchliche Vertreter, wie Notker Wolf, solchen Personenkult-Zeremonien nicht viel abgewinnen können. Ja, das stimmt, meinte der Erzabt, aber er wolle dem Begleiter auch keine Schwierigkeiten machen. Er solle ihm die Blumen nur vorbeibringen. Als Notker Wolf irgendwann sein Sträußchen für den großen Führer vor seiner Hotelzimmertür fand, wählte er eine christliche Verwendung für die Gabe. Er nutzte die Blumen als Tischschmuck für die Messfeier im Hotelzimmer.

So schwierig die Verhandlungen waren, so fremd und anders das Land und die Menschen, so wenig ließ sich Notker Wolf damals schon von seinen Gewohnheiten abbringen. Für ihn ist es einfach eine Frage, wie sehr man die Dinge problematisiert. »Ich sage: Och, komm, das möchte ich dabeihaben. Das ist toll. Weil ich es gemütlich haben möchte. Wenn ich das erst wieder habe, wenn ich zu Hause bin, dann wird's stressig.« Das gilt neben der Querflöte auch für die Pfeife, einen Tauchsieder und diverse handwerkliche Kleingeräte.

Er ›schleppte‹ aber tatsächlich auf dieser Nordkorea-Reise auch seine E-Gitarre mit – wie auf vielen anderen Reisen auch. »Es war ein ziemliches Trumm«, stellt Pater Bartholomäus fest. Damit setzte er sich am Abend in seinem Zimmer auf die Bettkante und zupfte vor sich hin. »Er hat uns nichts vorgespielt, ihm ging es nur um die Entspannung.« Notker Wolf hat dafür eine eigene Erklärung. Er will und muss in Übung bleiben, wenn er Tage bis Wochen unterwegs ist. Weil aber eine E-Gitarre damals nur brauchbare Töne zusammen mit einem Verstärker hervorbrachte, hatte er auch solch einen im Gepäck – in kleiner Ausführung. Für eine musikalische Darbietung hatte es nicht gereicht, weshalb vermutlich nur die Lauscher im Hotelzimmer in den Genuss der Gitarrensoli des Notker Wolf kamen.

Auf dieser Reise hatte der Erzabt außerdem einen besonders großen Koffer dabei, in dem Bücher verstaut waren: zeitgenössische theologische Literatur. Denn die Heimreise war über den Nordosten Chinas geplant. In den Städten Yanji und Jilin waren inzwischen katholische Gemeinden entstanden, ein Priesterseminar und ein Schwesternkonvent. Dort fehlte es an dieser Art Literatur. Also brachte Notker Wolf die Bücher seinen Glaubensbrüdern mit in diesem ›Riesenkoffer‹, mit dem er zuvor eine gute Woche durch Nordkorea gereist war. Schon früher, bei einer Reise nach China, hatte er ein Kopiergerät nach Yanji transportiert. Damit wurden diese Bücher nun vervielfältigt, unzählige Male, und jeder im Seminar und im Konvent erhielt sein eigenes Exemplar.

Die Grenze zwischen China und Nordkorea verläuft teilweise im Fluss Tumen. Darüber führt eine ziemlich lange Brücke, an deren Seiten die jeweiligen Grenzstationen liegen. Damals fuhren Autos nur bis zur Brücke. Die Reisenden mussten zu Fuß weiter auf die andere Seite und stiegen dann erst wieder in Fahrzeuge. Das wurde auch von Notker Wolf und seinen Begleitern verlangt, mitsamt dem Bücherkoffer, der Gitarre … Irgendwie schafften sie es, die nordkoreanischen Zollbeamten zu überzeugen, dass dieses Gepäck nicht ohne Hilfe zu transportieren war. Sie durften im Jeep sitzen bleiben.

Zwischen dem Erzabt und den Behörden in Nordkorea gab es die Absichtserklärungen von 1996, in denen von einem 200-Betten-Krankenhaus die Rede war. Nach Baubeginn fuhren Mitbrüder immer wieder nach Rason und begutachteten den Fortgang des Baus. Zur endgültigen Unterzeichnung des Abkommens lud Notker Wolf 1999 die Nordkoreaner kurzerhand nach St. Ottilien ein. Die Investoren, die Nordkorea bis dahin hatte finden wollen, waren ausgeblieben. Darum setzte der Erzabt durch, dass das Projekt zunächst halbiert wurde. Die erste Phase jetzt, die zweite später. Seiner Vorgabe, dass vor allem die Bevölkerung Nutzen haben sollte von diesem Krankenhaus, stand ebenfalls nichts mehr im Wege. Denn von den ›herbeiströmenden Kapitalanlegern‹ war in der Region Rason nicht viel zu sehen.

»We want to make you a good propaganda«

Sechs weitere Jahre dauerte es nun, bis 2005 endlich der erste Teil des Krankenhauses fertiggestellt war. Sechs Jahre, in denen Notker Wolf über Korrekturen der Baupläne verhandelte und ausufernde Wünsche der Nordkoreaner eingrenzte. Immer wieder reiste er nach Rason, um selbst den Fortgang der Bauarbeiten zu sehen. Er legt sich nie im Voraus auf konkrete Zahlen fest, so seine grundsätzliche Verhandlungsposition. Nur Geld, das er als Spende erhält, kann er auch weitergeben. Und wenn's nicht reicht, dann müssen eben irgendwo Abstriche vorgenommen werden.

Sie sind fast so etwas wie Freunde geworden, der Direktor des Krankenhauses und Notker Wolf.

Als Notker Wolf 2000 von Bayern nach Rom wechselt, wollte er dieses Projekt in andere Hände legen, um nicht als Abtprimas weiter darin involviert zu sein. Aber keiner in seiner Kongregation wollte es ihm abnehmen. Also musste er sich weiter um Verzögerungen kümmern, weil Fachkräfte fehlten oder die Nordkoreaner das Baumaterial nicht bereitstellen konnten, da sie es an anderer Stelle benötigten. Teilweise musste dann in China geordert und nach Rason geschafft werden. Vor allem aber wurde um die Ausstattung der Klinik gerungen. Nicht alles, was der Markt bot, war für den Benediktiner auch bezahlbar.

Am 1. September 2005 endlich nahm das 100-Betten-Haus seinen Betrieb auf. Zur feierlichen Einweihung hatte der Abtprimas sogar das Bayerische Fernsehen mitgebracht. Die Delegation von über 10 Leuten war im klapprigen Bus zur Grenze an den Fluss Tumen gebracht worden. Nach der Begrüßung auf nordkoreanischer Seite warteten dort mehrere Limousinen auf die Gäste. Möglichst nur zu zweit wurden sie auf die Autos verteilt, die, jeweils bestückt mit einem ›Reiseleiter‹, über schlechte, unbefestigte Straßen nach Rason fuhren.

Die Journalisten durchschauten schnell die für sie errichtete Scheinwelt. Das Hotel war allein für diese Besucher geöffnet und bewohnbar gemacht worden. Dicke Velourteppiche verbargen den nackten Betonboden und ließen sich danach schnell wieder entfernen. Die junge Frau an der Bar, die ihnen während der drei Tage Aufenthalt immer das kühle Bier servierte, war in einem Verschlag hinter der Bar untergebracht und nächtigte auf einer Reismatte – neben dem Kühlschrank.

Vermutlich hatte man auf nordkoreanischer Seite mit nur einer Kamera gerechnet, die das Fernsehteam mitbringt. Als dann der zweite Kameramann zu filmen begann, waren die Reiseleiter leicht überfordert. Die koreanische Delegationsleiterin beklagte sich denn auch bei Notker Wolf, dass die Medienleute sich nicht immer an die Vorgaben halten würden. »We want to make a good propaganda«, war ihr Motto.

Zum Jahresende 2006 riss plötzlich die Verbindung zu Nordkorea ab. Briefe, Telefonate, Nachfragen bei Mittelsleuten – niemand wusste Bescheid oder hatte eine Erklärung. Das Krankenhaus war in Betrieb. Hatte Notker Wolf nun seine Schuldigkeit für die Nordkoreaner getan? Die für 2007 geplante Reise musste gestrichen werden. Aber der Abtprimas gab nicht so schnell auf. Über Kontakte in China ließ er nachforschen, was sich hinter dem Schweigen verbarg.

Der Gedenkstein vor dem Krankenhaus in Rason nennt die Stifter des Baus; v. l. Pater Bartholomäus, Notker Wolf und der Krankenhausdirektor (2009).

Die Erklärung kam Mitte 2008. Das Partnerbüro in Pjöngjang war geschlossen worden. Die Verwaltung der Sonderwirtschaftszone und damit auch die Verantwortung für das Krankenhausprojekt waren in die Hände der Stadt Rason übergegangen. Das bedeutete, dass nun der Krankenhausdirektor, den Notker Wolf inzwischen gut kannte, die Leitung für die zweite Bauphase übernommen hatte.

Geplant war eine Ambulanzklinik, in die sämtliche Untersuchungsbereiche des bisherigen Krankenhauses ausgelagert werden sollten. Mittlerweile platzte nämlich das ›alte‹ Haus aus allen Nähten. Die Klinik war – wie Notker Wolf erfuhr – zu einem Bezirkskrankenhaus aufgestiegen, fungierte als Referenzkrankenhaus für eine Zahnklinik und für ein weiteres, kleineres Krankenhaus in der Nähe. Auch eine Frauenklinik habe inzwischen den Betrieb aufgenommen, ebenso eine Tuberkulose-Station und eine medizinische Abteilung für die vielen Arbeitsunfälle, die sich im Land ereignen.

2009 wurde mit der zweiten Ausbauphase begonnen. Notker Wolf war ein Jahr zuvor erneut zum Abtprimas gewählt worden. Damit nicht weiter jedes kleinste Problem über seinen Schreibtisch lief, übertrug er die Bauaufsicht einem anderen, der nun – über Dritte, weil Fremde sich nicht beliebig lange in Nordkorea aufhalten können – den Fortgang der Arbeiten sowie die Einhaltung der Abmachungen und des Finanzrahmens beobachtete. Der Abtprimas wollte weiterhin mindestens alle zwei Jahre selbst auch nach dem Rechten sehen.

Am Anfang des ›Joint Venture‹ mit Nordkorea tat man sich auf asiatischer Seite schwer zu begreifen, was für ein Mensch da vor ihnen saß, der Hilfe anbot, ohne Gegenleistung zu fordern. Überhaupt konnte man mit ›Mönch‹ und ›Orden‹ nicht viel anfangen. Sie sprachen Notker Wolf mit ›Herr‹ oder ›Doktor‹ an, titulierten ihn gelegentlich sogar als ›Priester‹ oder ›Bischof‹, aber nie ohne Respekt. Seine Position bei den Nordkoreanern sollte in einem gemeinsamen ›Board of Directors‹, einem ›Verwaltungsrat‹ zum Ausdruck kommen, je zur Hälfte mit Benediktinern und Nordkoreanern besetzt. Notker Wolf wurde zum Vizepräsidenten ernannt. Dieser ›Verwaltungsrat‹ ist jedoch nie zusammengetreten.

Wer sich offensichtlich etwas mehr in Sachen christlicher Religion und Mönchsorden auskannte, war der Bürgermeister von Rason. Er erinnerte den Erzabt beim offiziellen Abendessen für die Gäste daran: »Vergessen Sie das Beten nicht!« Er sei sogar schon einmal in Rom und im Vatikan gewesen, erzählte er. Zu fortgeschrittener Stunde und nach ein paar Gläschen Hirseschnaps wagte er sich dann noch weiter vor und tat Notker Wolf kund, dass er es »jammerschade« finde, wenn solch »gute Anlagen«, wie bei seinem Gegenüber, nicht der Nachwelt in Form von Nachwuchs weitergegeben würden. »Wissen und Weisheit werden nicht biologisch vererbt. Die muss sich jeder selbst erarbeiten und das kostet viel Anstrengung«, soll Notker Wolf schmunzelnd geantwortet haben. Ob der Nordkoreaner das verstanden hat?

In Deutschland, im Orden, vielleicht auch in der katholischen Kirche, blickte man eher skeptisch auf die nordkoreanischen Aktivitäten Notker Wolfs. Lässt er sich von den kommunistischen Machthabern benutzen? Werden sie ihn, wenn alles gebaut ist, ausbooten und ihm einfach die Einreise verweigern? Lassen sie ihn gute Werke tun für die arme Bevölkerung, die davon aber nie einen Nutzen hat? Verschleudert er Gelder der Gemeinschaften oder gar des Ordens? Notker Wolf dagegen war sich sicher, eine Vertrauensbasis geschaffen zu haben. Der Bürgermeister habe ihm einmal versichert, wie gut es den Nordkoreanern tue, dass er ausgerechnet jetzt zu ihnen kam, um zu helfen. »Sie möchten nicht Weltbürger zweiter Klasse sein – Schurken.« Und: »Mir geht es vor allem auch darum, selbst da, wo es fast aussichtslos scheint, Vertrauen aufzubauen.« So Notker Wolf.

Die Kontrolle, die natürlich sein muss, übernahm Notker Wolf weitgehend selbst mit seinen Fahrten nach Rason alle ein bis zwei Jahre. Inwieweit dieser ›Augenschein‹ genügte, lässt sich so einfach nicht sagen. Begleiter solcher Besuche fühlten sich auch schon an Potemkin'sche Dörfer erinnert. Man war sich anfänglich nicht sicher, ob die Patienten in der Klinik wirklich krank waren oder nur für den Geldgeber aus dem Westen in die Betten gelegt worden waren. Dennoch, es wurden Menschen dort medizinisch versorgt und der gute Ruf des Krankenhauses und seiner Ärzte reicht heute bis über die Grenze nach China.

Bereits im Vertrag von 1999 war festgelegt, »dass die Hälfte aller Ärzte auch aus Amerika oder Deutschland kommen kann«. Das lasen einige als Möglichkeit, als Orden Fuß fassen zu können in diesem

Land. Wenn es sie denn gäbe, die Mediziner für Nordkorea. Denn der Ärzte-Passus hatte einen Haken: die Sprachbarriere. Ärzte für Nordkorea, und dann auch noch aus dem eigenen Orden, waren einfach nicht zu bekommen.

Die Fertigstellung der zweiten Bauphase ließ lange auf sich warten. Der Rohbau im Dezember 2011.

2011, so sah es die Planung vor, sollte der zweite Teil des Projekts, die Ambulanzklinik, einsatzbereit sein. Aber Notker Wolf erfuhr immer weniger über den Fortgang der Arbeiten. Am Ende des Jahres erhielt er Fotos von einem nackten Rohbau. Geplante Reisen für 2012 und 2013 mussten dann auch abgesagt werden. Mitte 2013 konnte ein Mitbruder nach Rason reisen und berichtete, dass inzwischen Fenster und Türen eingesetzt seien. Der Pater, dem der Abtprimas die Bauaufsicht übertragen hatte, sprach sogar von einem fast fertigen Haus.

Allerdings hatte der Bau inzwischen einige Erweiterungen erfahren – kostspieliger Natur. Und Notker Wolf, der bisher konsequent Mehrkosten von den eingehenden Spenden abhängig gemacht hatte, war darüber nicht informiert worden. Der ›Bau-Pater‹, der das Projekt inzwischen als sein Lebenswerk adoptiert hatte, hatte offensichtlich Gelder zugesagt, die gar nicht vorhanden waren. Was wiederum die Nordkoreaner animierte, den Passus im Vertrag über den »Bau nach modernsten Maßstäben« ganz nach ihren Vorstellungen auszulegen.

Notker Wolf war sichtlich erschrocken über die ungedeckten und vor allem nicht abgesprochenen Finanzierungszusagen und lehnte jede Bereitstellung von Geldern ab:

> *Ich habe kein Geld, und ich habe auch nichts zugesagt. Aufgrund der Vertragsplanung war die Finanzierung gesichert. Es kann nicht angehen, dass ich die ganze Zeit nichts davon erfahre und jetzt auf einmal die Gelder aufbringen soll.*

Mitte 2014 erreichte den Abtprimas dann die Mitteilung, der Bau sei nun fertiggestellt. Die aufgelaufenen Mehrkosten waren von Kreisen übernommen worden, die sich in irgendeiner Weise auch verantwortlich fühlten für das Krankenhaus in Nordkorea. Parallel dazu war das Projekt ganz in die Zuständigkeit der Kongregation der Missionsbenediktiner übergegangen.

Auch von einer offiziellen Einweihung nahmen vorerst alle Abstand. Die politische Lage war schwierig. Die »good propaganda« wäre vielleicht den einen zu wenig und den anderen zu viel geworden.

Die Benediktiner, die sich für die Menschen in ihrem alten Missionsgebiet noch verantwortlich fühlten, hatten getan, was sie konnten. Notker Wolf hatte seine Bekanntheit genutzt, um das Krankenhaus zu bauen. Mehr konnte und wollte er nicht tun.

LEHR- UND WANDERJAHRE

Sie wollten alle Missionare werden

Werner Wolf wollte Missionar werden. Das hatte er mit 14 Jahren auf dem Dachboden in Grönenbach so entschieden. Mit dem Abitur hatte er den ersten großen Schritt dafür getan. Mönch werden wollte er auch weiterhin. Die Hälfte seiner Abschlussklasse hatte sich ebenfalls für einen Eintritt ins Benediktinerkloster entschieden. *Nur* die Hälfte, muss man sagen, denn als ihre Eltern Jahre zuvor die Buben in St. Ottilien angemeldet hatten, unterschrieben sie, dass sich ihre Söhne als Klosternachwuchs zur Verfügung stellen werden. Für Werner Wolf war das keine Frage, noch immer lockte die Mission. Am 12. September 1961 fand er sich mit zwei Koffern an der Klosterpforte ein.

Offensichtlich hatten diese Idee aber noch andere. Neben Werner hatte solch einen ›Wink des Himmels‹ auch Alexander Lindenmaier erhalten. Er träumte ebenfalls von einer Zukunft als Missionar in den entlegensten Winkeln der Erde. Heute lebt er als Abt Dionys in der Benediktinerabtei Ndanda in Tansania.

Alexander war zunächst eine Laufbahn als Diözesanpriester vorgeschwebt. In der Augsburger Benediktinerabtei St. Stephan, deren Gymnasium er besuchte, hielt man den Jungen aus Nesselwang im Allgäu jedoch für ›zu schwach‹. Die berufliche Alternative – dann eben Fußballer wie der große Bruder – wurde aber bei einem Ministrantenausflug nach St. Ottilien durchkreuzt. Was für Werner Wolf der Dachboden, war für Alexander das Missionsmuseum. Hier wurde er fündig, hier konkretisierte sich seine Lebensperspektive. Missionar war nun sein Ziel. Neben dem Reiz des Abenteuers wollte Alexander »es diesen Missionaren nachmachen, die ihre Heimat verließen, um den Heiden das Evangelium zu verkünden, ihnen Schulbildung zu bringen und den Kranken Heilung in den Missionshospitälern«.

So trafen sich Werner und Alexander im Missionsseminar von St. Ottilien, beide mit dem festen Vorsatz, ihren Glauben bald in eine ›gefährliche, heidnische Welt‹ hinauszutragen. Begeistert hörten beide zu, wenn die heimgekehrten Ottilianer von ihren Erlebnissen in der Fremde erzählten. Die berichteten von den Menschen in Afrika, von den Jugendlichen, die so gern Fußball spielten, von den feierlichen Taufen, wenn sich wieder jemand zum Christentum bekehrt hatte. Alexander hatten es ganz besonders die Geschichten über ›die wilden afrikanischen Bienen‹ angetan oder über wild gewordene Elefanten, die Missionare in die Flucht schlugen und deren Fahrräder zertrampelten. So erfuhr er von Schlangen, die Hühner fraßen, oder von dem schwarzen Stein, den man auf die Wunde legt, wenn eine Schlange zugebissen hatte.

Über die Schattenseiten dieser Einsätze in Afrika und Asien sprachen die Missionare allerdings auch. Die Schüler erfuhren von Not und Hunger, wenn der Regen ausblieb. Sehr berührt waren alle von den Geschichten ausgemergelter Koreamissionare, die 1954 aus kommunistischer Gefangenschaft in Nordkorea zurückgekommen waren und darüber berichteten, wie andere diese Tortur nicht überlebt hatten. »Bruder Odilo Bonfig in der Prokura, der auch im Gefängnis war, gab mir immer wieder Informationen über Korea. So war ich von Korea ganz begeistert. Ein Problem sah ich nur im Erlernen der schweren Sprache«, erinnert sich Abt Dionys.

Schule und Kloster wussten diese Faszination der jungen Männer in die richtigen Bahnen zu lenken. »So wurden wir zu zweit bestimmt, im Missionsmuseum Führungen zu machen. Das war eine unserer missionarischen Aufgaben.« Diese ›Aufträge‹ wurden im Namen der ›Legio Mariae‹ vergeben, der Werner und Alexander angehörten.

Die geistliche Leitung hatte der Prior inne, zum Präsidenten hatte die Gruppe Werner gewählt und Alexander zum Finanzverwalter. Die in Irland gegründete Laienbewegung hatte zum Ziel, die Botschaft Christi unter die Menschen zu bringen und Christus zu dienen, wie Maria es getan hat. Da der Einsatz-Radius der Schüler begrenzt war, entschied man sich für ein Altenheim im nahe gelegenen Greifenberg, »um den alten Leuten dort ein Ständchen zu singen mit Adventsliedern. Notker hatte einige Lieder auch für uns komponiert oder mehrstimmig gemacht und er begleitete uns auf seiner Querflöte.«

In dieser ›Gemeinschaft Gleichgesinnter‹ fühlte sich Werner wohl. Hier musste er nicht mehr vernünftig, vorsichtig oder zurückhaltend sein, wie seine Mutter es jahrelang erwartet hatte. Er nahm alles an als eine Herausforderung an sich selbst. Weil er in eine bereits bestehende Klasse kam, wurden ihm zwei ›Schutzengel‹ zugeteilt, die dem Neuen helfen sollten, sich im Schulbetrieb zurechtzufinden. Die ließen ihn aber erst einmal ›ins offene Messer laufen‹. Also musste er sich behaupten lernen. Dann begann das Messen mit den Lehrern. Bemerkt Pater Vitus das Wortkundebuch unter seinem eigenen Tisch, aus dem die davor Sitzenden bei Prüfungen abschrieben? Solche Herausforderungen schweißten die Klassengemeinschaft immer stärker zusammen.

Als das Abitur näher rückte, wurde mit den gefährdeten Mitschülern Latein und Griechisch gepaukt. Das half auch dem eigenen Begreifen, entdeckte Werner damals. Sie wollten keinen zurücklassen, alle sollten die Prüfung bestehen. Das Mündliche schien jedoch zum Problem zu werden. Wie sollten sie da den Kameraden helfen? Über dem Prüfungszimmer lag der Schlafsaal. In dessen Boden waren bereits die Löcher gebohrt für die Rohre der kommenden Dampfheizung. Diese Gucklöcher erlaubten tatsächlich einen Blick auf die aufgeschlagenen Bücher der Prüfer. Mit Feldstechern lagen Werner und seine Freunde nun da oben und erkundeten die Prüfungstexte. Die wurden dann sofort an wartende Helfer weitergeleitet, die die Prüflinge noch schnell vorbereiteten. Das ging so lange gut, bis ein Steinchen durch ein Loch und einem der Prüfer genau aufs Buch fiel. Aber oben im Schlafsaal waren sie genauso schnell, verließen sofort den Raum und schickten ahnungslose Mitschüler an die Gucklöcher.

Der 5. Notker

Mit dem Eintritt ins Kloster nahmen Werner, Alexander und die anderen in Kauf, dass sie nach den vielen gemeinsamen Jahren auf dem Gymnasium plötzlich ›Sie‹ zueinander sagen sollten, ›weil es Vorschrift war‹. Natürlich, erzählt Abt Dionys weiter, sei ihnen sicher zwischendurch das Du herausgerutscht, »wenn einer narrisch wurde und sagte: Du Depp! Wir haben das Noviziat sehr ernst genommen, fast zu ernst für einige kritische Beobachter im Kloster.« Das frühe Aufstehen, damals war die Nacht um 4.30 Uhr zu Ende, hatten Werner und sein Freund Alexander bereits während der Schulzeit geübt. In den kurzen Ferien um Allerheiligen waren sie schon mal in St. Ottilien geblieben, um mit den Mönchen aufzustehen und bei der Laudes dabei zu sein, die in den 1950er-Jahren noch lateinisch gebetet und gesungen wurde.

Drei Tage nach dem Einzug ins Kloster wurden aus den Postulanten, wie diejenigen genannt werden, die eine Probezeit in der Ordensgemeinschaft absolvieren, Novizen und sie erhielten ihren Ordensnamen. Aus Werner wurde Notker, aus Alexander Dionys. Zuvor hatte jeder dem Abt eine Liste mit drei Namen übergeben. Natürlich hatten sich die Jungen schon während der Schulzeit über diese ›Umbenennung‹ Gedanken gemacht, hatten Namen in Betracht gezogen, die die eigenen Hoffnungen und Wünsche symbolisieren sollten. Vielleicht wollte der eine oder andere auch nur einen besonders ausgefallenen finden. Begrenzt war die Auswahl dadurch, dass jeder Name innerhalb des Klosters nur einmal vorkommen darf. Alexander hatte sich für Kim, Tallbot und einen afrikanischen Namen entschieden, an den er sich schon gar nicht mehr erinnert. Novizenmeister Pater Ansgar lehnte jedoch alle ab. Also durfte Alexander noch einmal wählen. Als Erstes entschied er sich nun für Dionys Sebugwao, einen ugandischen Märtyrer, der von seinem König mit einem Speer getötet worden war, weil er den christlichen Glauben weiterverbreitet hatte. Alexander wollte damit seinen unbedingten Willen, in die Mission geschickt zu werden, unterstreichen. »Und diesen Namen habe ich auch bekommen! Zu meiner großen Freude. Ich glaube schon, sagen zu dürfen: Nomen est omen!«

Auf Werner Wolfs Vorschlagsliste standen ebenfalls drei Namen, die jedoch »für immer mein Geheimnis« bleiben. Es müssen entweder sehr ungewöhnliche oder mit ungewollten Assoziationen behaftete Namen gewesen sein, denn Prior Paulus weigerte sich schlichtweg, Werner Wolf für den Rest seines Lebens mit einem dieser Namen herumlaufen zu lassen. Auch er musste erneut vorschlagen. Da erinnerte sich Werner an ›Notker Balbulus‹. Dieser Notker hatte im 9. Jahrhundert in St. Gallen gelebt. Um 884 verfasste er unter anderem vierzig lateinische Sequenzen, die er (teilweise) auch selbst vertonte, was ihn zum wichtigsten geistlichen Lyriker der mittellateinischen Literatur machte. »Notker, der Stammler aus St. Gallen war mir als Letzter eingefallen, obwohl ich ihn schon zu meiner Seminarzeit ins Auge gefasst hatte«, schrieb der Namensvetter im Kalenderblatt der Erzabtei vom 6. April 2002 zum Namenstag des Notker Balbulus.

Ganz unproblematisch war die Namenswahl aus klosterinterner Sicht nicht. Bereits vier Mönche hatten vor Werner diesen Namen gewählt, ihre ›ewige‹ Verpflichtung auf St. Ottilien jedoch nicht durchgestanden. Sie hatten ihre Namen quasi wieder zurückgetauscht. Diese Tatsache veranlasste Pater Albert Rieger, den Leiter der Blasmusik von St. Ottilien, zu der Bemerkung: »Um Gottes willen, schon der fünfte Notker!«

Notker startete wie alle anderen mit großem Idealismus. Am Anfang sah auch alles wunderbar aus. Aber ziemlich schnell kam der Frust. Es begann, was der Abtprimas später als »sich selbst aushalten« bezeichnen wird. In der Enge des Raums wurde ihm die ganze Unvollkommenheit aller bewusst.

Mir ging es in dieser Zeit wie einem Pilger, der tage- und wochenlang allein unterwegs ist, nur mit sich und seinen Gedanken und Erinnerungen beschäftigt. Erst wenn man sich der eigenen Angst, den eigenen Zweifeln und Selbstzweifeln ausgesetzt hat, gewinnt man ein realistisches Bild von sich selbst.

Und was wohl noch viel schwieriger war, er musste auch die anderen aushalten und ein realistisches Bild vom Leben hinter Klostermauern gewinnen.

Aber es gab durchaus Mönche, die das Ideal zu leben versuchten. Andererseits wurde ihm klar, dass sein eigenes Ideal der Realität auch nicht immer standhielt. Es waren alles nur Menschen, auch im Kloster – »dann habe auch ich darin Platz«. Die Mitbrüder mit den meisten Problemen nahm sich Notker zum Maßstab und entschied: »Wenn der es ausgehalten hat, dann halte ich es auch aus.« Vor allem auf eigene Ambitionen verzichten und bescheiden in seinen Ansprüchen werden – das sollte der Novize Notker schneller als erwartet einüben dürfen.

Denn das Wort ›Gehorsam‹ lernte er von einer neuen Seite kennen. Ihm wurde sein Traum vom Missionar in einem fernen Land gleich zu Beginn des Noviziats infrage gestellt. Erzabt Suso, der nun für ihn die Entscheidungen traf, kam sehr schnell zu dem Schluss, dass Notker für Auslandseinsätze nicht geeignet war. Drei Tage vor Ende des Noviziats entschieden Erzabt und Novizenmeister dann endgültig, dass er den Anforderungen einer missionarischen Tätigkeit in Afrika oder Asien nicht gewachsen war. Sie befanden ihn ganz einfach für zu schwach. Schon wieder war er zu schwach! Aber ein Lehrer, ein Ausbilder für die anderen Missionare, das schien ihnen passend für den klugen Kopf.

Unverständlich war es nicht, dass der damalige Erzabt seinen ›revoltierenden‹ Novizen zum Abkühlen erst einmal nach Rom schicken wollte. Denn für Frater Notker begannen die »eisernen Regeln«, denen er von Beginn an gehorchen musste, zunehmend ihren Sinn zu verlieren. Es war die Aufbruchstimmung der 1960er-Jahre. Das Zweite Vatikanische Konzil (1962–1965) ließ zudem die Hoffnung aufkeimen, dass die obligatorische Kontrolle und Bevormundung in den Klöstern ebenfalls ein Ende haben könnte. Draußen, in der Gesellschaft, gärte es schon länger.

Gab es womöglich gar keine guten Gründe für dieses einschüchternde pädagogische Kriegsgerät aus Anstandsregeln und Verboten und Moralvorstellungen, das von Eltern und Respektspersonen gegen die Jugend in Stellung gebracht wurde?

Auch, wenn es das Ende seines Traums war, als der Erzabt im Herbst 1962 Frater Notker mitteilte, ihn gen Süden schicken zu wollen, nach Rom an die benediktinische Hochschule Sant'Anselmo, brach für den agilen jungen Mann keine Welt mehr zusammen. Immerhin waren inzwischen sieben Jahre vergangen, seit der Oberrealschüler Werner in einem Missionsheft auf dem Dachboden den perfekten Weg für sich entdeckt hatte, der seine Sehnsucht nach Freiheit, weg von der ihn so behütenden Mutter, und seine »innige Beziehung zu Jesus Christus« – wie er es formulierte – in Einklang bringen sollte.

Statt Mission also jetzt Studium, um die Zukunft der Philosophischen Hochschule in St. Ottilien, die es damals noch gab, abzusichern. Mit zwei weiteren Ottilianern sollte er auf dem Aventin das Lizenziat in Philosophie machen. Auch das entsprach nicht unbedingt seinen Vorstellungen, aber »ein Mönch muss von sich absehen können, wenn er im Kloster bestehen will«. Dass sich Notker Wolf dem fügte, ist eine Sache, dass er sein Studium in Rom und später auch in München mit tausend anderen Dingen ›unterfütterte‹, eine andere.

Das blieb dem Erzabt am Ammersee nicht verborgen. Zur feierlichen Profess im Oktober 1965 wurde Frater Notker trotzdem zugelassen. Damit entschied er sich endgültig für St. Ottilien – oder besser gesagt, Erzabt und Konvent entschieden sich für ihn und neun weitere Brüder. Der ›Vertreter der absolutistischen Kirche‹, wie Erzabt

Suso bis heute charakterisiert wird, fehlte allerdings bei der Feier. Er soll wütend gewesen sein, weil die jungen Mönche sich für einen abgelehnten Mitbruder eingesetzt hatten. Die Diakon- und Priesterweihe zwei bzw. drei Jahre später nahm dann sowieso der Augsburger Bischof Josef Stimpfle vor.

Was den Traum vom Missionar im tiefsten Afrika oder im hintersten Zipfel Asiens betraf, so konnten ihn nur seine Freunde realisieren. Nach dem gemeinsamen Studium in Rom wurde Pater Herbert Wottawah nach Korea und Pater Hieronymus Friedrich nach Tansania geschickt.

Dionys blieb zunächst in Bayern. Auf dem Klostergang wurde dann die Entscheidung getroffen, die ihm inzwischen über 40 Jahre in Tansania eingebracht hat. Vater Erzabt habe ihn gefragt: »Hm, Pater Dionys, Sie wollten doch mal in die Mission? Möchten Sie nach Tansania oder Südafrika?« Ziemlich spontan habe er geantwortet: »Nach Tansania.« Damit war sein Platz in der Mission in Afrika bestimmt.

Die Welt öffnet sich

Im ersten Jahr hinter Klostermauern, dem Noviziat, hatte Notker Wolf so viel schlucken müssen, sich von so vielen Träumen und Vorstellungen verabschieden müssen, dass er sich wohl auch abgewöhnt hatte zu planen. Später wird er von sich sagen, er verfolge grundsätzlich kein Konzept, er sei kein »Eventualist«. Er überlege nicht, was er in der einen oder anderen Situation tun werde, vielmehr tue er, was die Situation verlange.

Lehrer – das war seine berufliche Wunschvorstellung gewesen, bevor der Missionar sich als Lebensplan auftat. Warum also nicht jetzt wieder darauf zurückgreifen? Philosophie – na ja, Naturwissenschaften oder Sprachen hätten ihn mehr interessiert. Aber die Vorstellungen seines Abtes waren andere. Der wollte den Fortbestand seines

Klosters und dessen Bildungseinrichtungen sichern. Zum Wintersemester 1962 wechselte Notker Wolf in die italienische Metropole. Gerade hatte er sich nach dem Noviziat für die nächsten drei Jahre für die Missionsbenediktiner und St. Ottilien entschieden. Nun öffnete sich die Welt vor ihm – wenn auch nur einen kleinen Spalt.

Denn mit der ›Öffnung‹ war es nicht weit her. In Sant'Anselmo waren Bevormundung, Misstrauen und Kontrolle noch ausgeprägter als in deutschen Klöstern. Herbert, Hieronymus und Notker traten ein Philosophiestudium »hinter den roten Ziegelmauern von Sant'Anselmo« an. Viel tiefgreifender, als ein eher ungeliebtes Studienfach zu akzeptieren, waren seine Erfahrungen mit den römischen Oberen, »die am liebsten jeden unserer Schritte kontrolliert und, wenn es sie schon gegeben hätte, Überwachungskameras in unseren Zimmern installiert hätten«, schrieb der Abtprimas in »Worauf warten wir?«. Vor allem diese römischen Erfahrungen gaben später den Anstoß dafür, was Notker Wolf als Erzabt verwirklichte: das angstfreie Kloster. Für ihn hieß das, die Regeln des heiligen Benedikt neu lesen und umsetzen.

Im Moment jedoch versuchte er erst einmal, dieser strengen Reglementierung zu entgehen. Zusammen mit Herbert und Hieronymus intensivierte er die Suche nach Freiräumen. Die drei galten in Rom als die ›beata Trinitas‹, die glückselige Dreifaltigkeit. Sie konnten intensivst miteinander streiten, um gleich wieder – in ›principalis Unita‹ – wie Pech und Schwefel zusammenzuhalten. Sie waren wirklich unzertrennlich. Jahre später, als Herbert als Missionar nach Korea, Hieronymus nach Tansania und Notker als Professor erneut nach Rom gegangen war, kommentierte Prior Paulus in St. Ottilien diese Aufteilung mit den Worten: »Endlich haben wir die drei mal auseinandergebracht. Aber dazu hat es drei Kontinente gebraucht.«

Das Kloster verlassen durften die Studenten nur im Habit, was für Wanderungen in den Bergen jedoch denkbar ungeeignet war. Darum sind an den Donnerstagen, die ihnen zur freien Verfügung standen, oft drei Mönche in der schwarzen Kutte im Stall von Sant'Anselmo verschwunden, um kurz darauf als Wanderburschen wieder aufzutauchen – was ihnen eigentlich strengstens untersagt war. Notker Wolf fühlte sich an Landschulheimaufenthalte erinnert, von wo sich die Schüler auch nur klammheimlich entfernen konnten.

An einer Hochschule wie Sant'Anselmo, wo Studierende aus aller Welt zusammenkommen, lassen sich vortrefflich Sprachen lernen – heute noch. Auch dafür schaufelte sich Notker Wolf Zeit frei, neben dem nicht so geliebten Philosophiestudium. Er lernte Französisch und natürlich Italienisch, allerdings auf recht unkonventionelle Weise. Mit studierenden Mitbrüdern aus italienischen und belgischen Klöstern tauschten er und seine Freunde sich sprachlich aus – beim Spaziergang in den Klostergärten –, wobei die anderen dann Deutsch lernten.

Sein Lizenziat schloss der Student Notker im Sommer 1965 mit einer *theologisch-naturwissenschaftlichen Widerrede über die Hyperphysik des französischen Philosophen und Theologen Teilhard de Chardin* ab. Nun ging es zurück an den Ammersee. Am 10. Oktober stand die feierliche oder ewige Profess an. Notker Wolf legte sich für den Rest seines Lebens endgültig fest auf dieses Kloster. Oder, wie es viel später ein Mitbruder ausdrücken wird, »nagelte seine Schuhe auf den Boden von St. Ottilien«. Er hatte damit auch den Negativtrend gebrochen. ›Notker, der fünfte‹, war im Kloster geblieben, hat sich nicht vorzeitig wieder davongemacht aus der Gemeinschaft. Der Name hatte sein schlechtes Omen verloren.

München »on the rocks«

An der Ludwig-Maximilians-Universität in München setzte Pater Notker sein Philosophiestudium fort, plus Theologie und ein kunterbuntes Nebenfachsammelsurium aus Astronomiegeschichte, Zoologie, Anorganischer Chemie und Psychologie. Vier Semester hatte er sich zudem der Tiefenpsychologie gewidmet und später ein experimentalpsychologisches Praktikum angehängt. Irgendwann sollte sich aus alldem das Thema für seine Doktorarbeit ergeben. Aber so richtig eilig hatte er es nicht.

Es gab so viele andere Dinge, die Notker Wolfs Studienjahre in der Bayerischen Landeshauptstadt beeinflussten. Dazu gehörten die immer mehr hervortretenden Vorboten der 1968er-Bewegung. Diese Aufbruchstimmung ging auch an ihm nicht spurlos vorbei. Er sah sich seit seinem Eintritt ins Kloster einer ›unantastbaren Ordnung‹ ausgeliefert, für die er keine Rechtfertigung mehr sehen konnte. Dagegen registrierte er die Veränderungen vor der Tür.

Überall findet man Gleichgesinnte, Gleichgestimmte, hört mit ihnen Musik, redet sich die Köpfe heiß, man ist mit allen Sinnen dabei, man atmet freier, die Welt öffnet sich und sie steckt voller Möglichkeiten.

Auch Notker Wolf ließ sie nicht aus.

Fünf Jahre lang studierte Notker Wolf in München, immer auf der Suche nach dem Thema für eine Doktorarbeit. Im Januar 1971 packte er seinen Koffer, um erneut nach Rom zu wechseln – nun als Jung-Professor und immer noch ohne Doktortitel. Die Hochschule stand kurz vor dem Kollaps. Reihenweise hatten die Dozenten die Ordensuniversität verlassen. Für ›seine‹ Fächer Naturphilosophie und Wissenschaftstheorie war schon kein Kandidat mehr zu finden im gesamten Benediktinerorden. Ein fliegender Wechsel war das für ihn: vom Lernenden zum Lehrenden. Da musste dann auch die Promotion noch ein Weilchen warten. *Das zyklische Weltmodell der Stoa* war erst 1974 so weit durchleuchtet und die Erkenntnisse zu Papier gebracht, dass man es eine Doktorarbeit nennen konnte.

DER MUSIKER

Jubilate Deo

Die Musik war, ist und wird immer eine konstante Größe sein im Leben des Notker Wolf. Am Anfang stand der Gesang, noch mit der Mutter. Bald kamen die gemeinsamen Gesangseinlagen in der Küche der ›Hausfrau‹ Kreszentia Kimmerle dazu. Auch Vater Wolf pflegte das Liedgut und sang alte Gassenhauer, wenn er auf dem Tisch im ›Schneidersitz‹ saß und Nadel und Faden schwang, erinnern sich andere Zeitgenossen. Aber das war später.

Die Kirche war musikalisch noch nicht in den Fokus Werner Wolfs gerückt. Außer, man wertet den Besuch der Christmette im zarten Alter von zweieinhalb Jahren als ersten Zugang zur Liturgie. Der Ministrant hatte sich dann schon eher daran erfreuen können. Die Blockflöte in der Schulzeit war obligatorisch, damals auch für Jungs. Mit zehn Jahren griff Werner zur Geige. Vielleicht war es ein Tribut an die Oberrealschule Memmingen, in die er dann bald wechseln sollte.

Gesungen habe er tatsächlich gern, erklärt Notker Wolf heute. Um als Jugendlicher bei einem Oratorium mitzusingen, sei er sogar eigens nach Memmingen gefahren. Auch der Kirchenchor war eine Station im musikalischen Leben des späteren Abtprimas. Die Leichtigkeit aber, mit der der Ottilianer-Schüler und später auch der Mönch, Erzabt und Abtprimas die Musik als Form der Kommunikation, Freizeitbeschäftigung und zum Gotteslob übernahm, charakterisiert ihn bis heute. Wahrscheinlich hat er auch ein paar musikalische Gene vom Großvater geerbt, der ein exzellenter Chorsänger gewesen war.

Die ganze Breite seiner musikalischen Ambitionen brachte erst der Wechsel an das Missionsseminar in St. Ottilien zum Vorschein. Dort gehörten Instrumente und Gesang zum schulischen Alltag. Und dann natürlich der Psalmengesang der Mönche: »Schon als Jugendlicher hat es mir gutgetan, die Mönche beim Singen zu hören. Dieser Gesang war auch etwas, das mich ins Kloster führte.« Selbstverständlich war Werner Wolf im Schulorchester. Allerdings kommt man leichter voran, wenn man Instrumente beherrscht, die nicht 15 andere auch spielen. Und manchmal fehlt ein Instrument ganz. Das sei, so erinnert sich Notker Wolf, mit ein Grund gewesen, warum er sich der Querflöte zuwandte.

Pater Martin Trieb, vier Jahre älter und damals ebenfalls Schüler in St. Ottilien, hat eine andere Erinnerung. Den Querflötisten gab es bereits im Schulorchester, als Werner Wolf auftauchte, nämlich ihn selbst. Zwar nimmt Pater Martin nicht für sich in Anspruch, eine Koryphäe gewesen zu sein, aber so schlecht habe er auch nicht gespielt, dass Werner Wolf »nach vier Tagen« schon den Platz am ersten Pult einnehmen durfte, während Pater Martin ans zweite Pult verwiesen wurde. »Ja, er war damals schon ehrgeizig …« – und der bessere Flötist.

Ob Ehrgeiz oder Begeisterung, Werner Wolf weitete sein musikalisches Spektrum immer mehr aus. Als Nächstes stieg er bei der Blaskapelle ein. Es gab ein Blasorchester der Mönche von St. Ottilien, deren Leitung Mitte der 1950er-Jahre Pater Albert Rieger übertragen worden war. Zur Unterstützung der Ordensbrüder rekrutierte der noch ein paar junge Bläser aus der Klosterschule, darunter auch Werner. Aus dieser Zeit trägt Notker Wolf bis heute ein Andenken an seinem Schlüsselbund. Einen handgemachten Klausurschlüssel hatte ihm damals ein Bruder geschenkt, damit der Fünfzehnjährige zu den Proben ins Kloster kommen konnte.

Schon bald wollten die Jungs keine Unterstützer der Mönche mehr sein, sondern ihre eigene Blaskapelle organisieren. Was zunächst gar nicht gerne gesehen wurde. Einer der Mit-Initiatoren dieser ›Revolte‹ war Werner Wolf. Mit sechs anderen begannen sie im Schlafsaal zu üben, bis sie sich einen ersten Auftritt in der Klosterwirtschaft zutrauten. Sie müssen gut gewesen sein, denn am Ende konnten sie sogar Pater Albert als ihren Dirigenten gewinnen.

Der Jubilar dirigiert das Schulorchester selbst, das ihm ein Ständchen zu seinem 70. Geburtstag brachte.

Ein besonders ehrenvoller Einsatz für die Blaskapelle war immer die Verabschiedung der Missionare. Für Werner und seinen Freund Alexander Lindenmaier war das wie Zukunftsmusik. Genauso wollten sie später auch in die Welt hinausgeschickt werden. Seiner Ergriffenheit konnte am besten ›Xare‹, wie Alexander genannt wurde, Ausdruck verleihen. Er war nämlich der Trommler. Einmal, erinnert sich der heutige Abt Dionys, trommelte er so begeistert, dass das Fell riss.

Am Ende der 12. Klasse musste Werner viele seiner unzähligen Aktivitäten – darunter auch das Geigespielen – dem Druck der Umstände opfern. Die Schulnoten hatten unter seinen vielfältigen Interessen zunehmend gelitten, denn bei (fast) allem, was das schulische Angebot hergab, war Werner Wolf dabei. Darum fuhren die Lateinzensuren Karussell. Einer »Eins« folgte postwendend eine »Sechs« und das wiederholte sich. Der Lehrer entschied: Du bist faul. Der Abtprimas meinte dazu in einem seiner Bücher, »... dass es an der Pubertät lag.« Auf jeden Fall entschied Werner, dass er etwas für seinen Notendurchschnitt tun müsse. Denn nur mit einem sehr guten Abgangszeugnis konnte er sich für ein Stipendium bewerben, »im Fall, dass es mit dem Kloster nichts wird«.

Natürlich schaffte Werner am 18. Juli 1961 sein Abitur mit einer Eins in fast allen Fächern – denn Turnen und Sport waren nicht sein Metier gewesen.

Im Noviziat hat Frater Notker weniger musikalische Spuren hinterlassen. Aber in Rom, wohin man ihn 1962 zum Studium schickte, rückte die Musik wieder in den Vordergrund. Mit den Freunden Herbert an der Geige, Hieronymus an der Klarinette und Notker mit der Querflöte spielten sie Bach und Pfitzner. Sie bekamen sogar ein Orchester zusammen: »Es war eine unglaublich schöne Zeit.«

Drei Jahre später holte ihn seine Gemeinschaft wieder zurück nach Bayern. Die Promotion sollte er angehen und wurde dafür ins Ottilianer-Kolleg St. Benedikt in München einquartiert. Dort gehörte zu seiner Zimmerausstattung auch ein Radio, das bei der Schreibtischarbeit immer lief und den neuen Zeitgeist verkündete. »Damals kamen die Stones und die gefielen mir einfach.« 1962 hatte sich die Gruppe gegründet und zwei Jahre später war ihre erste Langspielplatte erschienen. Mit dieser rebellischen Musik konnten sich weder die Elterngeneration noch der Hausobere anfreunden. Notker Wolf dagegen gefielen sie so sehr, dass er heute noch im Besitz einer fast vollständigen Stones-Langspielplatten-Sammlung ist. Aber die Rockmusiker bewirkten noch viel mehr im Leben des Notker Wolf. Jahre später ließ ihn seine Begeisterung für diese Musik Kontakt aufnehmen zu der Schülerband *Feedback,* bei der er bis heute mitspielt.

»Es war eine kreative Zeit«

Nach fünfeinhalb Jahren Studentendasein an der Ludwig-Maximilians-Universität, unterbrochen von Flötenlektionen am Wochenende für die Schüler in St. Ottilien, von schwer erkämpften Konzertbesuchen jeglicher Ausrichtung, von Aushilfstätigkeiten in diversen Gemeinden in und um München und dem Flötenunterricht bei Prof. Walter Theurer, Solo-Flötist an der Bayerischen Staatsoper, war immer noch kein Doktorabschluss in Sicht. Da hielt es sein Erzabt für sinnvoll, Notker Wolf erneut nach Rom zu schicken, um sein Talent in brauchbare, dem Orden dienliche, Aktivitäten umzusetzen. Er wurde Dozent an der Hochschule.

In Rom lebte man schon immer von und mit ›amici‹ – es geht nichts ohne freundschaftliche Beziehungen, ohne ›connections‹. Auch die Dozenten der benediktinischen Hochschule wussten das. Irgendwann traf Notker Wolf auf einen Kollegen, der sich als Stones-Fan outete und mit dem er die wenigen eigenen Schallplatten, die er bis dahin besaß, austauschen konnte. Beide stießen sie auf Pater Johannes Müller. Der war, außer Dozent in Sant'Anselmo und Benediktiner, auch noch der geistliche Berater der Botschaft Luxemburgs. Ländervertretungen hatten in Sachen Einkauf einen Sonderstatus, erhielten einen Rabatt. Pater Johannes nahm also die beiden minderbemittelten Hochschullehrer mit in den exterritorialen – steuerfreien – Raum der Botschaft, und Pater Notker konnte sich dort »nach Herzenslust preisgünstig Schallplatten kaufen«. Das Salär eines Lehrenden in Sant'Anselmo fiel nämlich mit hundert Mark ›Taschengeld‹ pro Monat eher bescheiden aus. Auf diese Weise legte sich Pater Notker eine riesige Plattensammlung zu, nicht nur von den Rolling Stones, wie er betont. Es sei auch viel klassische Flötenmusik dabei gewesen. Das ist nur logisch. Denn Notker Wolf hatte sich noch nie – und tut es heute immer noch nicht – auf eine bestimmte Musikrichtung festgelegt.

Der Wechsel nach Rom war für ihn außerdem Anlass, den gregorianischen Choralgesang wieder aufzunehmen. Wer jedoch auf Perfektion aus ist wie er, der musste zur Koryphäe jener Zeit gehen, zum Choralmeister Eugène Cardine aus der französischen Abtei Solesmes, im Westen Frankreichs in der Nähe von Le Mans. Bei ihm nahm Dozent Notker Privatstunden. Diese Ausbildung trug ihm ab 1973 die Stelle als Choralmagister der Schola von Sant'Anselmo ein. Das blieb aber nicht lange eine interne Angelegenheit. Der Chor der Schola war gefragt, wurde zu Konzerten eingeladen, reiste immer wieder zu Auftritten, bis der Chor 1974 gebeten wurde, eine Schallplatte mit den wichtigsten liturgischen Gesängen für den Gottesdienst aufzunehmen. Unter dem Namen *Jubilate Deo* hatte man im Vatikan ein ›Mindest-Repertoire‹ zusammengestellt ... *to make it easier for Christians to achieve unity and spiritual harmony with their brothers and with the living traditions of the past* ... Die Schallplatte wurde zum Dauerbrenner, die Gesänge schon bald auf Kassette übertragen und schließlich auf CD gebrannt. Als solche entdeckte sie der Abtprimas noch im Jahr 2000 in den Läden auf dem Petersplatz und sogar in Nairobi, Chile und in Mexiko.

Im Italien der 1970er-Jahre gab es aber noch ganz andere musikalische Strömungen, wie etwa moderne, zeitgenössische Musik. Sie wurde vor allem von Franco Evangelisti und seiner 1960 gegründeten *Nuova Consonanza* vertreten. Vier Jahre später schuf Evangelisti zusammen mit Ennio Morricone *(Spiel mir das Lied vom Tod)* das Improvisationsensemble *Gruppo di Improvvisazione Nuova Consonanza.* Die Gruppe organisierte ständig Konzerte oder Festivals. Auch Notker Wolf kam in Kontakt mit diesen Avantgardisten – über die Leiterin des japanischen Tee-Zentrums in Rom, das er hin und wieder besuchte. Sie hatte nämlich eine Freundin, eine japanische Sängerin, die den Benediktiner, immer vorschriftsmäßig zusammen mit einem Mitbruder, zu den Konzerten mitnahm und ihn mit den Musikern zusammenbrachte. »Anschließend gingen wir dann immer auf eine Pizza oder zu einem Abendessen auf das Dach einer Privatwohnung, und es wurde heftig über Musik diskutiert.«

Die Verbindung zur *Nuova Consonanza* war nicht einseitig. Am Sonntag erschien die Truppe immer wieder in der Messe in Sant'Anselmo und lauschte dem gregorianischen Choral der Schola mit ihrem Leiter Notker Wolf. Bei diesen Besuchen lernte er nicht nur Franco Evangelisti persönlich kennen. Bei einem Abendessen saß Pater Notker plötzlich John Cage gegenüber, dem Begründer der ›Happeningkunst‹ und der ›Neuen Improvisationsmusik‹. »Es war eine kreative Zeit, an die ich mich gerne erinnere.«

Als ich 1977 Abt meines Heimatklosters St. Ottilien wurde, brauchte ich einen Wahlspruch, wie ihn jeder Abt hat. Da entschied ich mich für ›Jubilate Deo‹ (Lobet Gott). Es soll die Überschrift über all mein Tun in diesem Amt sein.

23 Jahre später übernahm Notker Wolf dieses Motto auch für das Wappen des Abtprimas.

Musik mit Freunden

Mit der Wahl zum Erzabt wurde Notker Wolf in ein ganz neues Leben katapultiert. Das wollte er natürlich gut machen. Aber nach über sechs Jahren in Rom kannte er in St. Ottilien nicht mehr jeden. Darum war für ihn wichtig, die Angestellten im Kloster und in der Schule persönlich kennenzulernen. Natürlich schaute er sich auch die Dame an, die einst seinen Job als Flötenlehrerin übernommen hatte, Dr. Inka Stampfl. Beide registrierten sehr schnell ihre Liebe zur Musik und vor allem, dass sich die Instrumente, die sie beide spielten, perfekt ergänzten.

So ein bisschen hatte Erzabt Notker auch Heimweh nach Rom, weshalb er auf die Idee kam, gemeinsam zu musizieren. Im Innenhof von Sant'Anselmo hatte er selbst oft Kammerkonzerte initiiert und gespielt, »um 21 Uhr im Kreuzgang zwischen zwei plätschernden Brunnen«. In St. Ottilien begannen beide mit einem Flötenduett auf der Insel im Seminarweiher unter vielen alten Bäumen. Im Lauf der Jahre machten Inka Stampfl und Notker Wolf daraus die *Weiherserenade,* die sie ausbauten mit Klavier und Gesang und die schließlich eingebunden wurde in das Benediktusfest jeden Juli in St. Ottilien. Der alte Baumbestand verringerte sich allmählich, dafür kamen Hunderte von Zuhörer an den kleinen See und lauschten.

Die Weiherserenade – das jährliche Konzert auf der Insel im Seminarweiher von St. Ottilien – die es vermutlich nicht mehr geben wird.

Die Atmosphäre dieser Juli-Abende ist schwer zu beschreiben.

> *Wenn Notker da spielt, dann können die Schnaken zu Hunderttausenden sein. Notker und Inka Stampfl spielen weiter. Vielleicht lieben die Schnaken auch ihr Flötenspiel. Wer weiß das. Aber ich stelle mir vor, dass das wirklich zu Notkers Identität gehört. Die Musik muss sein.*

So der CSU-Landtagsabgeordnete Thomas Goppel.

Nicht nur die Schnaken lauschten der Musik. Einmal hatten sich ein paar Enten auf dem Weiher niedergelassen und zogen ihre Kreise, während die Zuhörerschaft das Ufer bevölkerte. Notker Wolf registrierte das Federvieh mit Schrecken. Wenn die zu schnattern anfangen während des Konzerts … Aber kein Mucks war zu hören von den Tieren. Erst am Ende, als der Applaus verhallt war, schnatterten auch die Vögel drauflos und flogen davon.

Dieses Duett am Seminarweiher überlebte auch Notker Wolfs erneuten Wechsel als Abtprimas nach Rom. Die Proben wurden zwar komplizierter, die Zeit dafür immer knapper. Dennoch schlug sich die gemeinsame musikalische Schaffenskraft von Inka Stampfl und Notker Wolf nieder in etlichen CDs, Mitschnitte der *Weiherserenaden* oder andere Aufnahmen mit Querflöte, Klavier, teilweise begleitet von Gesang und Geige.

Die immense Breite der musikalischen Interessen des Abtprimas war nie ein Problem für die beiden Musiker. Den geradezu historischen Versuch, dieses Repertoire denen zu Gehör zu bringen, die ihm nahestanden, unternahm Notker Wolf zu seinem silbernen Abtsjubiläum 2002. Sein Nachfolger als Erzabt, Jeremias Schröder, hatte ihm »befohlen, sich feiern zu lassen«. Da gleichzeitig die Synode der Präses tagte, war auch eine Reihe von Äbten zugegen. Auch die Jugendfreunde aus Bad Grönenbach waren gekommen, und sogar ein blaublütiger Vertreter, Herzog Franz August von Bayern. Gemütlich und bunt gemischt saßen 500 Gäste zusammen.

Nun sollte auch der Wahlspruch des Notker Wolf, ›Jubilate Deo‹, zur Geltung kommen. Zunächst griff er allein zur Querflöte, dann stimmte Inka Stampfl mit ein. Am Ende kündigte Erzabt Jeremias den »krönenden Abschluss« der Feier an. »Dann ist die Rockband gekommen und da hat er natürlich auch selbst mitgespielt«, erzählt Schulkamerad Wolfgang Höchenberger. »Und plötzlich haben manche der Äbte dringend etwas vorgehabt.« Andere fühlten sich in eine Disco versetzt. Manchen gefiel zwar die Rockmusik, so einfach zugeben wollten oder konnten sie es jedoch nicht. »Davon kann ich zu Hause aber nichts erzählen«, hatte einer zu Notker Wolf gesagt. Die, die nun ganz schnell das Weite suchten, musste Bruder Ludwig verabschieden, denn der ›Jubilar‹ war beschäftigt.

Dann war erneut ein Konzert für die Gäste geplant zum 70. Geburtstag von Notker Wolf. Es musste abgesagt werden. Die Duettpartnerin hatte einen Autounfall und sich dabei die rechte Hand so schwer verletzt, dass an Querflöte oder Klavier überhaupt nicht zu denken war. Dann eben im nächsten Jahr wieder die *Weiherserenade,* trösteten sich die Geburtstagsgäste. Daraus ist aber bis heute nichts mehr geworden. Der Arm wollte nicht mehr richtig heilen. Die *Weiherserenade* in St. Ottilien gehört vorerst der Vergangenheit an.

Einen ganz anderen Notker Wolf, einen, der sich aufs Improvisieren versteht, erlebten die Teilnehmer beim Juniorenkongress in Sant'Anselmo 2009. Die jungen Leute waren zuvor schon angetan vom Abtprimas, und man saß noch gemütlich zusammen im Kreuzgang. Irgendwann begann einer der Studenten mit den Fingern im Takt zu trommeln. Notker Wolf stieg mit ein. »Kannst du dir einen Topf oder etwas Ähnliches holen?«, fragte er den Trommler und ging selbst in sein Zimmer und holte die Querflöte. »Dann haben die gespielt«, berichtet Sekretär Henry. »Die anderen fingen an zu summen und innerhalb von Minuten haben alle mitgemacht und waren begeistert.«

Für keine musikalische Mitmach-Aktion ist sich Notker Wolf zu schade. Abt (inzwischen Altabt) Christian Haidinger vom Benediktinerstift Altenburg im Waldviertel in Österreich hatte die Idee zu einem Benefiz-Konzert für einen, dem Verfall preisgegebenen jüdischen Friedhof in der Nähe seines Klosters. Aber es sollte nichts Alltägliches sein. Ihm schwebte so etwas wie ein interreligiöses musikalisches Freundschaftstreffen vor. Er hatte sich ganz besondere Mitwirkende ausgedacht, die alle auch bereitwillig zusagten. Am Schlagzeug saß dann der evangelisch-lutherische Bischof Michael Bünker, den Gesang übernahm Oberrabbiner Paul Chaim Eisenberg und an der Querflöte stand Notker Wolf. Musikalische Unterstützung erfuhren die ›religiösen Rocker‹ von einem Gitarristen aus dem Finanzministerium und den Altenburger Sängerknaben. Das Repertoire reichte von Pop-Hits über Spirituals bis hin zu Liedern aus der jüdischen und der Wiener Tradition.

Mit der Querflöte begann 1991 die Rock-Karriere des Notker Wolf bei der Schulband »Feedback«.

Der Erfolg des ersten Konzerts Mitte 2012 in der Klosterbibliothek von Altenburg war so enorm, dass ein gutes Jahr später ein zweites Konzert in einem Wiener Theater anberaumt wurde, erneut komplett ausverkauft und viel beachtet von den Medien. Sogar der Nuntius in

Wien, Erzbischof Peter Zurbriggen, war gekommen. Notker Wolf hatte seinen eigenen Kommentar zu diesem Event. »Wir verkopfen alles zu sehr, auch im interreligiösen Dialog. Zuerst braucht es den Dialog der Herzen, und der läuft über die Musik.« Sprachs, und legte mit einem lachenden ›Rebbe‹, Oberrabbi Eisenberg, ein Tänzchen auf die Bühne.

»Die Flöte hat einfach gut gepasst«

Gemeinsam die Schulbank drücken, das ist oft der Beginn lebenslanger Freundschaften, wie zwischen Christian Ries und Lorenz Doppel, zwischen ›Cheesy‹ und ›Lolli‹. Allerdings verbindet die beiden noch ein wenig mehr, nämlich jene Rockband, die sie 1978 als Schüler des Rhabanus-Maurus-Gymnasiums in St. Ottilien gegründet hatten. Dritter im Bunde war Christof Hieber, der kurz darauf das Schlagzeug übernahm. Abitur, Studium, Heirat, die Arbeitsplätze im ganzen Land verteilt – doch die Gruppe *Feedback* gibt es immer noch. Auch, aber nicht nur, weil sich inzwischen ein zweiter Gitarrist zu ihnen gesellt hatte, der zudem super Querflöte spielen kann – Notker Wolf.

Das Gymnasium in St. Ottilien pflegt einen Brauch, der schon immer viel Zuspruch erfuhr und von allen Abgangs-Jahrgängen gerne besucht wird: das Treffen der Ehemaligen. 1991 war so ein Treffen und Erzabt Notker ließ es sich nicht nehmen, die einstigen Ottilianer zu begrüßen. Er tauchte auch am Tisch der Jungs von *Feedback* auf, die sich mittlerweile mit Keyboarder Peter Hoffmann verstärkt hatten. Er finde es gut, dass sie Rockmusik machten und die Schulband immer noch existiere, teilte er ihnen mit.

Als er sich zudem als Rock-Begeisterter outete, forderten sie den Erzabt auf, er solle doch gleich bei der nächsten Probe, die sie weiterhin in den Schulräumen abhielten, mit seiner Querflöte vorbeischauen und vielleicht den *Locomotive breath* von Jethro Tull schon mal üben. Cheesy, Lolli, Christof und Peter nahmen dieses Gespräch nicht sehr ernst. »Ja, der Abt …, sagt er halt so.« Außerdem war Notker Wolf über 20 Jahre älter als sie. Aber da hatten sie falsch gedacht.

Beim nächsten Probetermin erschien Erzabt Notker im »feinen Stoffhösli« mit der Querflöte unterm Arm. Also bauten sie kurzerhand ihr Musik-Repertoire um, bezogen die Querflöte mit ein und probten fleißig den *Locomotive breath*. Das klang gut. Das klang sehr gut. »Die Flöte hat einfach gut gepasst. Da haben wir gemerkt, er hat richtig Spaß dran, und er kann das.«

Was noch nicht so passte, war sein ›Outfit‹. Der feine Zwirn und die schicken Schuhe – so sehr musste der Altersunterschied nicht betont werden. Sie brachten es ihm schonend bei. »Aber, sofort gehorcht!«, bemerkt Bassist Lorenz. Bei den folgenden Proben erschien Notker Wolf in Freizeithemd, Jeans und Turnschuhen. Trotzdem traf das den Geschmack der Truppe noch nicht so ganz. Christian Ries entdeckte schließlich das passende T-Shirt für den Ordensmann, bedruckt mit einer Textzeile des kanadischen Rockmusikers Neil Young: »It's better to burn out than to fade away« (Besser auszubrennen, als zu verblassen). Notker Wolf konnte dem nur zustimmen und trug das Hemd fortan bei den Auftritten der Band – weiterhin ohne Habit – in Kellerbars und Clubs. Noch kannte kaum einer sein Gesicht jenseits der Grenzen des Ammerseegebiets.

In der Szene war er eh ein gänzlich unbeschriebenes Blatt. »Wer ist denn das überhaupt, der Typ?«, wurden die Jungs von *Feedback* nicht nur einmal gefragt, zumal es Notker Wolf vorzog, auf der Bühne immer ganz hinten zu stehen. In lässiger Kluft tauchte er auch im *Fantasy* auf. Die Münchner Hardrock-Disco, die inzwischen nicht mehr existiert, besuchten die beiden Gitarristen gelegentlich, um sich einem ohrenbetäubenden Heavy Rock hinzugeben, »der so richtig in der Bauchgegend vibriert. Selten hab ich Notker so entspannt erlebt wie dort, neben mir stehend mit seinem Zigarillo in der Hand. Da hab ich gemerkt, das ist keine Fassade. Er liebt diese Musik.«

Aber des Benediktiners Kleiderwahl gab weiterhin Anlass zu Komplikationen. Einem Türsteher der Disco, erinnert sich Christian, gefielen Notkers Turnschuhe nicht, weshalb er ihn fast nicht eingelassen hätte.

Ein weiteres Problem erwuchs aus dem Lied-Repertoire. »Ich hab halt gemerkt, dass es schwierig wird, zwanzig Songs mit Querflöte …« Die Bemerkung von Christian Ries wird in der Runde mit allgemeinem Gelächter quittiert. Aber vielleicht eine zweite Gitarre? Die Bandmitglieder entschieden, dass das passen könnte. Also brachte Lead-Gitarrist Christian Abt Notker »a bissel was auf der Gitarre, a paar Akkorde bei« sowie die in der Rockmusik unverzichtbaren ›Power-Chords‹.

Zwischen den Freunden Christian Ries (li.) und Oli Olschewski und mitten im Hardrock fühlt sich der Benediktiner immer »sauwohl«.

Notker Wolf genoss sein Inkognito im unauffälligen Outfit. Nur beim ersten großen Konzert von *Feedback* beim Circus-Festival in St. Ottilien im Sommer 1991 erschien der ›rockende Abt‹ im Habit. Seine Jazz-Gitarre war noch von gediegenerem Aussehen, und er spielte sicher keine ›fetzigen Gitarrensoli‹ – was er bis heute noch nicht beherrscht –, die aber gern von Berichterstattern herausgehört werden.

Auch an der ersten CD von *Feedback,* die in jenem Jahr erschien, war er nicht beteiligt. Das entsprach ganz der ursprünglichen Planung. Seine Rock-Ambitionen waren zunächst als Intermezzo gedacht gewesen. Aber Notker Wolf hatte an dieser Musik und an der Truppe schon viel zu viel Gefallen gefunden. Jetzt wollte er weitermachen.

Davon abgesehen, dass hier ein über 50-Jähriger sich an ein ihm unbekanntes Instrument wagte, war es eine ziemlich umständliche Angelegenheit, denn zum Üben mit Christian musste der Erzabt immer 30 Kilometer Landstraße überwinden. Außerdem mag's Notker Wolf lieber professionell – und suchte sich einen Gitarrenlehrer in München. Der vermittelte ihm dann auch eine preisgünstige Gitarre, die knallrote Yamaha, »eine richtige Rock-Axt«, wie Christian bemerkte. Inzwischen hatte die Band Oli Olschewski als neuen Sänger gewonnen und 2002 war Backgroundsänger Toby Nagy eingestiegen, beide keine »Ottilianer«.

Als Notker Wolf nach der Wahl zum Abtprimas 2000 nach Rom übersiedelte, wurden die Proben noch schwieriger. Sie mussten mit seinen Ottilien-Aufenthalten kombiniert werden. Auch die anderen Musiker lebten weit auseinander. Darum wurde damals schon ein Download-Bereich im Internet eingerichtet, auf den Christian die neuen Songs stellte. So konnte sie sich jeder herunterladen und für sich üben.

2002 fühlte sich die Gruppe reif für die nächste CD. Es fand sich sogar ein Produzent, der das Werk mitfinanzieren, dafür aber unter anderem auch die PR in die Hand nehmen wollte. Ja, und der wusste, wie's geht. *Feedback* geriet fast zur Begleitband des Abtprimas. Ab sofort konnte Notker Wolf nur noch in der Mönchskluft antreten: »So, dass man das Kreuz sieht.« Die Veranstalter ihrerseits begannen ihn im Ordensgewand »zu fordern«. Das Bild sei doch so schön mit seiner schwarzen Kutte und dem silbernen Kreuz und der roten Gitarre. »Dabei ist das Gewand ziemlich unpraktisch«, merkt Bassist Lorenz an, »aber inzwischen ein Markenzeichen.«

Notker Wolf genießt diese Auftritte bis heute. Auf der Bühne entspannt er sich – wenn die ersten Sekunden Nervosität überstanden sind. Das spüren auch die Jungs von *Feedback.* Was sie ebenfalls mitbekommen und weshalb sie versuchen, seine Auftritte so unkompliziert wie möglich zu machen, ist sein oft stressiges ›Begleitprogramm‹. Da werden vor dem Konzert Vorträge anberaumt, auf den kurzen Smalltalk mit irgendwelchen Bürgermeistern oder Sparkassenchefs folgen Interviews mit der örtlichen Presse. Hin und wieder wird sogar auf den Nachmittag vor das Konzert eine Taufe gelegt, weil man ihn sonst nicht zu fassen bekommt. Oder der Abtprimas kommt direkt vom Flughafen, »von irgendwo aus der Welt, hat den vollen Stress«, merkt Keyboarder Peter an.

Mit dem Auto wird er zum Auftrittsort gebracht, für den Soundcheck reicht es meistens gerade noch. Aber Instrumente aufbauen, Kontrolle von Licht, Lautsprecher und Mikrofonen, das machen die anderen für ihn. Meist hängt das an Christian: »Ich bin praktisch der ›Backliner‹ von Notker.« Darum geben sie ihm auch Zeit anzukommen. Bei den ersten fünf Songs stehen die Männer von *Feedback* ohne den Ordensmann auf der Bühne. Erst dann steigt er ins Konzert ein. Dieses Privileg hat Notker Wolf.

Jede Musikformation hat ihre Fans, auch solche, die zu jedem Auftritt mitreisen. Die stehen sich vor und nach dem Konzert vor und hinter der Bühne die Beine in den Bauch, um ein Lächeln oder sonst etwas Wunderschönes von ihrem Idol zu erhaschen. Das geht selbst Notker Wolf nicht anders. Nur sind das keine jungen, kreischenden Girlies, sondern eher Damen in gesetzterem Alter, die dem ›rockenden Abt‹ an den Lippen hängen. Vielleicht missverstehen sie ihn etwas, wenn er sagt, dass er die Menschen liebt oder dass das schönste Gottesgeschenk die Liebe ist. Denn auch für Notker Wolf gilt, dass man sich die Verwandten nicht aussuchen kann, die Freunde aber sehr wohl.

Andererseits ehrt ihn sicher, dass er inzwischen oder immer noch von so vielen Frauen ›geliebt‹ wird. Aber Penetranz kann eben auch ziemlich nerven. »Notker ist immer höflich distanziert und zieht sich mit viel Humor aus der Sache«, bewundert ihn Christian Ries, der auch ständig in diese Belagerung involviert ist. »Ist ja ›normal‹, würde ich sagen«, meint er, »vielleicht auch ein Geschenk, gemeinsame Fotos oder Dank-Mails in epischer Länge.« Aber wenn die Verfolgung bis zur Klosterpforte geht oder die Anbeterin postalisch bis in seine Träume vorzudringen versucht, verliert selbst ein Abtprimas mal die Geduld. Was erträglich bleibt, ignoriert er einfach. Den ganz aufdringlichen Frauen, denen haben sie von *Feedback* auch schon einen ›verbalen Tritt‹ verpasst.

Deep Purple

Ihren bisher größten Auftritt hatten der Abtprimas und *Feedback* in Benediktbeuern im Sommer 2008 – als Vorgruppe der legendären Rockband *Deep Purple* auf deren Deutschlandtournee. Zunächst schien diese sagenhafte Verpflichtung jedoch zum Drama zu werden, weil sich Keyboarder Peter vier Wochen vor dem Konzert den Arm brach. Also nichts mit Krönung eines Musikerlebens? Nein, so schnell wurde nicht kapituliert. Man fand kurzfristig Ersatz für den Lädierten und konnte schließlich vor 5000 begeisterten Fans auftreten. Und diese Begeisterung galt tatsächlich ihnen und ihrem »Katalysator Notker«, wie Christian es ausdrückt. An diesem Abend waren sie mehr als nur eine Vorband. Das bescheinigten ihnen sogar die großen Altrocker.

Natürlich wurde am Ende dem Abtprimas wesentlich mehr Publicity zuteil. Der schaffte es nämlich bis in die *Tagesthemen,* als er mit Filmteam im Rücken zur Deep-Purple-Ikone Ian Gillan vorgelassen wurde. Den fragten die Fernsehleute auch gleich ganz ungeniert, ob Notker Wolf nicht nachher mal mitspielen dürfe mit ihnen. Als dann der Techniker Notkers Gitarre abholte und er die Anweisung erhielt, beim vorletzten Stück von Deep Purple sich hinter die Bühne zu stellen – ihm »würde dann die Gitarre umgehängt« –, wurde klar, was geplant war.

Im Stockdunkeln stand er da und fühlte nur, wie ihm das Instrument wieder angelegt wurde. »Ja, wo soll ich denn hin, hab ich gefragt. Der war aber schon wieder weg und ich stand völlig hilflos da«, erinnert sich Notker Wolf. In dem Moment startete Steve Morse schon mit dem Riff für *Smoke on the water.* »Plötzlich kommt der Beamer auf mich, und dann schreit die ganze Meute.«

Notker Wolf auf dem »Highway to Hell« bei einem Konzert in St. Ottilien (2009).

Keyboarder Peter, der mit dem gebrochenen Arm und zu Hause auf dem Sofa, hatte bei dem Stück ganz genau hingehört. »Was spielt der eigentlich? Drehen die ihn weg? Ist das richtig oder falsch?« Peters Begeisterung war echt. »Unter dem Druck – da hat der gut gespielt. Seine Einsätze hat man richtig gehört.« Der Rest von *Feed-*

back stand direkt unten an der Bühne, viel aufgeregter und darum nicht fähig, sich solchen Feinheiten zu widmen. Sie lebten an diesem Tag vom Glanz der Großen. »Da ist schon ein gewisser Stolz, weil er ja auch Bandmitglied ist.« Ja, sie waren mächtig stolz auf ›ihren‹ Notker.

Gitarrist Christian hat Notker Wolfs Auftritt bei *Deep Purple* noch ein bisschen anders erlebt.

> *Da war er schon sehr angespannt. Wir haben das ja gemerkt. Er war wie ein kleiner Schulbub auf der Bank vor der Bühne gesessen. So nervös hab ich ihn noch nie vorher gesehen. Und vor seinem Soloauftritt saß er dann hinter der Bühne auf dem Bänkchen und hat ein bisschen geübt. Ja, wenn man mit diesen Rockidolen spielen darf, wird selbst dem Notker etwas flau im Magen.*

Die Sonderstellung beim Deep-Purple-Konzert gönnten sie ihm alle von ganzem Herzen. Auch weil sie wissen, dass er sonst nicht akzeptiert, aus der Rockband herausgehoben zu werden. »Dem wär es lieber, in der Band zu ruhen, als vor der Band zu stehen.« Denn ursprünglich wollte er doch nichts als mit den Jungs Rockmusik machen. Plakate, auf denen nur er mit seiner roten Gitarre zu sehen ist, Zeitungsberichte, die den ›rockenden Abt‹ ankündigen, ohne *Feedback* überhaupt zu erwähnen, das stößt ihm gewaltig auf. Da kann er sehr ungehalten werden. Für Christian, Lorenz, Christof, Peter, Tobias und Roland (Rogl) Gläser, inzwischen der Sänger von *Feedback,* steht ›ihr Notker‹ auf der Bühne. »Er ist für jeden von uns ein Freund, ein guter Freund, ein sehr guter Freund.«

Zu Hause im römischen Sant'Anselmo war das Interesse an Notker Wolfs Rock-Auftritten nicht ganz so groß. Ganz ›happy‹ sei er zurückgekommen und habe seinen Sekretär gefragt: »Weißt du, was passiert ist? *Deep Purple* …, ich hab mit *Deep Purple* gespielt!« Der Blick von Pater Henry machte dem Abtprimas sofort klar: »Offensichtlich weißt du nicht, was das bedeutet. – *Deep Purple?* – Die

Ikone? – Das ist ja hoffnungslos.« Pater Henry hielt nicht hinterm Berg mit seiner Meinung dazu. »Für mich ist es nur Lärm.«

Das Zusammenspiel zwischen Abtprimas Notker Wolf und der Rockformation *Feedback* befördert viele kritische Untertöne im eigenen monastischen Umfeld. Dabei geben die Mitbrüder nicht nur zu verstehen, dass ihnen solche Musik nichts gibt. Sie spötteln auch gerne über den – inzwischen – ›alten Mann‹, der nicht mal richtig Gitarre spielen könne, aber auf der Bühne rumhüpfe und ein lautes ›Gescheppere‹ von sich gebe. Anderen Kritikern genügt seine ›action‹ nicht. Sie monieren, dass es ihn nicht schüttle wie Mick Jagger.

Andererseits wird Notker Wolf eine Begeisterung für manchen Musiktitel auch angedichtet. Die nimmermüde Schlagzeile vom *Highway to Hell* als seinem Lieblingslied ist ein reines Medienprodukt. Irgendwann hatte die Presse das Wortspiel mit dem Gottesmann auf dem Weg zur Hölle angefangen. Bei den folgenden Konzerten forderte dann das Publikum den AC/DC-Song und so wurde der ins Repertoire von *Feedback* aufgenommen. Aber weil ein Mann des Glaubens eher mit dem Aufstieg in himmlische Gefilde in Verbindung gebracht wird, fand sich auch bald Led Zeppelins *Stairway to heaven* in den Zeitungstexten, obwohl das Lied nie zum Band-Repertoire gehörte. Inzwischen kokettiert Notker Wolf gerne und immer wieder mit diesen Metaphern, spielt sprachlich mit den *Höllenfahrten* und den *Himmelstreppen.* Das brachte ihm schließlich die – falsche – Vermutung ein, dass sich seine musikalischen Favoriten zwischen Stones, Led Zeppelin und AC/DC bewegen.

Reaktionen aus dem Vatikan

Papst Benedikt konnte mit dieser ›Teufelsmusik‹ entschieden nichts anfangen und brachte daher seinen Unwillen über den ›rockenden Abt‹ durchaus zum Ausdruck. Denn auch wenn der Benediktiner-Obere in Italien nur im stillen – schallgedämpften – Kämmerlein zur E-Gitarre greift, in Vatikannähe dagegen die Querflöte bevorzugt, ein bayerischer Papst erfuhr eben trotzdem, dass da ein Landsmann in der Heimat hinter den Alpen der Rockmusik frönt – oft genug selbst in Klöstern. Das ließ Benedikt ihn auch spüren und fragte schon mal süffisant: »Gell, Sie spieln doch auch andere Musik?«

Auf Gregorianik und Liturgie-Gesänge beschränkt sich der Abtprimas in Italien dennoch nicht. Immer wieder einmal tritt er mit einer Popband auf, deren musikalische Heimat allerdings etwas näher am Religiösen ist. Mit Michele Paulicelli und seiner Gruppe *Ora et Labora* besang er den heiligen Benedikt schon im Europaparlament in Straßburg und im Amphitheater am Fuß von Montecassino.

Nicht viel übrig für Notker Wolfs Leidenschaft für die Rockmusik hatte Papst Benedikt XVI.. Hier bei der Eröffnung der Fastenzeit 2006.

DER WERNER

Lasst den Werner doch mitspielen

Sie hatte seinen ersten Schrei gehört. Die Frau von *Uhren-Dreier* erzählte dies bis an ihr Lebensende. Der, den sie da hat schreien hören, Werner Wolf, heißt heute Notker und ist der Abtprimas der Benediktiner. Viele Jahre später, kurz vor ihrem Tod, kam er an ihr Sterbebett. Da erzählte sie ihm diese Geschichte, dass sie am 21. Juni 1940 gehört hatte, wie Werner Johann Wolf sich in dieser Welt anmeldete. Dass sie akustische Zeugin wurde, war nichts Ungewöhnliches, weil in jener Zeit in der Marktgemeinde Grönenbach im Allgäu die Häuser so eng beisammenstanden, dass man sich von Fenster zu Fenster die Hand geben konnte. Angeblich war Werner ›spät dran‹, überfällig sozusagen. Er hatte es dann gerade noch geschafft, im Sternbild Zwilling anzukommen. Von Menschen, die in diesem Sternbild geboren sind, sagt man, sie hätten zwei Gesichter. Aber welcher Mensch hat keine zwei Seiten?

Jetzt war der Langersehnte erst einmal da. Proper, gesund, ›ein Brocken‹, wie ihm seine Mutter später erzählte, der Stärkste des ganzen Jahrgangs. Mit seiner Verspätung wurde er auch gleich zum Helden. Vater Josef, auf Fronturlaub, durfte nämlich bleiben, bis sein Erstgeborener per Zangengeburt endlich das Licht der Welt erblickt hatte. Seine Einheit war inzwischen Richtung Polen an die Ostfront abkommandiert worden. Er wurde anderweitig untergebracht. Von seinen Kameraden überlebte keiner diesen Kriegseinsatz.

Der Wonneproppen wuchs nun unter Frauen auf. Da war er keine Ausnahme. Seine Mutter und Frau Kimmerle, die Hausbesitzerin oder ›die Hausfrau‹, wie Notker Wolf sie auch noch 70 Jahre später nennt, waren seine erste kleine Welt. In den Kriegsjahren bewohnte das Ehepaar Kimmerle noch das Erdgeschoss in der Kemptener Straße. Im ersten Stock wohnte Mutter Wolf mit Baby Werner. Eine steile Treppe führte zur Wolf'schen 40 qm-Zweiraum-Wohnung, die aus Küche und Schlafzimmer bestand, und Toilette am Ende des Gangs, ›frei hängend‹, so Gerhard Brendel, ein Spielkamerad. Er ist drei Jahre jünger als Werner und war mit Mutter und Großmutter aus Mannheim geflohen und als ›Ausgebombte‹ ins Allgäu umquartiert worden. Auf diesem stillen Örtchen endete für Werner auch das Baby-Zeitalter. Fatalerweise fiel ihm ausgerechnet dort der Schnuller aus dem Mund und verabschiedete sich in das unergründliche Loch. »Und damit war es mit dem Schnuller zu Ende.« Ersatz gab es nicht.

An Weihnachten 1942 hat Werner erste Erinnerungen. Das Christkind hatte auch im Haus in der Kemptener Straße vorbeigeschaut. Noch etwas zaghaft stieg Klein-Werner die steilen Treppenstufen hinab zur Wohnung der ›Hausfrau‹. Ein im Kerzenlicht erstrahlender Weihnachtsbaum erwartete ihn, darunter lag ein Netz, gefüllt mit bunten Bauklötzen. Fasziniert ließ Werner sie durch seine kleinen Finger gleiten. Stiller Beobachter der Szene war Herr Kimmerle, auf Heimaturlaub in Grönenbach. Für ihn sollte es das letzte Weihnachtsfest sein.

Auch der Besuch der Christmette, vermutlich im gleichen Jahr, blieb Werner in Erinnerung. Die vielen Kerzen, der Weihrauch, die Musik – erstmals empfand er jene Anziehungskraft, die ihn ein Leben lang begleiten sollte. Nach dem Krieg zog die Witwe Kimmerle dann ins Dachgeschoss und machte Platz für Herrn Weiser, einen Hafner, der aus Ton Gefäße, ›Hafen‹ herstellte. Mutter Wolf und Sohn Werner blieben in ihrer Zwei-Raum-Wohnung im ersten Stock.

Dann erkrankte Werner an Rachitis – seinem Körper mangelte es an Kalzium und Vitamin D. Mutter Wolf begann sich Sorgen zu machen. Solch eine Krankheit im Kleinkindalter hat Folgen. Sie führt zu

Entwicklungsstörungen, begleitet von Bauchschmerzen und Übelkeit. Werner erhielt Infusionen und verbrachte darum Stunden, Tage und manchmal auch Wochen in der Kinderklinik im Schloss Grönenbach. Täglich transportierte ihn die Mutter im Kinderwagen dorthin, nein, im ›Sportwagen‹, wie Notker Wolf bis heute betont. Aber er lernte auch etwas im Krankenhaus, nämlich stricken. Nicht die Mutter, sondern der Doktor brachte ihm das bei. Wenn Werner im Bett liegen musste für die Blutsenkung, setzte sich der Kinderarzt an sein Bett und strickte mit ihm.

Notker Wolf bei seiner Erstkommunion, zusammen mit Helmut Steffan.

Die Kinderklinik in Mittelberg-Oy war eine weitere Station im Leben des kleinen Werner. Er war mit der Mutter auf einem Bauernhof einquartiert worden, um diverse Untersuchungen in der Klinik über sich ergehen zu lassen. Der behandelnde Arzt machte ihnen wenig Hoffnung: »Den können Sie abschreiben. Der wird es nicht mehr schaffen.« Mutter Wolf war entsetzt und mit ihr die Bauersfrau. Die entschied dann auch, dass sie so leicht nicht aufgeben werden. »Den bringen wir schon wieder hin, mit Schmalzwickel.«

Sandkastenfreundschaften zu Hause fielen also aus. Das Einzige, was Werner in dieser Zeit blieb, waren die Spatzen in den Rosenbäumchen des Nachbarn. Ihnen konnte er von seinem Bett aus zuschauen. Und Puppen soll es gegeben haben. Notker Wolf erinnert sich dunkel an solch ein Exemplar, aber »ich war nie ein Puppen-Fan«. Die ›Hausfrau‹ Kimmerle ließ den Buben an ihren Kochkünsten teilhaben. Er durfte beim Schupfnudeldrehen helfen. Dabei wurde gesungen: »Geh mach dei Fensterl auf, i wart scho lange drauf ...« Aus diesen Kriegs- und Nachkriegsjahren blieb außerdem etwas in Notker Wolfs Nase haften – der Geruch von Palmin. Er identifiziert das Kokosfett sofort, wenn es in irgendeiner Küche der Welt Verwendung findet.

Mit der Zeit aber wurde es langweilig, dieses ständige Im-Bett-Liegen. Aber was macht man dort außer schlafen? Lesen – wenn man es denn kann. Während also die anderen Kinder draußen tobten, versuchte Werner die Stunden und Tage im Bett, meist mit quälenden Bauchschmerzen und Übelkeit, anderweitig zu füllen. Der Knirps begann darum schon früh, sich für Buchstaben zu begeistern, kannte sie bald und konnte sie lesen, lange bevor er in die Schule kam. Aber was gab's im Hause Wolf an Büchern? Der Abtprimas erinnert sich an ein ›Kräuterbuch‹, ein Pflanzen-Bestimmungsbuch von Linné, das er dann irgendwann auswendig konnte.

Den Vater bekam Werner in den Kriegsjahren nur einmal zu Gesicht. 1944 war das. Da wurde – vor dem ›Endsieg‹ – Josef Wolf noch einmal ein Heimaturlaub genehmigt. So glücklich die Mutter war, so wenig war es der Sohn. Ein fremder Mann, mit dem er plötzlich die Aufmerksamkeit der Mutter teilen musste und die enge Wohnung. Als sie den ›Unbekannten‹ wieder verabschiedeten, saß Werner auf dem Arm seiner Mutter. Wie war er glücklich, als der endlich weg war.

Die Amis kommen

Der Einmarsch der amerikanischen Truppen im westlichen Allgäu ging wie ein Lauffeuer durch die Dörfer. Ende April 1945 waren sie in Memmingen angekommen und sollten angeblich über Grönenbach nach Kempten vorrücken. Das veranlasste einige Grönenbacher Bauern, die weiterhin als feindlich angesehenen Soldaten gebührend zu empfangen, indem sie kurzerhand sämtliche Obstbäume an der Straße zum Bahnhof fällten und auf die Fahrbahn warfen, um so die Weiterfahrt der Panzer zu blockieren. Allerdings wusste keiner so genau, ob die Amerikaner wirklich diesen Weg nehmen würden.

Wolfgang Höchenberger war vor einem halben Jahr mit Mutter und der kleinen Schwester aus Stuttgart nach Grönenbach geflüchtet, in die Heimat des Vaters. Er hatte in diesen Tagen von den älteren Buben im Dorf wichtige Informationen erhalten. Dass nämlich »die Amis mit Panzern kommen sollen und dass die eventuell Schokolade an die Kinder verteilten«. Da musste man hin! Das sah logischerweise seine Mutter ganz anders. Erstens musste nach ihrer Meinung ein Fünfjähriger noch Mittagsschlaf halten und »außerdem seien es ja feindliche Mächte, und schwarze Soldaten seien auch dabei«. Weinend und lamentierend verbrachte Wolfgang also den Nachmittag auf dem heimischen Sofa. Das Schlimmste aber war: Die anderen Buben kamen tatsächlich mit Schokolade in den Hosentaschen zurück und berichteten stolz von der ersten Kontaktaufnahme mit den fremden Soldaten.

Werner und Wolfgang kannten sich kaum. Sie wohnten für Grönenbacher Verhältnisse weit auseinander, »mindestens 50, 60 Meter«. Erst später drückten sie zusammen die Schulbank. Und Werner war weit weg von solch ›süßem‹ Abenteuer. Der ebenfalls knapp Fünfjährige saß, immer noch durch seine Krankheit geschwächt, zum gleichen Zeitpunkt im ›Sportwagen‹. Aus Furcht vor den heranrückenden Amerikanern schob ihn seine Mutter in dem Gefährt ans andere Ende der Kemptener Straße zu einem überirdischen Bunker. Darin verbrachten beide den ganzen Tag. Aber die Soldaten kamen nicht. Also schob Mutter Wolf ihr Kind im Wagen wieder zurück ins Dorf. Auf halber Strecke passierte dann genau das, was sie so ganz und gar hatte vermeiden wollen. Auf der schmalen, unbefestigten Straße kamen ihnen die amerikanischen Panzer entgegen. Starr vor Schreck, den Blick immer geradeaus gerichtet, schob die Mutter den Wagen scheinbar ungerührt weiter, trotz der auf sie gerichteten Kanonenrohre. Sie war einem Herzinfarkt sehr nahe. Als beide endlich die Wohnung erreichten, waren die Truppen längst an ihnen vorbeigezogen. Für Werner war da nicht einmal eine Tafel Schokolade herausgesprungen.

Die Kinderschar in Grönenbach. Vermutlich war Werner (6. v. li.) da bereits über zehn Jahre alt.

Eine weitere Begegnung mit der fliegenden Abteilung der Besatzungsstreitkräfte machten Mutter und Kind auf dem Weg in ein Nachbardorf. Zum ›Hamstern‹ hatte sie ihn wieder in den ›Sportwagen‹ gepackt und schob ihn durch die Allgäuer Hügellandschaft von Bauernhof zu Bauernhof. Auf halber Strecke, mitten in der freien, ungeschützten Landschaft, kam ein Fliegergeschwader, extrem tief fliegend, auf die beiden zu. Auch jetzt schob Mutter Wolf den Wagen scheinbar unbeeindruckt weiter, und wieder war sie kurz vor einem Herzinfarkt. Denn es blieb nicht bei dem einen Mal. Die Jagdflugzeuge kamen zwei-, dreimal zurück. Das sanfte Voralpen-Hügelland bot den Piloten ein herrliches Terrain, um quasi knapp über der Grasnarbe zu fliegen. Angeblich machten sich die damaligen Besatzungstruppen einen Spaß daraus, die einheimische Bevölkerung auf diese Weise zu erschrecken. Da sprangen die Bauern, im Gegensatz zu Mutter Wolf, schon mal mit einem Satz in den Straßengraben oder wurden vor Schreck vom Heuwagen gefegt.

Werners Krankheit zeigte Folgen. So war die Mutter der Meinung, dass ihr schwaches Kind trotz seiner inzwischen sechs Jahre immer noch nicht den schulischen Anforderungen gewachsen war. Er sollte noch ein Jahr länger warten. Aber Werner konnte längst lesen und gierte nach weiterführender Bildung. Er sah absolut keinen Anlass für eine Zurückstellung und wollte es mit lautstarkem Gezeter verhindern. Bis dahin war er im Kreis der Grönenbacher Kinderschar, wenn er überhaupt auftauchte, ein Außenseiter gewesen. Später räumte Notker Wolf ein, dass sich das erst mit dem Eintritt in die Schule gebessert habe.

Er setzte sich schließlich durch und wurde eingeschult. Auf der Straße, dem Spielplatz der Kinder damals, trat Werner weiterhin kaum in Erscheinung. Wenn die Kinder doch nach ihm riefen: »Kommt der Werner runter zum Spielen?«, gab die Mutter viel zu oft die Auskunft: »Der Werner ist krank.« Und wer nicht präsent ist, wird schnell vergessen. Immer wieder, wissen Kameraden von damals zu berichten, musste Mutter Wolf eingreifen, um ihren von der Kindermeute ignorierten Jungen in das Spiel der anderen zu integrieren: »Lasst den Werner doch mitspielen«, soll sie ein ums andere Mal interveniert haben.

No sports

Im Allgäu fuhr jedes Kind Ski, quasi bevor es laufen konnte. Der große Hang am Schlossberg in Grönenbach war genau richtig für diese Bretter ohne Stahlkanten, mit Riemenbindung und zwei Metallbacken links und rechts. Wolfgang Höchenbergers Vater war Wagner von Beruf, und der konnte Skier bauen. Als er aus dem Krieg zurückkam und die väterliche Wagnerei übernahm, »war es selbstverständlich, dass das Christkind Skier brachte«. Ob Werner auch auf solchen Brettern gestanden hat, da scheiden sich die Geister. In der Grönenbacher Zeit kann sich keiner erinnern, ihn je auf Skiern gesehen zu haben. »Das hat er auch nicht mitgemacht. Schlitten vielleicht …« Bis zum Schuleintritt fehlte ihm vermutlich auch die Kraft.

Alle mal hinsetzen. Für die Buben gab es einen extra Fototermin (Werner, obere Reihe, 2. v. re.).

Notker Wolf will das so nicht stehen lassen. Er ist auch Ski gefahren, sagt er. »Ich bin am Schlossberg heruntergefahren und draußen auf dem Buckel gegenüber von Kiechle.«

Und an das Schlittenfahren kann er sich auch erinnern.

Wenn ich heute einen Schlitten sehe, träume ich noch von unseren Fahrten von der Kirche herab über die Kemptener Straße bis zur Ittelsburgerstraße. Unser Ehrgeiz war es immer, es bis zur Gärtnerei Neumaier zu bringen. Ich träume deshalb, weil wir unbesorgt über die Straßen fahren konnten. Es gab damals, nach dem Krieg, noch keine Autos, und die Kemptener Straße war sowieso noch nicht asphaltiert.

Dann sei er auch als Erzabt einige Male mit Schülern und Eltern an Fasching in das Skiwochenende gefahren.

Auch da war ich kein großer Fahrer, bin aber sehr wohl gefahren, habe es später aber als Risikosport aufgegeben, weil ich mir einen längeren Krankenhausaufenthalt wegen Beinbruchs nicht leisten konnte.

Schließlich merkt er noch an, dass das Skifahren in seiner Erinnerung mit einem mulmigen Gefühl im Magen verbunden war! Die Schulkameraden später in St. Ottilien bescheinigten ihm, dass er bei den Skifreizeiten tatsächlich dabei gewesen war und durchaus ›sein Bestes‹ gegeben habe. »Notker hat sich bemüht«, sagt Alexander alias Abt Dionys Lindenmaier, der selbst ›Ski-Schuss-Fahrer‹ war ab seinem fünften Lebensjahr. Er erinnert sich auch daran, dass »wir ihn manchmal geschimpft haben, wenn er beim Fußball daneben geschlagen hat«.

Im Gegensatz zu Werner hatte sich seine Mutter schnell mit den anderen Frauen angefreundet, und man unterstützte sich gegenseitig. Wolfgang Höchenbergers Verwandtschaft waren Allgäuer Bauern, das war in Kriegszeiten von Vorteil. Nach 1945, im beginnenden Butter- und Margarine-Zeitalter, blieben diese Kontakte erhalten. Geburtstage waren ein Anlass für solche Treffen ganzer Familien, »aber direkten Spielkontakt haben wir eigentlich wenig gehabt damals«, erinnert sich der Schulkamerad.

Ein Schulfreund in der Volksschule fällt Notker Wolf dann doch noch ein – auf Nachfrage. Mit Manfred Deufel hatte er die beste Aufnahmeprüfung an die Oberrealschule in Memmingen geschafft und mit ihm war er bis zum Wechsel nach St. Ottilien befreundet.

Der Vater

Ein Jahr drückte Werner bereits die Schulbank, als sich im Sommer 1947 sein Leben von heute auf morgen veränderte. Vater Josef kam aus Krieg und Gefangenschaft zurück. Mutter und Sohn hatten sich an diesem Abend schon in die Betten verkrochen, als unten im Haus Unruhe aufkam. Die ›Hausfrau‹ begann im Erdgeschoss zu rufen. Die Mutter wusste sofort: Der Vater ist da. Jahrelang hatten Werner und sie für seine Heimkehr gebetet. Die Haustür war Josef Wolf bereits geöffnet worden. Oben im Hausflur stand der siebenjährige Werner und sah den Unbekannten die Treppe heraufkommen. »Hast du mir eine Schokolade mitgebracht?« waren seine ersten Worte. Was der Vater geantwortet hat, ist leider nicht überliefert.

Bisher war Werners Leben von Frauen bestimmt gewesen, die Mutter, die ›Hausfrau‹ Kimmerle, die Lehrerin. Nun war dieser Fremde wiedergekommen, dessen heile Rückkehr Mutter und Sohn inbrünstig erhofft hatten. Aber da nahm ihm einer auch die mütterliche Aufmerksamkeit. Werner war darüber zunächst nicht unglücklich, denn endlich ließ die permanente Behütung etwas nach. Dennoch musste er teilen – die Räumlichkeiten, die Zuneigung, nur die Angst der Mutter um ihr krankes, schwaches Kind blieb weiter allgegenwärtig.

Mit dem Vater war auch ein Mann aus sieben Jahren Krieg und Gefangenschaft zurückgekommen. Da musste sich nicht nur eine Frau wieder an ihren Ehemann gewöhnen, ein Kind an seinen unbekannten Vater, da musste sich auch ein Mann an den Friedens-Alltag, an die Familie, an ein Leben in einem Dorf neu gewöhnen. Und es gab zunächst keine Arbeit. Gerhard Brendel erinnert sich:

Die Väter, die hatten nichts zu tun. Die beschäftigten sich selbst. Entweder sind sie in den Wald gegangen und haben Pilze und Holz gesammelt oder gegärtnert … Am Anfang standen sie auf dem Marktplatz rum und haben geredet. Erst lag man vor Kiew, dann vor Stalingrad, dann kam der nicht zurück und dem haben sie's Bein abgenommen. So Zeug haben die erzählt.

Helmut und Werner im schicken Outfit der 50er Jahre.

Auch Vater Josef war damals viel unterwegs, auch er war im Wald beim Holzsammeln und kümmerte sich um den Garten.

Josef Wolf war von Beruf Schneider. Das Schneiderhandwerk war gefragt in der Nachkriegszeit. Mit kleinen privaten Aufträgen konnte man das karge Auskommen etwas aufbessern. Allerdings war er nicht allein. Es gab viele heimgekehrte Schneider, sodass man seine Kundschaft pflegen musste und vor allem nichts an die große Glocke hängte.

> *Ich seh den Herrn Wolf nur rumspringen. Der lief so schnell am Haus vorbei. Man durfte ihn auch nicht fragen: Ist meine Jacke schon fertig? Weil es sozusagen ein Nebenerwerb war.*

Obwohl sich Gerhard Brendel nur noch konkret an Knickerbocker erinnern kann, angefertigt von Vater Wolf – »mit 14 gab's die ersten Knickerbocker« –, und darum in ihm einen reinen Herrenschneider vermutete, hat Josef Wolf auch den Damen die Konfektion wieder passend gemacht. Es war die Zeit, als die Frauen, weil es wieder Butter und Zucker gab, plötzlich unglaublich zulegten.

Konflikte zwischen Vater und Sohn verneinte Notker Wolf lange Zeit. Er erzählte von der heilen kleinen Familie. Es war einfach kein Thema, worüber er reden wollte. Irgendwann berichtete er von einer kräftigen Ohrfeige vom Vater. Wofür? Sie war der Abschluss immer wieder heftiger Auseinandersetzungen gewesen. Denn »er war ein Rivale«, gab er später zu.

Mit der Zeit veränderte sich die Sicht auf den Vater, weil Werner Zugang bekam zu diesem Mann, je älter er wurde. Auch, weil das ›schwache‹ Kind begann, flügge zu werden, und erste Abnabelungsschritte wagte, weg von der Mutter, die es immer noch wie eine Glucke behütete. Werner wollte diese permanente Beobachtung der Mutter, die es ja nur gut meinte und sich sorgte um ihn, abstreifen und fand im Vater einen Verbündeten. Josef Wolf hatte nämlich kein Bedürfnis, den Jungen zu kontrollieren, ihn zu behüten oder zu kritisieren. Das brachte Vater und Sohn einander näher. Vielleicht hat die Mutter darunter gelitten, denn sie begann bald beide zu überwachen und zu kontrollieren. Vater Josef hat es wohl hingenommen. Seine »unglaubliche Gelassenheit« war – und ist bis heute – dem Sohn ein großes Vorbild.

Als Josef Wolf wieder eine Anstellung erhielt in der Kleiderfabrik war er froh und dankbar, auch wenn die Arbeitsatmosphäre schwierig war für ihn. Auch das wirkte sich aus bis in die Familie hinein.

Traumatisiert

Große Sorge um die Kinder zeigten auch die anderen Mütter. Daran erinnern sich viele von Werners Altersgenossen in Grönenbach. Die Frauen hatten ihre Kinder oft allein durch die Kriegsjahre bringen müssen. Mutter Wolf war, aus besagten Gründen, aber noch viel mehr besorgt um ihren Sohn. Sie musste ihre Behütung sehr weit getrieben haben, denn »die Stimme seiner Mutter, die ihm sagt, was er, weil er ja so schwach ist, nicht machen darf, weil er ja krank ist, weil er auf seine Gesundheit achten muss«, lässt ihn nicht los. Entsprechend ungehalten reagiert Notker Wolf bis heute auf Vorwürfe, Ratschläge oder hartnäckiges Nachfragen. »Das versteht man so ohne Weiteres nicht, wie er da rausgeschossen kommt, wenn man nicht weiß, dass das die Stimme der Mutter ist, die an ihm ›rumzerrt‹.«

Leo Linder, dem Schriftsteller, erzählte Notker Wolf viele Jahre später von seiner Jugend in Grönenbach:

> *Durch ihre Überbehütung bin ich zweifelsohne etwas traumatisiert und fahre sofort die Krallen aus, wenn ich irgendetwas in dieser Richtung unbewusst wahrzunehmen meine.*

»Notker wollte raus«, erläutert Leo Linder. »Er hatte den unbewussten Drang: Weg von dieser Mutter, die ihn in einen Käfig, in einen wohlgemeinten Käfig sperrte! Keine Flucht, ich würde ›Ausbruch‹ dazu sagen.«

Notker Wolf vermied es lange, über Spannungen in der Familie zu reden. Aber man kann manches heraushören, wenn er davon spricht, dass auch eine Ehe »kein Zuckerschlecken« sei, dass auch seine Eltern schwierige Zeiten hatten und am Ende trotzdem einen Weg fanden, gemeinsam weiterzugehen. Zwölfeinhalb Jahre nach Werner und fünf Jahre nach der Rückkehr des Vaters aus dem Krieg kam Schwester Rita zur Welt. Zweieinhalb Jahre später verabschiedete sich Werner ins Missionsseminar St. Ottilien. Und er sagt immer wieder, dass er dort am Ammersee plötzlich gemerkt habe, wie glücklich er jetzt war, endlich dieser Bemutterung – und Kontrolle – entkommen zu sein.

Werner wird Priester

Die Nachkriegsgeneration war geprägt durch die Träume und Hoffnungen von Eltern, wie denen von Werner Wolf. Die meisten hatten, bedingt durch den Krieg, auf so vieles verzichten müssen. Nun sollten es ihre Kinder besser haben. All die Status- und Berufswünsche, die ihnen versagt waren, projizierten sie nun auf die Kinder. Aber nicht nur Vater und Mutter hatten Großes vor mit ihrem Nachwuchs. Auch die Wohltäter im Dorf förderten, oft mangels eigener, die braven und gescheiten Kinder der anderen. Menschen wie Fräulein Rauscher, die Volksschullehrerin, die Apotheker-Damen, der Studienrat, sie alle hatten eine Ahnung von den Türen, die sich mit einer besseren Bildung öffnen ließen.

Auf Werner hatten sie von Anfang an ein Auge geworfen. Alle erkannten bald seine Wissbegier, seine Intelligenz, seinen Lerneifer und sein Engagement in der Kirche. »Ich war sehr gern in der Liturgie …, war gern Messdiener.« Die Wohltäter im Dorf waren sich schnell einig, Werner Wolf wird Priester. Dieses Talent durfte nicht ungenutzt bleiben. Menschen wie die Volksschullehrerin stellten bereitwillig Zeit zur Verfügung, um den Jungen zu fördern. Also wurde Werner am Nachmittag mit noch mehr Wissen versorgt, während die anderen Kinder auf der Straße tobten oder in der Landwirtschaft mitarbeiten mussten.

Die Rolle, die der Grönenbacher Priester beim Werdegang Werner Wolfs spielte, darf nicht unterschätzt werden. Pfarrer Hartl war Ottilianer. Und er war ein strenger Vertreter seiner Kirche. Nach Kriegsende konnten in Bayern die Eltern schulpflichtiger Kinder wählen, ob sie diese auf die (katholische) ›Bekenntnisschule‹ oder die ›Gemeinschaftsschule‹ schicken wollten. Damit vermied man eine Vermischung der katholischen Einheimischen mit den oft evangelischen Flüchtlingen. Man versuchte es zumindest. Für diese Schule der reinen Lehre warb Pfarrer Hartl vehement mit extra Butterrationen und ›Care-Paketen‹.

Die Familie Wolf war »gut katholisch«, nicht übertrieben katholisch, und Werner war gern Ministrant. Aber offenbar fehlte ihm eine gewisse Pfiffigkeit. »Ich war immer der, der da war, wenn sonst keiner mehr da war.« Das machte sich auch der Priester zunutze und spannte Werner für alle möglichen Hilfsarbeiten in der Kirche ein. Es muss überhandgenommen haben, sodass die Mutter sich veranlasst sah, erneut einzugreifen – nun aber, um ihren Sohn davor zu bewahren, ausgenutzt zu werden.

»Christus braucht mich«

Ein kleines dünnes Heftchen ist der Grund dafür, dass Werner Wolf mit 14 Jahren in das Missionsseminar nach St. Ottilien wechselte. In diesem Heft war das kurze Leben eines Mannes beschrieben, der im 19. Jahrhundert versucht hatte, das Westliche und Östliche Ozeanien zu missionieren. Mit 34 Jahren war der Franzose Pierre Chanel in die Südsee gereist. Fünf Jahre später war er tot, erschlagen. Das Besondere an dieser Geschichte war, dass die Eingeborenen durch den Tod des Paters zum Christentum fanden. Von nachfolgenden Missionaren ließ sich der Stamm sogar taufen.

Die religiösen Bedürfnisse von Werner waren bis dahin bei der Marianischen Kongregation (MC), besser bei deren Schülervereinigung in Memmingen, aufgehoben gewesen. Ein Schulkamerad war dort Mitglied. Bei dieser Gruppe hätte Werner gern mitgemacht. Als

Einzelkind suchte er die Gemeinschaft. Also saß er während seiner Oberrealschulzeit jeden Donnerstag bereits um Viertel vor sechs Uhr im Bus nach Memmingen, um vor Unterrichtsbeginn an der Schülermesse der MC teilzunehmen, zuvor mit heißem Milchkaffee versorgt von der Großmutter des Schulkameraden.

Im Juni 1954 war nun der Maristenpater, Missionar und Märtyrer Pierre Chanel vom Papst heiliggesprochen worden. Darum stand seine Lebensgeschichte in diesem Heft der Katholischen Missionen (Ausgabe Juli/August 1954), das unter einem Stapel Krempel lag, den irgendwer auf dem Dachboden in der Kemptener Straße deponiert hatte. Beim Stöbern dort fiel es Werner in die Hände. Er las, er verschlang diese Geschichte. Er nahm das Heft an sich, legte es unter sein Kopfkissen und dachte nach. Alles war darin enthalten: ferne fremde Welten, Inseln im weiten Ozean, Abenteuer und sein Bedürfnis, sein Leben für diesen Jesus einsetzen zu wollen. Mit einem Mal hatten die Hoffnungen und Träume eines 14-Jährigen ein konkretes Ziel, weit weg von dem engen Dorf und der ihn behütenden Mutter.

Aus der Tatsache, dass Pierre Chanel die Früchte seiner Arbeit nicht erleben durfte, zog Werner den Schluss: »Wenn ich für Gott arbeite, brauche ich nie auf irdischen Erfolg zu schauen. Gott gibt ihn, aber auf seine Weise und zu seiner Zeit.« Außerdem entdeckte er etwas, das ihm offensichtlich sein bisheriges Leben in Grönenbach noch nicht geboten hatte. »Mir wurde durch diese Lektüre eines klar: Christus braucht dich. Das gibt deinem Leben einen Sinn, wie ich ihn anders nicht finden kann.« Das sagt der heutige Abtprimas, aber es waren wohl auch die Gedanken des 14-Jährigen.

Von dem Fund auf dem Dachboden und der daraus resultierenden Lebensentscheidung des Werner Wolf erfuhr keiner etwas in Grönenbach. Selbst der Wechsel in das Missionsseminar in St. Ottilien wenige Wochen später war kein Gesprächsthema für die Freunde. Nichts davon ist in deren Erinnerung hängen geblieben. Er war plötzlich einfach weg. Nur Wolfgang Höchenberger erlebte die Entscheidung aus der Distanz mit, denn Mutter Wolf erzählte Mutter Höchenberger von

Werners Absichten. »… ich bin aus allen Wolken gefallen, als uns die Mutter dann von seinem Vorhaben, in die Mission zu gehen, erzählt hat. Ja, und dann hat man es halt akzeptiert.« Denn Priesteramtskandidaten gab es mehrere im Dorf – das war nichts Aufregendes mehr.

Werner benötigte rund eine Woche, bis er sich überhaupt der Mutter anvertraute. Sie meinte, dass solch eine Weichenstellung mit dem Vater besprochen werden müsse. Der wiederum blieb seiner Linie treu und überließ die Entscheidung seinem Sohn. »Es ist deine Sache. Es ist dein Leben.« Missionar? Das ist kirchliches Hoheitsgebiet. Also wurde auch der Pfarrer ins Vertrauen gezogen. Der lenkte den so sonderbaren wie plötzlichen Wunsch eines 14-Jährigen ganz schnell in konkrete Bahnen. »Das ging ruckzuck. Der Pfarrer hat schlauerweise das Eisen geschmiedet, solange es heiß war«, erinnert sich Notker Wolf. Am 21. März 1955 nahm Pfarrer Johannes Hartl Werner mit zum Hochfest des heiligen Benedikt nach St. Ottilien. Das hat ihm gut gefallen, vom Schnitzel bis zu Prior Paulus. Einen Monat später, nach den Osterferien, wechselte Werner Wolf an das Missionsseminar, das Internatsgymnasium der Erzabtei der Missionsbenediktiner.

Die Wahrheit muss es schon sein

»Ich wollte kein Priester werden«, sagte Notker Wolf in einem Interview 2006. Bis zu jenem Moment, als der Missionar Pierre Chanel in sein Leben trat, hieß die vorläufige Lebensplanung des Werner Wolf: Lehrer.

> *Das war meine Alternative damals: Ich such mir 'ne Frau und hab dann eine Familie. Und dann würde ich halt Lehrer werden. Also, Weltpriester war nie die Alternative zum Kloster, wie die Leute das auch gemeint haben.*

Werner Wolf konnte schon von Jugend an den Lehrer in ihm nicht verstecken. Wolfgang Höchenbergers vier Jahre jüngere Schwester Heidi erinnert sich, dass Werner ihr und zwei Nachbarsmädchen beigebracht habe, wie man rückwärts spricht. »Also, so Sachen haben ihm besser gefallen, so etwas mit dem Kopf.« Mit dieser bald 70 Jahre zurückliegenden Geschichte konfrontiert, platzt es aus Notker Wolf heraus: »Gnagflow« – ›Wolfgang‹ rückwärts gesprochen.

Es war einfach nicht seine Welt, das Toben auf der Straße. »Wir hatten in den ersten beiden Klassen Fräulein Rauscher als Lehrerin«, erzählt Wolfgang Höchenberger weiter. »Zu der hatte er eine gute Verbindung. Er ist auch öfter mal nachmittags bei ihr erschienen – unterrichtshalber. Wär uns gar nie eingefallen, dass wir da hingehen.« ›Gärtnern‹ ließ sie ihn außerdem auch. Damit konnte er sein angelesenes Wissen über Pflanzen, Blumen und Kräuter umsetzen.

Außerhalb der Schule fand Werner schließlich auch zwei Freunde in Grönenbach, Helmut Steffan und Gerhard Brendel, zwei und drei Jahre jünger als er. Helmut Steffan war mit seiner Mutter ins Haus in der Kemptener Straße einquartiert worden, in ein Zimmer im ersten Stock, genau gegenüber der Wolf'schen Wohnung. Dennoch erinnert sich keiner an Kontakte vor der Schulzeit.

Die »Schwarze Hand« mit Werner, Gerhard und Helmut (v. li.).

Gerhard Brendel, ausgebombt aus Mannheim, war schnell integriert worden in die Kinderschar. Er wusste auch um die Spielregeln und dass es durchaus üblich war, ›höflich‹ zu fragen, ob man mitspielen darf. Werner wollte nicht fragen, also war er auch nicht dabei. Kein Raufbold sei er gewesen, kein Rädelsführer, »… eben etwas zurückhaltend«. »A feins Bieble«, »e braver Bua«, ein »keuscher Knabe«, sagten sie über ihn. Vielleicht traf es nicht ganz die Realität, aber dazu gehörte er auch nicht.

Fräulein Rauscher war auch Helmut bekannt. Die war ebenfalls seine Lehrerin gewesen in den ersten beiden Klassen. Helmuts erstes Zeugnis enthielt, so erinnert sich dieser, Noten und Beurteilungen, die nicht unbedingt schlecht waren. Werner, der auch einen Blick in das erste Zeugnis des Freundes werfen wollte, kam zu einer ganz anderen Einschätzung: »Da hättsch besser sein können und da. Hättsch dich bissel mehr ang'strengt.«

Helmut Steffan hat noch andere Erinnerungen an diese Kinder- und Jugendzeit in Grönenbach. Die Favoriten der Nachkriegsjahre hießen Bill Jenkins oder Tarzan. Ihre Geschichten fanden sich in sogenannten Groschenheftchen. Helmut liebte diese Hefte – Werner überhaupt nicht. »Der konnte nicht begreifen, dass man so etwas liest. Das machte man einfach nicht.« Werner brachte Helmut also kurzerhand eine Alternative: *Liliput, die fröhliche Jugendzeitschrift.* Das solle er doch besser lesen.

In Heft Nr. 5 von 1952 fand sich, neben Wissenswertem über den Kuckuck und den Maikäfer sowie der Anleitung zu »Wir bauen einen Liliput-Segler«, auch eine Erzählung: *Der Geheimbund.* Das war nun nicht die schlechteste Lektüre für Helmut, den großen Fan von Cowboys und Indianern. Und das war etwas zum Nachahmen. Ab sofort wollten Werner, Helmut und Gerhard »Ordnung schaffen in den Wäldern rund um Grönenbach«, wollten Frauen-Belästiger dingfest machen und nebenbei die örtliche Geschichte erforschen. Gerhard Brendel erinnert sich: »Werner, der mit seinem Altersvorsprung von drei Jahren für mich über alle Zweifel erhaben und sehr belesen war, hatte das Vorhaben ebenfalls für sinnvoll erachtet.« Den Namen des Geheimbundes steuerte Gerhard Brendel bei: Die Schwarze Hand.

Das Terrain der ›Schwarzen Hand‹ konzentrierte sich auf den Bereich zwischen Schlossberg und der Burgruine Rothenstein. Sie erforschten Höhlen und suchten nach Geheimgängen. Im Stil von Tarzan sollte eines Tages auch ein Bach überquert werden mit einer ›Liane‹, einer Waldrebe. Helmut und Gerhard gelang der Flug, Werner dagegen landete mitten im Bach. »So mussten wir den Rest des Nachmittags damit verbringen, auf das Trockenwerden seiner Kleider zu warten.« Zum Glück hatte das aber keine gesundheitlichen Folgen.

Der Respekt der beiden Jüngeren vor Werner war groß. »Das war vielleicht unsere Hauptattraktion, dass der Werner so viel wusste«, meint Gerhard Brendel. Aber »es war auch a bissel a Schand, dass der mit so'm jungen Bürschel wie mir da durch den Wald rennt und Räuberles spielt«. Damals spielte der Altersunterschied zwischen den Jungen keine Rolle. Werner war Gleicher unter Gleichen, erinnert sich Helmut Steffan. Er habe ihn nicht als Älteren empfunden.

Wenn Werner nachmittags zurück war aus Memmingen von der Oberrealschule und die Hausaufgaben hinter sich gebracht hatte, die die Mutter streng überwachte – und auch schon mal den Kochlöffel bereitlegte, um dem Ganzen Nachdruck zu verleihen –, dann streifte er mit den Freunden durchs Unterholz. Er hatte auch ganz besondere Fähigkeiten, konnte aus Holunderbeeren oder Erbsen und alten Uhrenfedern Pistolen herstellen. Im Fliegerfalten war er ebenfalls besser als jeder andere.

Zu den festen Eckwerten der Welt des Werner Wolf gehörte vor allem die Korrektheit. »Wenn wir etwas gemacht haben, was wir nicht hätten tun dürfen, dann hat er uns darauf hingewiesen …«, weiß Helmut Steffan bis heute. Und dass er »eben ein ernsthafter Mensch« war, bescheinigen sie ihm. Jugendstreiche suchte man bei Werner vergebens.

Im Gegenteil. An einem Sonntag standen die Lagerräume von Ofenbauer Weiser offen, und Helmut kam zufällig vorbei. Da lachte ihn ein Eimer Farbe an, »schöne rote Farbe und ein Pinsel«. Manche Jungs empfinden solche Zufälle wohl als reine Nötigung. »Am Ende war alles rot.« Helmut hatte ganze Arbeit geleistet, als Werner dazukam. »Er hat das gepetzt«, erzählte der Freund. Werner sei »noch am Sonntag« zum Ofenbauer gegangen und habe dem berichtet, was in dessen Werkstatt passiert war. Ausbaden musste es am Ende Helmuts Vater, der die Räumlichkeiten mit Verdünner wieder sauber machen durfte.

Immer wieder trat der ›Lehrer‹ in Notker Wolf in Erscheinung. Viele Jahre, Jahrzehnte später stand er – inzwischen Erzabt – an einem Samstag in einem nordkoreanischen Klassenzimmer. An die Tafel waren Chemieformeln geschrieben, eine Lehrerin unterrichtete die Schüler. Man wollte den ausländischen Gästen zeigen, wie eifrig die Kinder hier lernten, selbst an einem Samstag. »Das stimmt nicht, was da steht«, sagte Notker Wolf dem Mitbruder, der für ihn übersetzte. »Kannst du der Frau sagen, dass ich das verbessern kann?« Pater Sebastian blickte den Erzabt ziemlich verdutzt an. »Also Notker, wenn du das wirklich verbessern kannst …« Sebastian hatte keine Ahnung von Chemie, aber größte Bedenken, dass die Kenntnisse von Abt Notker mehr als marginaler Natur waren und er sich dann blamieren könnte. »Mach dir keine Sorgen. Ich kenn mich da aus.« Sprachs, ging – nachdem die Lehrerin gefragt worden war – an die Tafel, begann mehrere Zeichen zu entfernen, malte andere hinzu und »… dann stand etwas ganz anderes da.« Natürlich bedankte sich die Lehrerin höflich. Alles andere wäre nach asiatischen Vorstellungen nicht akzeptabel gewesen.

Bis heute sind Genauigkeit und Wahrheit feste Werte für Notker Wolf. Auch wenn inzwischen einige über ihn sagen, er könne fünfe gerade sein lassen. Kritik berührt ihn dagegen weniger. So war das auch mit der ›Mega-Ente‹ der Süddeutschen Zeitung (SZ) während des Ökumenischen Kirchentages 2010 in München. Am Marienhof hinter dem Rathaus gaben am Donnerstagabend Abtprimas Notker Wolf und die Band *Feedback* ein Konzert – im strömenden Regen.

Aber immerhin, um die tausend Zuhörer waren gekommen und standen sich im nassen Gras unter Regenschirmen die Beine in den Bauch. Die Zeitung berichtete zwei Tage später lapidar, dass der Abt mit seiner Band in eine nahe Kirche umquartiert worden sei und vor 3000 Fans gerockt habe – bei »mäßiger« Stimmung.

Was für ein Unsinn! Die Vermutung lag nahe, dass der Schreiber nicht beim Konzert gewesen war. Notker Wolf war sauer, stinksauer. »Das stimmt ja hinten und vorne nicht.« Darum erhielt die Süddeutsche kurz darauf elektronische Post aus Rom. Darin beklagte sich der Abtprimas über diese absolut falsche Schilderung der Veranstaltung. »Mit so etwas verliere ich meinen Glauben an die Genauigkeit, ja an die Ehrlichkeit der Presse.« Hinweise auf die besondere Situation des Kirchentages, auf vielleicht überforderte Presseleute, auf Stress in den Redaktionen in diesen Tagen ließ er nicht gelten. Für Notker Wolf war das eine »Unwahrheit«, die er einfach nicht stehen lassen konnte.

Notker Wolfs ›Heimaten‹

Das Verhältnis des Werner / Notker Wolf zu seinem Heimatort Grönenbach ist gekennzeichnet durch ein ständiges Gehen und Kommen. Der erste Abschied fand Ostern 1955 statt. Da wechselte Werner die Schule zum zweiten Mal, tauschte die Oberrealschule in Memmingen gegen das Missionsseminar in St. Ottilien.

Wer damals von Grönenbach im Allgäu nach St. Ottilien am Ammersee wollte, ohne Auto, der musste zunächst rund drei Kilometer mit dem Bus zum Bahnhof fahren. Die Familie Wolf hatte kein Auto. Das Fahrrad, mit dem Vater Wolf später jeden Tag zur Arbeit fuhr, wurde auch nur von ihm genutzt. Werner, so erinnert der sich heute, kam erst sehr spät zu einem Fahrrad.

In einem seiner Bücher schreibt Notker Wolf, er sei, den Koffer schleppend, allein und zu Fuß zu besagtem Grönenbacher Bahnhof gelaufen – mit knapp 15 Jahren. »Ich war überglücklich … Weg von zu Hause! Nicht mehr unter der Aufsicht der Mutter, die mich nach Strich und Faden verwöhnt hatte! Endlich unter Gleichgesinnten …« Der Weg an den Ammersee wurde so zum ersten Schritt in eine neue Freiheit. Werner Wolf nahm weder den schweren Koffer noch den langen, beschwerlichen Weg wahr.

Natürlich kam Werner in den folgenden sechs Jahren seiner Schulzeit immer wieder zurück nach Grönenbach, allerdings nur zu Weihnachten, Ostern oder in den Sommerferien. Die Eltern waren inzwischen aus den zwei Zimmern in eine größere Wohnung gezogen. Werner hatte sogar eigene vier Wände unterm Dach. Kurz vor Ostern 1957 tauchte er dann zu einem besonderen Ereignis in Grönenbach auf. Der (evangelische) Jugendfreund Gerhard wurde konfirmiert. Die Fotos von damals zeigen den drei Jahre älteren Werner im Kreis der 12- bis 14-Jährigen. »Das war Umgang«, sagt Gerhard Brendel heute. Da hat es einer aus dem kleinbürgerlichen Milieu geschafft, aus der Armut aufzusteigen. Werner hatte ganz klar Vorbildcharakter für die jüngeren Freunde. An das Geschenk zu seiner Konfirmation erinnert sich Gerhard Brendel ebenfalls: Ein Reiseetui hatte ihm Mutter Wolf überreicht, mit Rasierpinsel und Seifenschale aus Bakalit. »Das war etwas Exquisites.«

Ein größerer Abschied folgte 1961, als Werner nach dem bestandenen Abitur die endgültige Entscheidung fürs Kloster traf. Bisher hatten die Eltern das Schulgeld aufgebracht, das zwischen 150 und 200 Mark im Monat betragen hatte. Diese Ausgaben würden nun wegfallen, aber jetzt verlor die Familie einen zukünftigen Mitverdiener. Zunächst jedoch gab es aktuelle Kosten. Eine neue Grundausstattung war nötig für den jungen Mann. Das praktische Denken von Mutter Wolf, das sie bereits in den Kriegstagen unter Beweis gestellt hatte, zeigte sich erneut. Im Freundes- und Bekanntenkreis in Grönenbach ging sie sammeln, erbat einen Obolus in Form eines Geldbetrages für den neuen Lebensweg, den Klostereintritt ihres Sohnes. Das sei so üblich, habe sie den ›Evangelischen‹ erklärt.

Nach einem üppigen Lieblingsessen zum Abschied war Werner Wolf dann endgültig aus Grönenbach abgereist.

> *Da stand ich nun mit meinen zwei Koffern und erwartete in Hochstimmung den Zug, der mich nach St. Ottilien bringen sollte. Dies war nun wirklich ein Aufbruch. Ein Aufbruch in ein neues Leben …*

An dessen Anfang stand das Noviziat, das ihn für ein ganzes Jahr ›verschluckte‹ – sieben Jahre lang kein Heimaturlaub – und aus Werner Wolf ›Notker‹ machte. Dennoch war die Ferne eine relative, denn der große Abschied in die weite Welt, von dem Werner jahrelang geträumt hatte, blieb ihm vorerst versagt. Natürlich besuchte er die Eltern immer wieder, die kleine Schwester. Aber das waren höchstens Stunden, an deren Ende die Mutter sich jedes Mal beklagte, dass er für alle Zeit habe, nur nicht für sie.

Zur Primiz, der ersten Messe als geweihter Priester, kam Notker – inzwischen also ›Pater‹ – 1968 wieder in seine alte Heimatstadt Grönenbach. Da war nicht nur die ganze Gemeinde auf den Beinen, es kamen auch die einstigen Weggefährten, die inzwischen längst in alle Himmelsrichtungen verstreut waren. Am Abend zuvor hatten sie ihn in Zell, einem Ortsteil von Grönenbach, mit einem Autokorso abgeholt. »Da ist er die ganzen Autos abgelaufen und hat jeden einzeln begrüßt. Und auf dem Marktplatz hat er dann eine Ansprache gehalten«, erinnert sich Jugendfreund Helmut Steffan. Am nächsten Tag war in der freien Natur am Waldrand eine Bühne aufgebaut, samt Altar. Es ging nicht anders. Diese Massen hätten in keine Kirche, in keinen Saal in Grönenbach gepasst.

Irgendwann an diesem Tag hatte es Helmut geschafft, mit Notker kurz allein zu reden. »Irgendwo da oben, Richtung Ziegelberg«, hatten sie sich auf einen Stein gesetzt. »Wenn ich mal heirate, dann kommst du«, bat Helmut den Jungpriester. Natürlich wolle er kommen und den Freund dann auch trauen. »Aber du musst mir's Geld schicken für die Fahrkarte, weil – ich hab kein Geld.«

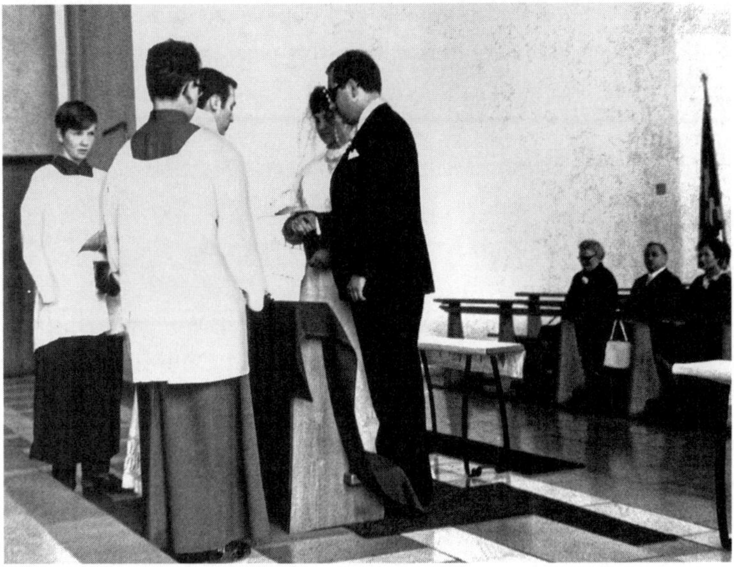

Der Freund hat ihm wohl das Geld geschickt, damit der Jungpriester Notker (3. v. li.) Helmut und Katharina trauen konnte.

Nehmerqualitäten

Ein Mönch hat eben nie Geld und wird immer auf die Unterstützung der anderen angewiesen sein. Das wurde den geladenen Gästen beim großen Festessen im Anschluss an die Messe auch gleich vermittelt. Im Gasthaus zur Post war für Verwandte und Freunde von Pater Notker eingedeckt. Neben jeden Teller, daran erinnert sich Helmut Steffan genau, hatte Mutter Wolf einen Umschlag für eine Geldspende platzieren lassen. Zunächst galt es, das Festessen zu finanzieren. Dann ist es im Bayerischen eben Brauch, dass bei Kommunion, Firmung, Hochzeit und ähnlichen Festivitäten gesammelt und die Großzügigkeit der Gäste in klare Bahnen gelenkt wird.

Notker Wolf hat diese ›Nehmerqualitäten‹ seiner Mutter bis heute vorbehaltlos adaptiert. Sowohl als Erzabt wie inzwischen als Abtprimas beherrscht er die Übung, jede Art von Spenden in Empfang zu nehmen – schnell und ohne mit der Wimper zu zucken. Natürlich dankt er allen Spendern persönlich – oft per Mail und nicht selten mitten in der Nacht.

Ich bin letzte Nacht, nachdem ich mich zwei Stunden hingelegt hatte, nochmals aufgestanden, um mich für eine Spende für Sant'Anselmo zu bedanken, weil ich Angst hatte, ich könnte es vergessen.

Die »großen Taschen in der weiten Kutte« kennt Wolfgang Höchenberger auch. Er ist stolz darauf, dem Kloster St. Ottilien immer wieder Unterstützung zukommen zu lassen. Solange der Erzabt Notker Wolf hieß, bekam die Zuwendungen eben ›der Werner‹.

Es ist gleich, was man ihm gibt. Das kann eine Flasche Wein sein. Das sieht man nicht, das verschwindet und ist weg. Oder Geldbeträge – zack. Innerhalb einer Sekunde ist das weg.

Klassentreffen in Rom. Notker Wolfs Grundschulklasse besucht den berühmten Mitschüler immer wieder gern.

Das wollen die meisten Spender auch so, bemerkt dazu der Abtprimas. Der Dank müsse nicht immer in aller Öffentlichkeit geschehen.

Klassentreffen, Konzerte, Vorträge, Hochzeiten, Taufen – wann immer er es einrichten kann, stand und steht der Ordensmann für Termine in seiner Heimatstadt zur Verfügung. Schon zweimal hat sich der Abtprimas auch in der Diskothek Arena in der Marktgemeinde sehen lassen, jeweils zu einem Gastspiel mit der Band *Feedback*. Nach seinem letzten Auftritt im September 2007 schwärmte er selbst: »Es war ein echtes Heimspiel.«

Der Ehrenbürger

Der Gemeinderat von Bad Grönenbach hat dem Abtprimas 2010 darum die Ehrenbürgerwürde verliehen. Die Begründung, die Bürgermeister Bernhard Kerler bei einem Festakt in den voll besetzten Räumen eines Autohauses gab – es ist immer eine Frage der Kapazität: In welche Räume passen die Massen? –, gipfelte in dem Satz: »… dass Sie in allem, was Sie tun, einer von uns, ein Bad Grönenbacher, geblieben sind.« Notker Wolfs schriftstellerisches Wirken, »wo Sie sich in bewundernswert klaren und verständlichen Worten mit den Themen unserer Zeit auseinandersetzen«, wie auch sein »vielfältiges musikalisches Wirken, von der Klassik bis zur Moderne« waren dem Rat Gründe genug, »wohlüberlegt« eine solche Ehrung auszusprechen.

Aber so eine Ehrenbürgerwürde hat – außer der Ehre – keine Dotierung. Also überreichte der Bürgermeister dem Abtprimas die Eintrittsgelder zum Festakt samt gesparter Kosten für die Erstellung der Ehrenurkunde – die hat eine ehemalige Klassenkameradin unentgeltlich angefertigt – für die Renovierung der Hochschule Sant'Anselmo. Und eben weil ›der Werner‹ so geblieben ist, wie er schon immer war, und von frühester Kindheit an von und mit allen möglichen Zuwendungen gelebt hat, nahm er Ehre und Geld gleichermaßen freudig an. Und damit alle, die noch weiter spenden wollten, ihr Scherflein an den Mann bringen konnten, verwies Bürgermeister Kerler schließlich noch auf die beiden Spendenkörbchen am Ausgang. »Was dort am Ende des Abends drinliegt, werden wir Ihnen dann gern auch noch mitgeben.«

Für Notker Wolf ist es ebenfalls ein Privileg, »ein Grönenbacher zu sein«. Er beweist das gern, indem er hin und wieder in Allgäuer Dialekt spricht. Als Schirmherr beim Gautrachtenfest war sein Grußwort im Festzelt dann auch nur für die Einheimischen verständlich. Selbst bei der kurzen Ansprache in der Messe am Sonntagmorgen traf er die Grönenbacher mitten ins dialektale Herz: »Iatzt, wo mir Allgaier untereis send …«

»Notker, wo ist eigentlich deine Heimat, wo ist dein Zuhause?« Diese Frage stellen ihm viele, die den durch die Welt jettenden Mönch erleben, die ihn erzählen hören von seinen Reisen durch die Zeitzonen und von seiner Schaffenskraft auf Langstreckenflügen in der Businessclass. Umso erstaunter sind dann viele, wenn sie erfahren, dass der Abtprimas sich problemlos in Gedanken aus den Sitzplatzreihen ins Chorgestühl versetzen kann. »Wenn ich mich im Flieger angeschnallt habe und mit diesen alten Gebeten und Psalmen beginne, die jeden Tag überall jeweils gleich gebetet werden, dann bin ich zu Hause.«

Für jedes Mitglied des Ordo Sancti Benedicti (OSB) ist die Frage nach der Heimat zudem einfach zu beantworten, denn man tritt nicht in ›den‹ Orden ein, sondern immer in ein bestimmtes Kloster. Somit hat sich Notker Wolf 1965 auf die Erzabtei St. Ottilien festgelegt. Aber natürlich gibt es noch Bad Grönenbach oder Sant'Anselmo auf dem römischen Aventin. Legt man jedoch die Zeit zugrunde, die der Abtprimas inzwischen an den einzelnen Orten verbringt, dann haben die Lounges in den Flughäfen die größte Chance, zu seiner Heimat erklärt zu werden.

»Au kloine Krotta hand a Gift«

Zu den vielen Gelegenheiten, die Notker Wolf nutzte, seine Allgäuer Heimat zu besuchen, gehörte bis 2011 in jedem Juli die Firmung in der Stiftskirche St. Phillippus und Jakobus. Wenn der Abtprimas dann die Firmkinder vor sich sah – oder die Firmpaten dahinter –, dann erkannte er so manchen alten Weggefährten oder entdeckte bekannte Gesichtszüge noch in der übernächsten Generation. 2010 hatten die drei Jugendfreunde diesen Termin zum Anlass genommen, um endlich das schon seit Jahren anvisierte Treffen der Mitglieder des Geheimbundes ›Schwarze Hand‹ in die Tat umzusetzen. Die Planung unterschied sich allerdings am Ende sehr stark von den Realitäten. Schon der Flieger aus Rom hatte Verspätung, und ›der Werner‹ hatte ganz andere Vorstellungen von diesem Wochenende.

> *Ich werde am Nachmittag auch zwei Taufen halten. Am nächsten Vormittag hab ich Firmung, am Nachmittag in St. Ottilien eine Hochzeit. Danach treffe ich noch jemanden in München und fliege danach gleich zurück nach Rom.*

Die Jugendfreunde nahmen, was noch an Zeit übrig war. Nach einer kurzen Wanderung durch ihr einstiges ›Jagdrevier‹ und den beiden Taufen blieb am Samstag nur ein gemeinsames Abendessen. »Abends ist er uns am Tisch dann eingeschlafen«, bilanzierte Helmut Steffan dieses Treffen nach Jahrzehnten. Die Freunde fühlten sich enttäuscht, aber auch bestätigt: »Er kommt mir manchmal vor wie ein Getriebener.«

Notker Wolf gewichtet das etwas anders: »Es war ein Wochenende voll Erinnerungen. Jetzt wird es Zeit, dass ich wieder nach vorn schaue.« Trotzdem wollte man sich an gleicher Stelle und zur gleichen Zeit in den kommenden Jahren wieder treffen.

Ende Juni 2012 erreichte Notker Wolf ein Schreiben aus Augsburg. Das Bistum und sein neuer Bischof Konrad Zdarsa hätten eine »Neuregelung der Firmspendung beschlossen«. »Die Änderungen bei der Firmspendung dienen dazu, den Verwaltungsaufwand für das Sekretariat des Bischofs sowie die Dekanate zu vereinfachen«, weil sich die Firmplanung teilweise verselbstständigt habe. In Zukunft werde es nur noch einen Firmspender pro Dekanat geben, der jährlich wechseln solle. Die ›ausländischen Bischöfe‹ würden bei dieser Neuregelung grundsätzlich nicht berücksichtigt. Auf gut Deutsch hieß das, der Abtprimas wird in Zukunft keine Firmung mehr in Bad Grönenbach vornehmen können. Denn er zählte zum einen zu den ›ausländischen‹ und dann firme er ja nur in Bad Grönenbach, nicht im ganzen Dekanat. 30 Jahre Tradition wurden damit begraben.

Noch einmal »Schwarze Hand« – 2010 und knapp 60 Jahre später: Gerhard Brendel, Notker Wolf und Helmut Steffan (v. li.).

Die Entrüstung über diese Entscheidung galt neben dieser unsensiblen Neuregelung besonders der sie begleitenden Begründung. Der Domvikar schrieb, dass es doch genügend andere Gelegenheiten gebe für Notker Wolf, die Pfarrei seiner Heimatgemeinde zu besuchen. Der Abtprimas sah allerdings in irgendwelchen Gemeindefesten keinen Anlass, aus Rom anzureisen.

Bürgermeister Kerler war auch entsetzt. Der Ehrenbürger von Bad Grönenbach werde quasi daran gehindert, die Firmung vorzunehmen. Das wollte er so nicht stehen lassen. Er intervenierte in Augsburg, auch wenn er wusste, dass die Aussicht auf Erfolg gering war, aber »au kloine Krotta hand a Gift«.

Das Bistum drehte den Spieß um. Der Gemeinde gehe es wohl nur um die Person Notker Wolf, war die Antwort aus Augsburg. Darum sei ein Wechsel der Firmspender umso wichtiger, »... da aus kirchlicher Sicht das Sakrament der Firmung im Mittelpunkt stehen muss und nicht eine wenn auch noch so herausragende Persönlichkeit«. Außerdem hab sich die Gemeinde Bad Grönenbach nicht in innerkirchliche Angelegenheiten einzumischen. Der Gemeindepfarrer, der mit dieser Neuregelung wenn auch nicht unbedingt einverstanden war, klinkte sich schnell aus dem Disput aus.

Notker Wolf war lange wütend, aber was sollte er tun? Den Äbten der Abteien Scheyern, Andechs und St. Stefan (Augsburg) war es ähnlich ergangen. Die waren allerdings nicht zu ›Ausländern‹ geworden, aber ebenfalls nicht mehr erwünscht als Firmspender.

Damit war dann auch das jährliche Treffen der alten Freunde ad acta gelegt – zumindest am Firmungs-Sonntag in Bad Grönenbach.

DER MENSCH

Kleine Freiheiten

Jeder Mensch hat Gewohnheiten, hat Ecken und Kanten, die ihn charakterisieren, die Teil seines Ichs sind. Die kann man mögen oder ablehnen – sie machen den anderen aus. Auch, wenn sie manchmal gar nicht passen wollen zu dem Bild, das man sich von dem Gegenüber macht. Erst recht bei Notker Wolf, wenn man nur den Mönch und nicht den Menschen sieht. Da erntete er schon einmal irritierte Blicke von seinen Bewunderern – und von den Kritikern erst recht, wenn sein Verhalten nicht zum Image vom kargen Mönchtum passt, wenn keine strikte Enthaltsamkeit und Verzicht praktiziert werden.

Zu diesen ›Irritationen‹ zählte seine Angewohnheit, hin und wieder zum Gin Tonic zu greifen. Dabei war dieses Getränk meist Mittel zum Zweck. Bei Notker Wolfs Gewaltmärschen durch die Zeitzonen verliert der Körper gelegentlich den Überblick. Er ist hellwach, aber draußen ist es tiefe Nacht. Also werden Körper (und Geist) gezwungen, ein Nickerchen zu machen – mit ein bis zwei Gin Tonic. Diese ›Rituale‹ fanden meist in Flugzeugen statt oder wenn mit Jetlag in den Knochen noch ein Termin anstand und er wieder in den Zeitrhythmus kommen musste. Als die siebzig Jahre voll waren, kam Notker Wolf zu dem Schluss, dass man sich manchmal nicht mehr alles gönnen sollte. Gin Tonic – so sagt er – ist seitdem gestrichen.

Dieser Selbstbeschränkung unterwirft er sich inzwischen auch bei der Nahrungsaufnahme, indem er sich nur noch kleinere Portionen erlaubt. Er könne nicht mehr so viel essen wie früher. Er begründet dies damit, dass es ihm einfach gut gehe, wenn er »vor der Sättigung« die Gabel beiseitelege, »auch wenn es mir noch so schmeckt und ich gern einfach weiteressen würde«. Der Grund für diese Daueraskese: »Sonst wär ich kugelrund.« Natürlich gibt es Speisen, die ihn vergessen lassen, was er über Zunehmen und Bauchansatz so sagt. Wiener Würstchen, zum Beispiel, oder frische Brezen oder Fleischpflanzerl mit Senf oder … Mit Wiener kann man ihm übrigens wirklich eine große Freude machen. Alles andere, was sich sonst noch in Geschenktüten und -körben befindet, weist er oft zurück: »Ich brauche doch nichts – aber die Wiener nehm ich.«

Notker Wolf mit Pfeife will heißen: Nun macht er Pause (2013).

Der Abtprimas ist bekennender Pfeifenraucher, und die, die wissen, welche Geschmacksrichtung er bevorzugt, schenken ihm gelegentlich ein Döschen Tabak. Angefangen hat er damit Ende der 1960er-Jahre, als er in München neben dem Studium den Einstieg in die Dissertation hinbekommen musste. Eigentlich war den Jung-Mönchen damals das Rauchen nicht erlaubt. Aber es gab viele Mitbrüder, die Krieg und Gefangenschaft hinter sich hatten und denen man diese ›Freiheit‹ nicht beschneiden wollte. Darum wurde allen Patres das Rauchen gestattet. Doch für Menschen, die Blasinstrumente spielen, eignet sich nicht jede Mischung, denn der Tabak »muss ja beim Flötisten in der Pfeife brennen, nicht auf der Zunge«.

Als Notker Wolf bei seinem Flötenlehrer Professor Walter Theurer an der Wand die Pfeifensammlung entdeckte, wollte er sich sogleich dessen Erfahrung in Sachen blauer Dunst zunutze machen: »Welchen Tabak rauchen Sie?« Der empfahl klassisch-englische Mischungen, denen der Benediktiner bis heute treu geblieben ist. Und weil es bei Notker Wolf nur selten Feierabend wird, heißt der Tabak auch situationskonform *Early morning*.

Inzwischen sind Flugzeuge und Züge, Restaurants, Taxen und öffentliche Räume zu rauchfreien Zonen erklärt worden. Besonders auch die US-amerikanischen Klöster frönen der sauberen Luft. Notker Wolf akzeptiert es, kann dem Ganzen aber überhaupt nichts abgewinnen. Er verbindet mit seiner Pfeife nämlich »ein Stück Gemütlichkeit«. Er meint, dass vom Besucher, wenn er ihn pfeiferauchend in seinem Büro empfängt, »alle Angst oder eventuell auch Aggression abfällt«. Darum muss man damit leben, dass Unterlagen und Bücher, die sein Büro wieder verlassen, wochenlang den ›Duft‹ seines Tabaks abgeben.

Irgendwann kam auch Notker Wolf der Gedanke, den ›Kocher‹ an den Nagel zu hängen. Die viele, nikotinfreie Zeit im Flieger, die etwas pikierten Blicke der nichtrauchenden Äbte, Mitbrüder, Besucher – er wollte schon. Allein, der Wille hat nie einen Weg gefunden, es tatsächlich auch zu tun. Außerdem fehlte am Ende die Motivation, wenn man Pfeife rauchen mit einer Atmosphäre der Entspannung und Gemütlichkeit gleichsetzt. Auch ›sein‹ Auto, mit dem er über Jahrzehnte durch italienische Lande gekurvt war, roch »so wunderbar« nach Tabakrauch. Nun ist eine Pfeife beim Autofahren ungeeignet. Darum wird er ihr hin und wieder untreu und greift zu einer ›Antico Toscano‹, in früheren Jahren etwas kürzer und ›Toscani‹ genannt.

Ehre, wem Ehre gebührt

Die Krönung seines Pfeifenraucher-Lebens wurde Notker Wolf am 30.11.2012 zuteil. Da ernannte man ihn in München zum ›Pfeifenraucher des Jahres 2012‹. Neben einer Urkunde, einer Karikatur und einer neuen Pfeife gefiel ihm besonders die Laudatio von Sigmund Gottlieb, Chefredakteur beim Bayerischen Rundfunk. Der nannte ihn einen »Menschenfreund« und einen »begnadeten Kommunikator – mit oder ohne Pfeife«, einen »Global Player, einen Global Prayer«, einen »Unruhestifter« und einen »wilden Hund« – eben der »Mensch Notker«.

Die Pfeifenraucher-Lobby, vertreten durch Patrick Engels (re.). Der Vorsitzende des Tabak Forums, ernannte den Abtprimas zum Pfeifenraucher des Jahres 2012. Die Laudatio hielt BR-Chefredakteur Sigmund Gottlieb.

Ja, es gab Kritik an dieser Auszeichnung für Notker Wolfs anhaltende Lust auf Nikotin. Aber er zwingt keinen, bei ihm zu bleiben, wenn er eine Pfeifenpause einlegt. Auf die Idee mit den Ehrungen und Auszeichnungen sind vor der Pfeifenraucher-Lobby schon viele andere gekommen. Denn der Benediktiner ist ein hochdekorierter Mann. Auch, wenn man nicht immer unterscheiden konnte, ob das Ganze dem Menschen oder dem Abtprimas gilt. Der Bundespräsident, also der Staat, verlieh Notker Wolf 2007 das Große Verdienstkreuz und machte ihn damit – international gesehen – zu einem ›Kommandeur‹. Danach griffen vor allem die Liberalen zu und ehrten den Benediktinermönch für seine »Beiträge zur Weiterentwicklung der freiheitlichen Gesellschaftsordnung« oder weil er sich »in besonderer Weise um den Liberalismus und den Wert der Freiheit verdient gemacht« habe. Dafür gab's 2007 den Wolfram-Engel-Preis der Stiftung Marktwirtschaft, inklusive 15 000 Euro Preisgeld, und zwei Jahre später die Reinhold-Maier-Medaille aus Baden-Württemberg. Da der Abtprimas sich dann doch nicht so ganz vereinnahmen ließ von der parteipolitischen Propaganda, lockerte sich die Umarmung der Liberalen wieder etwas. Sein Verkaufsschlager mit den ›ketzerischen Gedanken‹ brachte Notker Wolf aber weitere Ehrungen ein, wie 2007 den ›Poetentaler‹. Die Literaturvereinigung ›Münchner Turmschreiber‹ ehrt damit »Autoren, Schauspieler, Kabarettisten, Sänger und Gesangs- und Musikgruppen, aber auch Politiker und Förderer« der bayerischen Kulturszene.

Die Politik ließ dennoch nicht locker. Die Ludwig-Erhard-Medaille für »Verdienste um den Bestand und die Fortentwicklung der sozialen Marktwirtschaft« kam 2010 hinzu. Eine Nummer kleiner und noch ganz neu war der Europa-Preis ›Eumérite‹, den die Firma Magnet-Schultz in Memmingen 2010 dem Benediktiner verlieh, samt 10 000 Euro Preisgeld. Allerdings ließ dessen Terminkalender die Übergabe erst ein Jahr später zu. Letzter Preisträger in einer langen Reihe wurde Notker Wolf im gleichen Jahr in Mönchengladbach. Der ›Benediktinerpreis‹, dotiert mit 5 000 Euro, für »tatkräftiges Handeln oder durch herausragendes Wirken auf den Gebieten der Forschung, der Kunst oder der Wissenschaft« wurde danach eingestellt – und erst 2014 wiederbelebt, Preisträger war nun Jean-Claude Juncker.

Natürlich hat sich Notker Wolf über all diese Auszeichnungen gefreut – vor allem über das Große Bundesverdienstkreuz –, obwohl ihm die Außenwirkung der einzelnen Preise nicht wirklich wichtig ist, sagt er.

Auch die eigenen Leute besitzen Möglichkeiten, ihrem obersten Repräsentanten eine Freude zu bereiten in Form von Ehrungen. Die Universität von Collegeville, Minnesota, überreichte ihm den ›Pax Christi Award‹, ihre höchste Auszeichnung. Das Saint Anselm College, New Hampshire, verlieh ihm die Ehrendoktorwürde ihrer Juristischen Fakultät, und das Saint Vincent College ehrte ihn mit dem Dr. h.c. in Literaturwissenschaften. Aber die Ehrenbürgerwürde seiner Heimatgemeinde Bad Grönenbach ist ihm halt noch näher am Herzen (siehe: Notker Wolfs ›Heimate‹).

Attraktive Dankeschön vergeben Fluggesellschaften an ihre Vielflieger. Darum wurde auch der Abtprimas zu solch einem Event geladen, von dem normale Fluggäste nur träumen können. Um im Flugsimulator des A380 zu sitzen und die Maschine virtuell selbst zu fliegen – dafür war sogar er noch früher als sonst aufgestanden. Von Stuttgart nach Frankfurt durfte er den Vogel lenken. Er kam nur ein bisschen von der Piste ab beim Start und erklomm etwas zu rasant die Wolken, aber sonst war es »ein erfrischendes Erlebnis«. Wirklich neu daran war für ihn nur der Riesenvogel. Denn schon Jahre zuvor hatte ihn die Fluggesellschaft Swiss »zum Mitflug im Cockpit« eingeladen. Nur hatte er da nicht richtig hingehört. Am Ende saß er auch damals im Simulator.

Notker Wolf und der Humor

Wenn er dann wirklich in der Luft ist und die Flüge länger dauern, der Kurzschlaf erledigt ist und sich seine Lust in Grenzen hält, an

Korrespondenz oder Vortrags- und Buchmanuskripten zu arbeiten, widmet sich der Abtprimas gerne der Musik. Für die Ohren hat er eine ganze Sammlung auf seinem Laptop abgespeichert. Und für die Hände, da hat er Querflöte und E-Gitarre im Handgepäck. Wie sonst sollte man sie transportieren? Nun ist die Flöte in Flugzeugkabinen nur bedingt erträglich, aber die E-Gitarre …? Da nutzt Notker Wolf schon mal die Platz-Fülle in der Businessklasse und übt ein bisschen auf seinem Instrument. Einmal hatte ihn ein Nachbar gebeten, er möge das Üben doch auf später verlegen. Notker Wolf antwortete ihm nur trocken: »Seien Sie froh, dass ich meinen Verstärker nicht dabeihabe.«

Manchmal sieht man ihn nicht, aber man hört ihn – lachen, wie bei seiner Geburtstagsfeier 2010.

Diese Art Antworten sind ein untrügliches Zeichen dafür, dass sich sein Gegenüber auf ein verbales Minenfeld begeben hat. »In solchen Situationen kann ich mich nicht mehr halten.« Auch die Insignien kirchlicher Macht rufen bei Notker Wolf derartige Reaktionen hervor. »Die Mitra ist das Löschhorn der Wissenschaft«, ist einer seiner Kommentare dazu. Auch pompöse Messen sind ihm ein Graus. Als er bei der Jahresversammlung der Indian Sri Lankan Benedictine Federation vom Ortsbischof gebeten wurde, die Messe zu feiern – so richtig mit Mitra und Stab – da konnte er sich nicht zurückhalten: »Ich mag das nicht. Wir sind doch nicht im Karneval!«

Derartige Äußerlichkeiten benötigt der Benediktiner nicht. Statt sein freundliches Grüß Gott zu erwidern, habe ihn einmal ein Erzbischof angeraunzt, warum er denn keinen Pileolus (das kleine Käppchen) trage. »Weil ich noch keine Glatze habe«, rutschte es Notker Wolf spontan heraus. Vor allem ein Pileolus in Violett, wie ihn die Bischöfe tragen, imponiert vielen Menschen ganz besonders. »Ich habe immer gesagt, ich werde nie einen Pileolus aufsetzen – es sei denn in bayerischen Farben.« Dieses Käppi gibt es tatsächlich, den weiß-blau gerauteten Pileolus, angefertigt aus einer Fahne des bayerischen Freistaats. Studenten waren mit so einer Flagge zum Papstschneider Lorenzo Gammarelli gegangen, um diese Kopfbedeckung für den Abtprimas anfertigen zu lassen. Der Italiener hatte genug Sinn für Humor, machte gleich zwei aus dem Stoff und präsentierte sie einen Tag lang sogar in seinem Schaufenster. Bei einem Pfingstfrühschoppen wurde dann Notker Wolfs Kopf damit ›gekrönt‹.

Eine ganz andere Ehre wurde dem Abtprimas bei einer Brasilienreise zuteil. Er hatte zu Hause in Rom vergessen, seine Mitra einzupacken. Als er dann in São Paulo eine Messe zelebrieren wollte, musste nach Ersatz gesucht werden. Er probierte sieben Mitren durch, aber alle waren sie zu klein. Fünf Minuten später wurde ihm erneut eine Mitra gereicht – »und die hat wie angegossen gepasst«. Auf die Frage, wo man die denn aufgetrieben habe und wem die gehöre, bekam er zur Antwort: »Ja, das ist die vom Heiligen Vater.«

Notker Wolf lacht gern. Das wissen alle, die irgendwann mit ihm zu tun haben oder ihn bei einem seiner öffentlichen Auftritte beobachten. Was er auch kann, ist andere imitieren. Mitten in Nordkorea hatte er »die ganze Gesellschaft der Mitreisenden zum Lachen gebracht«, indem er Jürgen von Manger alias ›Tegtmeier‹ imitierte, erinnert sich Pater Bartholomäus. Es war nicht der erste Auftritt dieser Art. Im Bierzelt, das man anlässlich der Hundertjahrfeier von St. Ottilien 1984 aufgebaut hatte, lief Erzabt Notker ebenfalls vor den Herren des Deutschen Katholischen Missionsrates zu ungeahnter Form auf und hat mit seinem ›Tegtmeier‹ »den ganzen Verein zum Kugeln gebracht«.

Gerade im klösterlichen Ambiente kann nicht jeder etwas mit dieser positiven und fröhlichen Art anfangen. Aber auch andere sind schon mal irritiert über allzu fröhliche Auftritte im Fernsehen. Schulkamerad Höchenberger war bei manchen Talksendungen schon aufgefallen, dass Notker Wolf gelegentlich »zu Sachen lacht, wo vielleicht ein Außenstehender denkt, wie kann der jetzt da lachen?«.

Manchmal bleibt aber selbst dem Benediktiner das Lachen im Hals stecken. Da sollte er am Flughafen in Zürich bei der Einreise in die Schweiz seinen Koffer öffnen. Er kommt oft zu den Eidgenossen und fühlt sich durchaus wohl im Alpenstaat. Damals stand ein Symposium der Schweizer Stiftung im Terminkalender des Abtprimas. Aus praktischen Erwägungen, weil er direkt anreiste und das eilige Umkleiden umgehen wollte, war er schon im Habit in Rom in den Flieger gestiegen. Ob nun Männer in schwarzen Kutten dem Zollbeamten suspekt waren oder der nur einen schlechten Tag hatte, ließ sich nicht feststellen. »Bitte öffnen Sie Ihren Koffer.« Notker Wolf stutzte.

Solche Art von Geduldsübung mag der Benediktiner nicht. Aber gut, Koffer auf den Tisch, er hatte ja nichts zu verbergen. Die Männer vom Zoll hatten aber auch so ihre Erfahrungen, kennen die tausend Tricks, mit denen versucht wird, in die Schweiz hineinzuschleusen, was nicht jeder wissen muss. Vielleicht hatten das auch schon Priester versucht?

Die Seelenruhe, mit der in seinem Koffer geforscht wurde, machte Notker Wolf indes immer ungehaltener. Er hatte da nichts Unerlaubtes drin. Und endlich fand auch der Mensch vom Zoll seinen Argwohn unbegründet und ließ den Mann in Schwarz seinen Koffer wieder einräumen. Er wünschte dem Abtprimas noch einen schönen Tag und »Auf Wiedersehen«. »Lieber nicht«, gab der zurück, »darauf kann ich verzichten«, warf Hemd und Hose in den Koffer, klappte ihn zu und stürmte aus der Gepäckausgabe. Notker Wolf brauchte noch einen Moment, bis sein Zorn verraucht und er wieder Herr seiner Gedanken war. Ja, die Idee mit dem Habit war vielleicht doch nicht so gut – und unpraktisch ist es doch auch.

Keiner wird behaupten – Notker Wolf am wenigsten –, dass er ein sportlicher Mensch ist. Er war es nie und wird es auch nicht mehr werden. Allerdings, einrosten will und darf er auch nicht. Weil 300 000 Flugkilometer nicht zwangsläufig auf Fitness und viel Bewegung rückschließen lassen, der Rücken und die Beine darum für jede ausgleichende Gymnastik dankbar sind, hat sich der Abtprimas einem konsequenten morgendlichen Ritual unterworfen: Er macht Frühsport nach einem Programm von John Travolta, dem gut aussehenden, durchtrainierten Tänzer aus Saturday Night Fever. Dessen Fitness-Buch hatte Notker Wolf vor Jahren in Rom entdeckt und sofort studiert. Jedoch, verriet er einmal im Bayerischen Fernsehen, waren viele Übungen etwas zu schwierig für seine untrainierten Gelenke. Darum hat er das Programm »leicht« abgewandelt. Es dauert jetzt keine gute Stunde, sondern fünf Minuten. Dehnen und Strecken zwischen Augenauf und Zähneputzen genügen ihm, um die Muskulatur zu aktivieren.

Notker Wolf schwimmt auch gern. Es gab Zeiten, da pflügte er schon mal ein paar Bahnen durch den Swimmingpool der feinen Hotels, in denen er von Firmen oder Organisationen gelegentlich untergebracht wird, wenn sie seine Vorträge gebucht haben. Inzwischen machen ihn solche Aktivitäten eher müde, als dass sie ihn erfrischen, oder die Zeit reicht schlichtweg nicht, weder am Nachmittag, noch am Abend, noch am nächsten Morgen.

Was ihm bleibt und was er immer gerne nutzt, ist das klostereigene Schwimmbecken von überschaubaren Ausmaßen in Rom, quasi direkt vor seiner Zimmertür. ›La dolce vita‹ wird vielleicht so mancher denken. Aber in der sommerlichen Gluthitze der italienischen Hauptstadt ist so ein Swimmingpool ein Muss und wird auch von den anderen Bewohnern Sant'Anselmos gerne und fleißig genutzt. Ganz davon abgesehen, dass die römische Feuerwehr inzwischen dieser ›Badewanne‹ eine lebensnotwendige Daseinsberechtigung erteilt hat. Im Falle eines Brandes dient sie als Wasserreservoir, als Notteich.

Vor einigen Jahren konnte nun endlich eine Vorrichtung zur Wasserreinigung eingebaut werden – mitten im Hochsommer, was sechs Wochen Verzicht auf Nutzung bedeutete. Das erste, heiß ersehnte Eintauchen in die kühlen Fluten ging Notker Wolf dann auch noch gründlich daneben. Lange tat er weh, der Zeh, den er sich dabei angestoßen hatte. Als die Schmerzen nachließen, sah er, dass der vermutlich angebrochene Zeh inzwischen schräg angewachsen war. Aber der Abtprimas meinte, für »die restlichen 20 Jahre« tue der es nun auch noch.

Die Frierkatze

Was Notker Wolf gar nicht mag, ist Kälte, wobei die bei ihm schon weit über dem Gefrierpunkt beginnt. Das ist weniger ein Effekt seines Körperbaus oder seiner Konstitution, es ist vielmehr ein genetisches Erbe von Vater Josef. Der war auch im Hochsommer mit langen Unterhosen unterwegs. Schwierigkeiten mit hohen Temperaturen hat Notker Wolf logischerweise so gut wie nie. Schweißausbrüche bei läppischen 30° Celcius sind höchst selten. Tropische Regionen im südlichen Asien oder in Afrika bereist er darum besonders gerne.

Mit seiner Frieranfälligkeit sind für ihn als Mönch allerdings Probleme vorprogrammiert, in alten – und kalten – Klostergemäuern zum Beispiel. Oder in den Abteien, die in höherer, ›dünnerer‹ und darum kälterer Luft liegen. Was ihn aber geradezu nervt, sind die ›Eiskeller‹ in US-amerikanischen Klöstern, die mit einer Tageshöchsttemperatur von gerade einmal 18 Grad aufwarten, sodass man beim Betreten im Sommer auf zehn Meter Luftlinie die Quecksilbersäule von einem Extrem zum anderen durchwandert. Auf jeder USA-Reise erwartet ihn das gleiche Dilemma.

Ich wohne hier in einem Bildungshaus, in dem man kein Fenster öffnen und die Aircondition nicht abschalten kann. Ich kann sie auch temperaturmäßig nicht erhöhen, denn das wird zentral gesteuert. Und dann noch die ganze Zeit das Geräusch. Ich könnte sie möglicherweise für mein Zimmer ganz abstellen lassen, aber dann würde ich überhaupt keine Luft mehr bekommen.

Er hat es dann auf seine Weise gelöst: »So nütze ich es und rauche mit Wonne meine Pfeife.« Die nächste Station hatte nichts anderes zu bieten. »Hier ist es genauso, das ganze Haus ist konditioniert. Das nächste Mal bringe ich lange Unterhosen und einen Wintermantel mit.« Wobei man vielleicht anmerken sollte, dass diese Korrespondenz im August entstand.

Bei einem seiner Besuche in den USA packte der Abtprimas die Gelegenheit beim Schopfe und prangerte die maßlose Energieverschwendung an. Man war beeindruckt. Zumal er auf die aufwendigen und auch teuren Energiesparmaßnahmen verweisen konnte, die er in Rom, im Kloster Sant'Anselmo, in Angriff genommen hatte.

Von konkreten Reaktionen auf seine Ausführungen ist nichts bekannt.

In europäischen Klöstern wird die Raumluft weniger über eine Klimaanlage gesteuert als über heruntergedrehte Heizungen. Bereits bei leichten Plusgraden wird hier gern auf eine gewisse Frische geachtet. Das wäre nicht weiter von Bedeutung, wenn der Abtprimas nicht oft bis nach Mitternacht am Schreibtisch säße. Dann ist die Wärmequelle schon lange reduziert, aber die wärmende Bettdecke noch in weiter Ferne. Darum hat der Abtprimas bei allen seinen Reisen einen leichten Pullover dabei, »auch wenn ich in die heißesten Klimazonen fahre. Das hab ich mir zum Prinzip gemacht.«

Aus diesem Bedürfnis nach Wärme heraus übernachtet Notker Wolf lieber im Hotel statt in irgendwelchen Priesterseminaren. Hinzu kommt, dass die Betten in den klösterlichen und kirchlichen Einrichtungen oft spartanisch schmal sind und mitunter recht kurz, vor allem die Bettdecken. So klein der Abtprimas von Statur ist, so sehr hasst er es, wenn bei jeder Bewegung irgendein Körperteil die Kühle der Nacht zu spüren bekommt. Natürlich animieren die Hotelbesuche manchen Beobachter dazu, Notker Wolf eine gewisse Luxus-Verliebtheit zu unterstellen. Aber dass er Hotelbetten vorzieht, hat viel mit seiner Verfrorenheit zu tun – auch im Sommer – und mit seinen Arbeitsgewohnheiten, die nicht immer mit dem monastischen Rhythmus übereinstimmen.

Und noch etwas spricht für das Hotel. Dort ist er ein Gast unter vielen. Dort kommt er in ein Zimmer, in dem meistens alles funktioniert. Im Kloster ist er der Abtprimas. Er bekommt das Zimmer, das für ganz besondere Gäste reserviert ist – die nur zu ganz besonderen Anlässen kommen, und die sind selten. Dementsprechend ungenutzt sind diese Räume. In einem Nonnenkonvent in Mexiko wurde ihm ein Bett offeriert, in dem schon lange kein menschliches Wesen mehr gelegen war. Die feucht-klamme Bettwäsche ließ Notker Wolf erschaudern.

So, jetzt ist mir alles wurscht. Jetzt wird alles angezogen, was ich dabeihabe, auch meine gute Hose, Bügelfalte hin oder her. Ich darf nicht frieren. Da hab ich alles angezogen, wirklich alles, was ich dabeihatte.

Oder die Heizung funktioniert nicht im ›VIP‹-Zimmer der Klöster. Lange nicht aufgedreht, müsste sie erst einmal entlüftet werden. Manchmal ist eine Glühbirne kaputt oder gibt beim Einschalten ihren Geist auf. Alles schon da gewesen – nicht in Afrika, sondern mitten in Europa. Aber Notker Wolf ist immer vorbereitet. Er besitzt ein Survival Kit. Wenn es sein muss, entlüftet er Heizkörper, wechselt Glühbirnen, nachdem er im Flur auf einen Stuhl gestiegen war und sich dort aus dem Deckenlicht eine intakte Glühbirne geschraubt hat. Er repariert alles, von Lampen bis Brillenfassungen.

Ich hab so einen Beutel, mit dem ich drei Tage überleben kann – da hab ich so eine Mini-Taschenlampe dabei und ein Mini-Taschenmesser. – Das Entscheidende ist, man muss sich zu helfen wissen.

Der Balkon in Notker Wolfs Büro gibt einen grandiosen Blick frei über die Ewige Stadt (2005).

Weniger mit Survival, als eher mit einem gewissen Bedürfnis nach Gemütlichkeit hat der Tauchsieder zu tun, den Notker Wolf immer auf seinen Reisen dabeihat, samt einem – inzwischen – verbeulten Zinnbecher und einer Ration Nescafé. Der Dreierpack interessiert auch immer wieder die Leute an den Sicherheitskontrollen der Flughäfen. Suspekte Materialien, die man genauer in Augenschein nehmen muss.

In der medialen Öffentlichkeit

Der Buchautor

Die Bereitschaft, selbst etwas zu tun, anzupacken und nicht zu warten, bis Abhilfe kommt, diese Grundeinstellung hat Notker Wolf dann auch zu Papier gebracht. Sein erstes Buch mit dem alles subsumierenden Titel: ›Worauf warten wir?‹ hat ihm den Ruf eines Querdenkers, eines Nonkonformisten eingebracht. Ein Mann eben, der sich nicht vereinnahmen, abstempeln oder einschüchtern lässt.

Vermutlich hatten alle irgendwie auf das Buch gewartet, auf den ersten Bestseller des Abtprimas Notker Wolf. Zumindest sagten das viele im April 2006, als die »ketzerischen Gedanken« erschienen und sogar die Verkaufs-Hitlisten von Spiegel und Focus erklommen. Man war begeistert. Endlich hat einer das gesagt, was alle schon immer dachten, sagten sie. »Das Wort zum Aufbruch« steht auf der Einband-Rückseite. Auch für den Benediktiner-Oberen war es ein Aufbruch: der Einstieg in ein Bestsellerautoren-Dasein. Denn was Notker Wolf danach publizierte, wurde in der Regel eine gut verkäufliche Nummer.

Dabei stammte die Idee, seine Gedanken zu Papier zu bringen, nicht einmal von ihm. Dafür werden Leute in den Verlagen bezahlt, dass sie Themen finden, die das Leservolk interessieren könnten und die sich gut verkaufen lassen. Der Abtprimas war nicht abgeneigt, als ihn der Rowohlt Verlag fragte, seine Interviews mit teils unkonventionellen Ansichten als »ein Buch für Deutschland« aufzubereiten. Aber die Zeit, um gut 200 Seiten zu füllen, habe er nicht, sagte er gleich dazu. Also stellte ihm der Verlag einen Ghostwriter zur Seite, der gesprochene Worte des Notker Wolf in Schriftsprache umsetzte, ohne dessen ganz persönlichen Duktus zu vernachlässigen. Das ist offensichtlich sehr gut gelungen, denn dem Abtprimas wird weiterhin in jedem Interview die Frage gestellt, wo er denn die Zeit hernehme, neben den Flügen, den Vorträgen und seinem monastischen Rhythmus auch mindestens noch drei Bücher im Jahr zu schreiben.

Oft impliziert die Frageformulierung auch gleich die Antwort: Der lässt doch schreiben, wie das ja alle tun. Das hat Notker Wolf nie geleugnet, denn es steht in (fast) jedem Buch vermerkt, wer jeweils mitgearbeitet hat. Er schreibt nicht selbst, wie man sich das landläufig so vorstellt, aber er spricht selbst, bespricht Kilometer von Tonbändern, redet und diskutiert mit denen, die am Ende diese Sätze formen. Daraus macht der Benediktiner kein Geheimnis. Trotzdem sind die Bücher sein geistiges Eigentum, denn er liest auch die Druckfahnen, korrigiert sie und verdeutlicht bei Bedarf seine Aussagen.

Notker Wolf sucht sich seine Mit-Schreiber nicht aus. Die schicken ihm die Verlage. Aber es gibt welche, mit denen er besonders gut kann, oder andere, bei denen er nicht umhinkann, in ungeplanter Intensität an dem Manuskript mitzuarbeiten. Zu den sogenannten Ghostwritern, nicht genannten Autoren oder wie immer man sie bezeichnen will, gehört Leo Linder. Mit ihm konzipierte Notker Wolf nicht nur seinen ersten Bestseller und brachte damit ketzerische Gedanken über deutsche Besitzstandswahrer zu Papier oder prangerte das Erbe der 68er an. Leo Linder war auch einer der bisher ganz wenigen Menschen, die diesem Notker Wolf sehr nahe kommen konnten. Stunden-, tage-, wochenlang saßen sie im Sommer 2005 im römischen Sant'Anselmo im Büro des Abtprimas, »der meistens in Jeans und Cowboyhemd mir gegenübersaß, auch schon mal im Schneidersitz«.

Denn bevor Leo Linder des Abtprimas' Gedanken in Text umsetzen konnte, musste er erst einmal den Mann, den er da vor sich hatte, kennenlernen und seine Geschichte. Aus diesen Facetten des Notker Wolf haben sich seine oft unerwarteten gesellschaftspolitischen Ansichten entwickelt, die am Ende den Erfolg des Buches ausmachen sollten. Hin und wieder machten sie Pause auf dem Balkon. »Wir haben unsere Blicke über Rom schweifen lassen. Ich habe meine Zigaretten geraucht und er seine Pfeife.«

Schon beim ersten Zusammentreffen mit Notker Wolf war Leo Linder völlig überrascht von dessen »unnachahmlicher Fähigkeit, einem die Befangenheit zu nehmen«. Die Hochachtung, die er bis heute vor dem Abtprimas empfindet, war die Grundlage für ein intensives Arbeiten mit ihm in diesen Wochen. Leo Linder wurde zudem das Privileg zuteil, mit dem Abtprimas auszugehen, ganz privat. Dazu gehörten Trattorien, in denen der Benediktiner entweder die ›Mama‹ oder den Chef kannte und Grußrecht in der Küche hatte. Er hat ihn mitgenommen ins Testaccio-Viertel, einen Teil Roms, direkt zu Füßen des Klosters gelegen und von Touristen nur wenig frequentiert. »In den vier Wochen sind wir vielleicht dreimal ausgegangen. Leider, ich hätte das gern häufiger gemacht.« Aber danach war genug Material gesammelt, um nun gemeinsam 218 Seiten mit Text zu füllen.

Die Zusammenarbeit mit Leo Linder blieb, wenn auch auf einer anderen Ebene. Irgendwann war der Redaktion von *Bild der Frau* ihr Kolumnist Pfarrer Jürgen Fliege abhandengekommen. Aber man wollte der Leserschaft die erbaulichen Worte doch erhalten. Also fragten sie bei Abtprimas Notker Wolf an, von dessen unorthodoxen Ansichten in seinen Büchern man begeistert war. 2007 erschien die erste Kolumne in *Bild der Frau.* Notker Wolf machte sich von nun an jede Woche Gedanken über das Leben ›zwischen Himmel und Erde‹. Sagen wir, der Abtprimas und Leo Linder machten sich so ihre Gedanken, und Leo Linder formulierte das Ganze aus. Diese Lebensweisheiten kamen so gut an, dass Rowohlt sie in ein kleines Taschenbuch packte, das inzwischen in der 7. Auflage immer noch gelistet ist bei den Buchhändlern, und natürlich schon mehrere Nachfolgebände hat.

Die Kolumne erschien weiterhin wöchentlich in der Frauenzeitschrift, bis die Chefredaktion 2011 meinte, nun sei es genug und etwas Neues müsse her, ohne den Abtprimas. Natürlich kamen Proteste aus der weitgehend weiblichen Leserschaft. Als die aber nicht aufhören wollten, blieb der Redaktionsleitung nichts anderes übrig, als Notker Wolf und seine ›kleinen Wahrheiten für zwischendurch‹ wieder ins Blatt zu nehmen. Und so schreiben er und Leo Linder weiter über das Gute, das von oben kommt.

Eine größere Kanzel kann ich nicht haben: 1,2 Millionen Auflage hat die Zeitschrift. Mir ist ganz einfach wichtig, etwas von der Frohen Botschaft unter die Leute zu bringen.

Nachdem beim ersten Buch die Zusammenarbeit so gut geklappt hatte, macht man Notker Wolf den Vorschlag, sich mit Schwester Enrica Rosanna an das Thema ›Die Kunst, Menschen zu führen‹ zu wagen. Die Salesianerin war eine Art Pendant auf Vatikan-Ebene zum Abtprimas der Benediktiner. Sie war unter Johannes Paul II. zur Vizesekretärin der vatikanischen Ordenskongregation aufgestiegen, mithin das höchste Amt, das jemals eine Frau im Vatikan innehatte, und weltweit zuständig für rund 200 000 Ordensmänner und 800 000 Ordensfrauen.

Ansonsten war die Professorin für Religionssoziologie genau das Gegenteil von Notker Wolf. Was er in seinen Buchtexten an Formulierungen und Wortwahl durchzuwinken pflegte, stellte sie auf den Prüfstand, berichtet Leo Linder, der auch hier die Satzgebung übernommen hatte. Es kam noch ein anderes Problem hinzu. Die Texte wurden in Deutsch abgefasst. Schwester Enrica Rosanna sprach kein Deutsch, also mussten die Beiträge ins Italienische übersetzt werden. »Da wurde jedes Wort und jede Formulierung begutachtet. Da war sie sehr heikel, extrem heikel.« Sie legte jedes Wort auf die Goldwaage.

Ende Juli 2007 waren die Korrekturen an der *Menschenführung in Gottes Namen* immer noch nicht beendet, obwohl das Buch schon längst hätte in Druck gehen sollen. Die Schwester hatte ganze Kapitel total umgeschrieben »und daraus eine Mischung aus Vorlesung und Erbauungsbuch gemacht«, beschreibt Notker Wolf die Lage. Also wurde wieder abgeändert und dann musste erneut übersetzt werden, damit Schwester Rosanna die Texte genehmigen konnte. Es war jedoch keiner da, der das schnell hätte erledigen können – außer Notker Wolf. »So stand ich nachts um ein Uhr wieder auf und machte mich selber an die Übersetzung.« Kurz vor einer geplanten Reise hatte er es geschafft, ihr die übersetzten Neufassungen zuzusenden. Zwei Tage später kam die erlösende Nachricht: »Va tutto bene.«

Notker Wolf pflegt eine, in Verlagskreisen ungeliebte Angewohnheit: Seine Bücher erscheinen bei verschiedenen Buchverlagen. Dafür hat die Branche böse Worte. Aber nicht er vergibt seine Gunst an wechselnde Häuser, er wird von den jeweiligen Verlags- und Programmleitern bekniet, gedrängt, gelockt, auch ein ›Hausautor‹ ihrer Firma zu werden. Und Nein sagen war noch nie die Stärke des Notker Wolf.

Durch diesen Wettlauf um seine Gunst erlebt der Markt eine gewisse Überversorgung mit Notker-Wolf-Titeln, was wiederum die einzelnen Auflagenzahlen drücken kann. Der Abtprimas nimmt die inflationistischen Tendenzen auf dem Buchmarkt schulterzuckend hin. Manchmal will er auch nur einem Freund ein bisschen unter die Arme greifen mit seinem berühmten Namen. Dann schreibt er Vorworte, Einführungen, stellt sein Renommee zur Verfügung, damit ein anderes literarisches Projekt zur Geltung kommt. Ebenso wecken Verlage in der Diaspora sein Mitgefühl. »Da gab ich halt auch nach.« Er machte mit beim Crashkurs in Sachen Christentum, oder er entwickelte Gedanken zu einer erfüllten Zeit, auch als Wochen-Aufstellkalender zu haben – »mit viel Platz für Termine und Notizen und Fotos und Impulse von Abtprimas Notker Wolf«.

Bücher von Notker Wolf werden eben gekauft – auch wenn manche meinen, dass Kutte, gepaart mit Bart, noch besser wäre. Seine ›Fans‹ ziehen immer noch aus jedem seiner Werke einen persönlichen Gewinn und spirituelle Anleitung – oder brauchen einfach nur ein schönes Buchgeschenk.

Im Jahr 2007 fragte ein Verlag bei ihm an, ob er sich dem an sich schon attraktiven Thema ›Die Zehn Gebote‹ annehmen würde. Die ›Regeln zum Leben‹ waren dem Abtprimas quasi auf den Leib geschneidert. Allein, die Zeit … Also suchte der Verlag für seinen attraktiven Autor nach einem fachkompetenten Mitschreiber – und fand Matthias Drobinski, Journalist und Kirchenredakteur der Süddeutschen Zeitung sowie Gelegenheits-Schriftsteller. Ghostwriter wollte der nicht sein. Wenn, dann als Co-Autor, also ein gemeinsames Werk mit zwei Verfassern. Aber die Arbeitsteilung blieb die gleiche. Matthias Drobinski schrieb und Notker Wolf ergänzte, wo nötig und wenn überhaupt.

»Klar geb ich ein Autogramm.« Notker Wolf ist (fast) immer ansprechbar.

Die Arbeitsbedingungen waren keineswegs stressfrei. Ein paar Tage Rom oder ein paar Stunden in München mit Notker Wolf zwischen dessen Rückkehr aus den USA und einem Vortrag am Abend, da begann der Journalist schon mal im Taxi von Erding in die Innenstadt mit den Interviews. »Superprofessionell«, charakterisierte Matthias Drobinski diese Schaffensphase mit dem Abtprimas und nannte ihn einen »klassisch intuitiven Denker«. Allerdings, merkte der Redakteur an, hatte die Hektik und Zeitknappheit ihren Preis. Manche der vielen guten Denkanstöße, die sie beide in den Gesprächen erarbeitet hatten, blieben an der Oberfläche. Sie zu Ende zu denken oder zu vertiefen, das blieb dem Journalisten überlassen.

Nun tauchen Ghostwriter gewöhnlich nicht offiziell auf bei der Buchpräsentation, anders ist das bei Co-Autoren. Matthias Drobinski hatte nur einen einzigen Auftritt zusammen mit Notker Wolf, im Oktober 2008 im Haus am Dom in Frankfurt. Amüsiert erzählte der Journalist, dass unter den Zuhörern bei dieser Buchvorstellung nur einer wegen ihm gekommen war, ein persönlicher Freund. Und auch die meisten Fragen zu Inhalt, Intention und tieferem Sinn der Auslegung der Zehn Gebote richteten Moderatoren wie Publikum weitgehend an den bekannteren Abtprimas.

»Notker Wolf hat ein Talent, Dinge unkompliziert, einfach und leicht zu machen«, bescheinigt ihm Leo Linder, wohl wissend, dass dies sowohl eine Stärke als auch eine Schwäche sein kann. Der Abtprimas pflegt eine leicht verständliche Sprache, die immer wieder mit fehlender Tiefe gleichgesetzt wird, wenn er, statt wissenschaftlicher Exkurse oder fundierter Grundlagendebatte, lieber eine Anekdote aus seinem Leben erzählt. Leo Linder sieht es ganz praktisch. Wenn man ein Buch zu zweit macht, kann der Ghostwriter dort, wo Tiefe und Gründlichkeit fehlen, »sie ja selbst noch einbringen«.

Angefangen zu schreiben hatte Notker Wolf jedoch allein. Seine ersten sechs Seiten fanden sich 2004 in einem kleinen Büchlein, verfasst aus Freude am Thema und selbst zu Papier gebracht. Die Priorin aus Köln, Schwester Johanna Domek, Herausgeberin mehrerer Bücher, konnte Notker Wolf für einen Text über die Lectio Divina gewinnen. Was er ihr lieferte, sei überhaupt nicht verstaubt oder »stubenhockerisch« gewesen. Das Erstlingswerk befasste sich mit dem höchst aktuellen Thema: Frei sein für Gott, »… auch wenn die Zeit knapp bemessen ist«. Es sei durchaus geeignet als Flugzeug-Lektüre, meinte die Schwester noch.

Der ›Fernsehstar‹

Lange vor seinem Einstieg als Buchautor hatte Notker Wolf bereits den Schritt in die mediale Öffentlichkeit getan. Zum ersten Mal tauchte er im März 2001, inzwischen Abtprimas der Benediktiner, auf bundesweiten Mattscheiben auf. Das war die logische Folge seiner bis dahin schon regen medialen Präsenz in der Provinz, im bayerisch-freistaatlichen Fernseh- und Rundfunkkanal.

Als einer der Ersten stand Ende der 1980er-Jahre ein gewisser Werner Schmidbauer vor den Toren der Erzabtei am Ammersee und wollte für seine Sendung *Live aus dem Schlachthof* im Bayerischen Fernsehen (BR) wissen, wie die Mönche so leben. Da Schmidbauer sehr viel von guter und gründlicher Recherche hielt, bat er den Erzabt, für ein paar Tage im Kloster mitleben zu dürfen. Notker Wolf sah kein Problem. Die beiden verstanden sich auf Anhieb – Musiker unter sich quasi. Mit im TV-Team war damals übrigens eine junge Journalistin namens Sandra Maischberger.

Beim Abschied schenkte der Benediktiner Schmidbauer dann einen Sechskantschlüssel, mit dem man in St. Ottilien bis in die Klausur gelangen konnte. »Wann immer ich mal Ruhe bräuchte oder Hilfe oder ein paar Tage nachdenken müsste, könnte ich jederzeit ins Kloster kommen.« Den Schlüssel hat Werner Schmidbauer nie benutzt, das Angebot aber schon.

Der erste Auftritt von Notker Wolf auf nationaler TV-Ebene fand also 2001 bei Beckmann statt. Mit dabei Loki Schmidt, die den Benediktiner-Chef schon immer hatte kennenlernen wollen, weil sie eine besondere Verbindung zum Kloster Maria Laach bei Koblenz pflegte. Dem Pfeifenraucher Wolf war die Gattin des ehemaligen Kanzlers ebenfalls sofort sympathisch, auch weil sie ohne Unterlass ihrem Zigarettengenuss frönte – Raucher unter sich. Die gelöste Gesprächsatmosphäre wurde durch den dritten Gast kaum beeinträchtigt: Von Fotomodell Heidi Klum und ihrer Schönheit fühlten sich die beiden älteren Herrschaften wenig tangiert.

Was dem Abtprimas jedoch die Gesichtszüge etwas entgleisen ließ, war der Auftritt von Gunther von Hagens. Schulkamerad Höchenberger hatte den Talk am Bildschirm mitverfolgt: »Da hat man bloß sein Gesicht anschauen müssen…« Leichen plastinieren und zur Schau stellen hielt Notker Wolf schlicht für würdelos, was er auch klar sagte. Von Hagens reagierte – nach der Sendung – auf seine Weise und wollte den Ordensmann für eine Zusammenarbeit gewinnen. Er hätte es sich einiges kosten lassen, den Benediktiner-Chef als Zugpferd für seine Podiumsdiskussionen zu bekommen.

Nachdem für kurze Zeit das Interesse am telegenen Abtprimas abgeflacht war, holten eine neue religiöse Welle und das vermehrte Infragestellen kirchlicher Ansichten ihn wieder zurück auf die Mattscheibe. Notker Wolf hatte inzwischen längst begriffen, dass sich die Kirche neuer Wege bedienen muss, um in der Öffentlichkeit gehört zu werden. In einem Vortrag in Paderborn im November 2004 kam er zu dem Schluss:

> *Die Bedeutung der Kanzeln der Kirchen ist längst abgelöst worden durch die Medien. Zeitungskommentare und Talkshows, Journalisten und Talkmaster bilden heute die öffentliche Meinung.*

Was lag also näher, als sich dieses Mediums zu bedienen? Und da er weiter der Meinung war, »Talkmaster selektionieren Themen und Teilnehmer«, ließ er sich immer wieder gerne in die engere Wahl nehmen.

2006 griff Radio Bremen mit dem Talk *3 nach 9* noch einmal zu. Genau zu diesem Zeitpunkt erschien das Buch, der Bestseller, in dem Notker Wolf darüber sinnierte, worauf die Deutschen denn so sehnsüchtig warten in ihrem Wohlstand. Das Interview im *Stern* vom Juni 2006 provozierte noch weiter, sodass Presse und Fernsehen es nun genau wissen wollten, wie er das denn meinte mit den Hartz IV-Empfängern, denen man das Geld eher noch kürzen sollte, um sie für den Wert der Arbeit an sich zu sensibilisieren.

***Stern:** Herr Abtprimas, in Deutschland wird heftig gestritten, wie viel Geld Langzeitarbeitslose bekommen sollen. Wie viel würden Sie geben?*
***Notker Wolf:** Jedenfalls weniger als Hartz IV … Ich würde jeden Einzelnen fragen: Bist du wirklich bereit, jede Arbeit anzunehmen, auch wenn sie nicht mehr Geld einbringt als Hartz IV? Allein schon um deine Würde zu wahren?*
STERN 26/2006

Einem Teil der Öffentlichkeit hat er damit aus der Seele gesprochen, einen anderen entsetzt zurückzucken lassen. Ein Kirchenmann und solche Gedanken! Ihm wurde vorgehalten, er könne leicht reden über die Hartz-IV-Empfänger, die zu viel Geld bekämen, denn um seine Versorgung im Kloster müsse er nicht bangen. Im Orden selbst gefiel auch so manchem diese Sicht der Dinge nicht. »Er sitzt halt in einer absolut gesicherten Burg, da kann man leicht so locker daherreden.« Sogar Mitbrüder in St. Ottilien waren nicht einverstanden. »Kirche soll eine Schlagseite zu den Armen, zu den Benachteiligten haben.« Der Abtprimas musste also einiges an Erläuterungen nachliefern, und die Interviewer gaben sich fortan die Türklinke in die Hand.

Allerdings wurde er auch interessant für Gruppen wie die *Initiative Neue Soziale Marktwirtschaft*. In mehrspaltigen, fast Zeitungsseiten großen Anzeigen blickte Mitte 2007 ein freundlicher Abtprimas aus dem Bild und äußerte sich zur Verantwortung des Einzelnen und einem falschen Verständnis von Arbeit. Sein Auftritt kam nicht gut an. Für »grenzwertig« hielten es viele. Notker Wolf meinte dazu nur, dass er über die Größe der Kampagne nicht informiert worden war.

Dann kam Benedikt XVI. im September 2006 nach Bayern. Das eröffnete Notker Wolf eine neue Plattform, die fast die gleichen Möglichkeiten bot wie eine Talkshow. Als Co-Kommentator von BR-Chefredakteur Sigmund Gottlieb, flankiert von kompetenten Gesprächspartnern wie Pater Eberhard von Gemmingen, dem damaligen Leiter der deutschsprachigen Redaktion bei Radio Vatikan, oder Werner Weidenfeld, Professor für Politikwissenschaften an der Ludwig-Maximilians-Universität München, kam der Abtprimas gut an in der ›Wir-sind-Papst‹-Stimmung auf allen (ARD-)Kanälen. Penetrante oder gar böswillige Fragen, etwa zur Reformfreudigkeit des Mannes auf dem Stuhl Petri, waren in dieser Runde nicht zu erwarten.

Notker Wolfs eigene Sicht zu tagespolitischen Themen war dagegen schon gefragt. Darum holte ihn Sabine Christiansen Anfang 2007 in ihre gleichnamige Sendung zum Thema: ›Gnade für Gnadenlose – Zweite Chance für Mörder?‹ Ganz Deutschland diskutierte darüber, ob der verurteilte Terrorist Christian Klar begnadigt werden darf. Der Talk der Frontfrau Christiansen war wieder kein gutes Pflaster für Notker Wolf. Des Abtprimas' theologische Auslegung von ›Gnade‹ interessierte in dieser polarisierten Stimmung weder die eine noch die andere Seite. Es ging nur um die Definition von ›Recht und Gesetz‹.

Zu Hause in St. Ottilien waren einige Mitbrüder geschockt über die Ausführungen ihres einstigen Erzabtes. Beim Frühstück am Morgen hatten sie ihm noch »bissel was g'sagt«, quasi Argumentationshilfen gegeben. Offenbar vergeblich. »Das Primitivste, was man in Theologie lernt, ist der Unterschied zwischen staatlichem Recht und kirchlicher Barmherzigkeit«, kommentiert Pater Claudius. Hatte der Abtprimas das vergessen? »Aber ich glaube, auch Opfer müssen fähig werden zu vergeben, sonst bleiben sie ewig in der Opferrolle und kommen nie frei von der ganzen Bindung an dieses schreckliche Geschehen von einst«, war Notker Wolfs Meinung zu diesem Thema. Fast genau die gleichen Worte sagte er rund vier Jahre später wieder – nur ging es jetzt um den Missbrauch an Kindern und Jugendlichen in Klosterschulen und Pfarreien.

Gipfeltreffen

Eine ganz andere Art von Talk, vielleicht sollte man es besser ›Walk‹ nennen, fand im September 2007 statt. Der Sechskantschlüssel-Besitzer Werner Schmidbauer hatte es geschafft, den Abtprimas für sein

›Gipfeltreffen‹ zu gewinnen, eine Sendung im BR, in der der Moderator mit bekannten Menschen auf Berge steigt und sich mit ihnen dabei unterhält. »Es war dann auch sehr spannend, weil der Wetterbericht für diese Zeit wahnsinnig schlecht war«, erinnert sich Schmidbauer. Bei Regen wurde nicht gedreht. Um sieben Uhr am Morgen – es regnete – war das Team im Hotel, um mit Notker Wolf das weitere Vorgehen zu besprechen. Kein Notker Wolf da. Gegen acht Uhr ließ man im Zimmer anrufen. Der Abtprimas hatte verschlafen – inzwischen jedoch hatte der Himmel ein Einsehen und seine Schleusen geschlossen. Oben auf dem 1726 Meter hohen Dürnbachhorn lag bereits der erste Schnee.

Das Format dieser Sendung war für Notker Wolf wie geschaffen. Laufen in der freien Natur, unverkrampft durchs nasse Gras stapfen, keine drängenden Fragen von Schmidbauer zu irgendwelchen kirchenpolitischen Entscheidungen – nur Notker Wolf, sein Leben und was er davon preisgeben wollte. Werner Schmidbauer ging ganz bewusst mit seinen Gästen auf die Berge, weil das Gehen »auch eine Art der Meditation ist«. Sie reden leichter und offener über Dinge, die sie berühren. Das stellte er auch bei Notker Wolf fest. »Er macht wohl weiter auf, als er vielleicht bei Kerner [damals Talkmaster im ZDF] oder sonst irgendwo machen würde.« So fragte Schmidbauer unverblümt, ob sich der Abtprimas auch heute noch Knall auf Fall verlieben könnte. »Würd dir so etwas passieren? – Hat er g'sagt: Natürlich, musst immer damit rechnen.« Notker Wolf hätte die Antwort ablehnen oder später die Szene noch löschen lassen können, was er aber nicht tat. »Wobei ich bei ihm nie den Eindruck hatte, dass er die Kontrolle über das verliert, was er sagt.«

Abgesprochen war so gut wie nichts, versichert Werner Schmidbauer. So war es für den Fernsehmann überraschend, als Notker Wolf sich plötzlich daran erinnerte, dass er just am Tag des ›Gipfeltreffens‹ vor 46 Jahren ins Kloster eingetreten war. Das Innehalten am Gipfelkreuz, das Gebet, es bekam noch eine intensivere Bedeutung für beide. Dass die Kamera auch in diesem Moment hautnah dabei war, störte manchen Zuschauer, Notker Wolf aber nicht. »So professionell ist er dann schon, dass er weiß, wenn er das macht da oben, wird er gefilmt – da ist ja ein Rotlicht auf der Kamera. Logisch, dafür sind wir ja da.« Werner Schmidbauers Lob ist ernst gemeint: »Dem muss man gar nichts erklären. Wir hatten selten einen so professionellen, auch einsichtigen Gast.«

Die wohlverdiente Vesper am Gipfelkreuz nach dem Aufstieg hatte dann Überraschungen parat für den Ordensmann. Wienerle gab's mit Senf und Brezen, Fleischpflanzerl und einen ›Kaas‹ – nichts als Lieblingsspeisen – und ein Instrumental-Duett als krönenden Abschluss.

Über die medialen Seiten des ›Managers der Benediktinermönche weltweit‹ hat sich auch der Fernsehmoderator seine Gedanken gemacht an diesem Tag auf dem Dürnbachhorn. Könnte Notker Wolf für seinen Orden nicht auch ohne so viel Medien-Öffentlichkeit arbeiten?

Ja, das könnte er. Wenn die Kritiker das wollen, dann müssen sie aber beim nächsten Mal einen anderen wählen, mit allen Konsequenzen. Notker ist einer, der mit Menschen in Kontakt ist, der ins Fernsehen geht, der sich zu irgendeinem Thema in die Talkshow reinsetzt. Ich könnte mir den nicht anders vorstellen.

Der Abtprimas hat Werner Schmidbauer mehrmals noch geschrieben, dass er sich »wahnsinnig gern an den Tag auf dem Berg zurückerinnert. Das war offenbar für ihn ein echter Urlaubstag.« Den er – und alle, die die Sendung noch nicht gesehen haben – sich immer wieder anschauen können. Um die Oster- oder Pfingstzeit pflegt das Bayerische Fernsehen diesen Wandertag der beiden zu wiederholen, jahrein, jahraus.

Notker-Wolf-TV-Jahre

In den folgenden Jahren begannen die Einladungen zu Talkshows wie Pilze aus der Erde zu schießen. Das Strickmuster war immer das gleiche: mehrere zusammengewürfelte Leute sitzen um einen Moderator und reden über ein brandheißes Thema. Reden über Gott und die Welt war in, und die moralisch-theologische Sichtweise durfte nicht fehlen – auch wenn sie gelegentlich zur Provokation benutzt wurde.

Wenn es sein Terminkalender erlaubte, nahm der Abtprimas solche Einladungen gerne an. 2008 wurde daraus so etwas wie das Notker-Wolf-TV-Jahr. Die Hamburger machten mit *Die Tietjen und Dibaba* den Anfang. Bei *Maischberger* traf er mit Leuten wie Eugen Drewermann, Ex-Gesundheitsministerin Andrea Fischer und Harry Valérien zusammen, deren teilweise großes Bedürfnis, sich zu äußern, den Redeanteil von Notker Wolf beträchtlich einschränkte. Ausgiebig nachholen konnte er das im Juli in der *Nachtlinie* im BR, wo eine Trambahn mit ihm durch München fuhr und er aus seinem »bewegten und bewegenden Leben« erzählte.

Der Abtprimas »in der Maske« kurz vor Aufnahmen zur Weihnachtssendung mit Nina Ruge (re.) 2008.

Auch bei der *Münchner Runde,* ein politischer Talk im Bayerischen Fernsehen, moderiert von Sigmund Gottlieb, war der Abtprimas des Öfteren zu sehen, einmal gerade aus Indien kommend und leicht Magen-Darm-lädiert. Einen Monat später hatte ihn der Mitteldeutsche Rundfunk MDR für sein *Riverboat* an Bord geholt, mit den Moderatoren Jörg Kachelmann und Jan Hofer. Und schließlich durfte im Dezember der damalige Focus-Chef Helmut Markwort den Benediktiner an seinem Sonntags-Stammtisch begrüßen.

2009, im Jahr der Finanzkrise, versuchte die Talk-Kaste die Religion und die Zocker an den Finanzmärkten irgendwie in Verbindung zu bringen – und fand die Gier. Sandra Maischberger bemühte sich, das Thema mit Fernsehpfarrer Jürgen Fliege, Bischof Walter Mixa und Notker Wolf zu beleuchten. Das ging auch daneben, weil Lehre und Realität gelegentlich auseinanderdriften und der Ottilianer Notker Wolf mit dem für sein Heimatkloster zuständigen Bischof Mixa keinen öffentlichen Disput austragen wollte und darum schon mal den Mund hielt. Nur bei einem Thema brach er seine Wortkargheit. Der Benediktiner widersprach der Ansicht von Bischof Mixa, dass die Exkommunikation einer 14-jährigen Brasilianerin gerechtfertigt ist, weil sie nach einer Vergewaltigung abgetrieben hatte. Die Geburt der Zwillinge hätte das Mädchen nicht überlebt. Mixa wäre die Rettung der Kinder wichtiger gewesen.

Drei Wochen später war der Benediktiner wieder auf Sendung. Johannes B. Kerner hatte einen besonderen Gast eingeladen. Nicht Notker Wolf, sondern den »Menschen Dieter Althaus«. Nach dessen Skiunfall, der einer Frau das Leben kostete, meldete der sich wieder zurück auf der politischen Bühne. Erneut ging es um ›Vergebung‹, um die der damals noch thüringische Ministerpräsident in epischer Breite bat und dabei kräftig Wahlkampf machte. Notker Wolf war eine unterstützende Nebenrolle zugedacht, die er bereitwillig mitspielte.

Wesentlich weniger Zündstoff hatten seine Auftritte bei Nina Ruge. Sie holte ihn gerne zu besinnlichen Sendungen an Weihnachten oder Ostern. Bei *Marshall und Alexander* erzählte er etwas über die Wieskirche im Allgäu oder er sprach in Sendungen zu kirchlichen Feiertagen. Das Bayerische Fernsehen – wer sonst? – hat bereits mehrere Filme mit und über ihn gedreht, war mit ihm unterwegs gewesen in der Welt. Da half Notker Wolf dann gern schon mal mit, wenn vor Ort Drehgenehmigungen fehlten oder mitreisende Journalisten das Visum für bestimmte Regionen vergessen hatten.

Auch die schreibende Zunft hatte seine Mail-Adresse und seine Handynummer gespeichert. Sie riefen ihn an und erreichten ihn kurz vor Abflug oder zwischen zwei Sitzungen in Sant'Anselmo. Eine Zeit lang hatte Notker Wolf diese Interviews quasi aus dem Stegreif gegeben. Damit war die Sache für ihn erledigt. Doch dann passierten Dinge wie das Interview im September 2008 mit *Idea,* einer evangelischen Nachrichtenagentur. Seine Ausführungen zur »Zunahme der Furcht vor einem radikalen Islam in Deutschland« wurden von *Welt online* weiterverwertet und mit dem Satz versehen, dass der Abtprimas zum – rechtslastigen – Anti-Islamisierungskongress nach Köln kommen werde. Es hatte vieler Interventionen bedurft, diese ›Ente‹ wieder aus der Welt zu schaffen.

Ein anderes Mal gab er einer Zeitung die Erlaubnis, ein Interview mit Auszügen aus einem seiner Bücher zu ›stricken‹, wieder ohne Gegenlesen und wieder hatten die Sätze eine andere Richtung. Der Tagesspiegel (Berlin) wollte im Februar 2008 »ein paar Zeilen« von ihm zum Fall Klaus Zumwinkel. Notker Wolf ordnete die Steuerflucht – »sollte sich die Anklage bewahrheiten« – als einen Skandal ein. Aber »so manche, die jetzt über ihn [Zumwinkel] herziehen, hätten in gleicher Situation vermutlich genauso gehandelt«. Die Wirtschaftsredaktion machte daraus: »Der oberste Repräsentant des Benediktinerordens hat die Debatte über massenhafte Steuerflucht aus Deutschland als verlogen kritisiert.« Notker Wolf war entsetzt, aber die Nachricht war schon verbreitet.

Mittlerweile hat der Abtprimas dazugelernt. Seine Interviews lässt er sich jetzt in der Druckversion zum Gegenlesen zuschicken und findet immer wieder ›Eckworte‹, ›eyecatcher‹, die sich die Redaktionen einfallen lassen, um den Text publikumswirksamer zu gestalten. Tatsächlich gesagt hat er das oft genug nicht.

Einen besonderen Stellenwert bekamen seine Äußerungen zu den aufgedeckten Missbrauchsfällen, vor allem, als das Benediktinerkloster Ettal in den Fokus rückte. Notker Wolf hatte lange versucht zu schweigen, hat sich aus der vehement geführten Diskussion meist herausgehalten, hat immer wieder darauf verwiesen, dass er als Abtprimas der Benediktiner-Konföderation ein Repräsentant sei und nicht in die Verwaltung und Führung der einzelnen Klöster eingreifen könne. Aber die Presse findet immer Wege, und er war nicht vorsichtig genug. Der *Focus* wollte ihn zu Ettal befragen und dann auch noch wissen, was überhaupt eine Apostolische Visitation sei. Das Gespräch musste der Abtprimas aus Zeitgründen ablehnen, den nachgefragten Begriff hatte er dennoch erläutert und die Bemerkung angehängt, dass der Visitator auch gleich die Rolle von – damals noch – Erzbischof Reinhard Marx hinterfragen könne. Zwei Stunden später standen Teile seiner Mail als »verärgerter« Kommentar zum »Umgang mit seiner Abtei« im Internet. Die Erzdiözese München und Freising müsse sich fragen lassen, wurde er in *Focus online* am 6.3.2010 weiter zitiert, ob man »so mit einer Abtei umgehen kann, wie sie [die Erzdiözese] es jetzt tut, beispielsweise die Schließung der Schule anzudrohen, falls der Schulleiter nicht zurücktritt, ohne dass diesem das Geringste vorgeworfen werden kann«. Notker Wolf fühlte sich »reingeritten«, war »enttäuscht«. Aber eigentlich hatten die Journalisten nichts weiter als ihren Job gemacht. Sie hatten ihn einfach beim Wort genommen.

Für diese Haltung zu Ettal hatte Notker Wolf auch Beifall erhalten, denn das forsche Vorgehen von Erzbischof Marx fand nicht nur Zuspruch. Darum entschied sich der Abtprimas doch wieder, das für ihn nicht immer erfolgreiche Terrain der Talkrunden zu betreten. Den ersten Vorgeschmack auf die Rolle, in die er als ein Vertreter der katholischen Kirche bei der Aufarbeitung des Missbrauchs-Skandals gedrängt wurde, bekam er in *Dickes B* bei Radio Berlin-Brandenburg zu spüren. Die teilweise persönlichen Angriffe des Schauspielers Michael Gwisdeck auf ihn blieben ihm lange in Erinnerung.

Einen Monat später war Notker Wolf wieder bei Beckmann eingeplant, zum dritten Mal inzwischen. Nun hatte sich der Abtprimas vorgenommen, über die Betroffenheit in seinem Orden zu reden. Er wollte darlegen, dass in Zukunft

> *... auf die Reife, auch die sexuelle, bei Kandidaten [für das Kloster] geachtet werden müsse, dass während der Lebensphasen die Sexualität immer wieder thematisiert werden müsse. Ich bin auch dafür, dass alle Missbrauchsfälle gleich dem Staatsanwalt gemeldet werden müssen, auch gegen den Willen des Opfers, weil man mir das hinterher sonst als ›Vertuschung‹ auslegt. Ich muss eingestehen, dass man früher die Tragweite eines sexuellen Missbrauchs nicht erkannt hat, vor allem die Wirkung auf die Opfer nicht, und dass man die Haltung der Kirche zur Sexualität überdenken sollte.*

So ähnlich wollte er es bei Beckmann darlegen. »Ich kann nur hoffen, dass ich die richtigen Worte finde.«

Nach knapp 40 Minuten Sendung hatten die anderen Gäste, der Trierer Bischof Stephan Ackermann, die Bundesjustizministerin Sabine Leutheusser-Schnarrenberger, die Direktorin der Odenwaldschule Margita Kaufmann, Bodo Kirchhoff, Schriftsteller und selbst Opfer sexuellen Missbrauchs, und Johannes Heibel als Vertreter der Opfer, alle richtige Worte gefunden und schon kräftig diskutiert. Nur Notker Wolf saß dabei und wartete immer noch auf seinen Einsatz, auf die richtigen Fragen zu seinen geplanten Antworten. Endlich wandte sich Beckmann dem Benediktiner zu und fragte ihn – nach seinem Wissensstand zu Ettal. Am nächsten Tag amüsierte sich die Presse darüber, dass er »... von der Gewalt im Kloster Ettal im März erfahren habe, zehn Tage, nachdem die ersten Geschichten in den Zeitungen standen« (Süddeutsche 27. April 2010). Auch seine anschließenden Anmerkungen über die »Versuchbarkeit des Menschen« und der unglückliche Satz, dass sich ein Geistlicher und ein Kind besser nicht nebeneinander auf ein Sofa setzen sollten, fand die entsprechende Aufmerksamkeit in Form von Häme. Entschädigung, das große Thema dieser Sendung, ging gänzlich an ihm vorbei. Er, der meinte, diesen Punkt sicher verdeutlichen zu müssen, wurde dazu erst gar nicht gefragt. Für drei Minuten Redezeit war er eigens nach Hamburg geflogen. Seine Wut im Bauch und die ungesagten Dinge wurde er erst los, als die Kameras nicht mehr liefen.

Jetzt ließ er es erst einmal bleiben, das Talken. Interviews gab er weiter. Und erneut konnte er in letzter Minute »etwas ganz Schlimmes« abwenden. Damit es besser klingt, hatte ein Journalist in der Druckversion eines Interviews den knackigen Satz von der »Hexenjagd wie im Mittelalter« erfunden und ihn Notker Wolf als Beschreibung »des Medienverhaltens zu den Missbrauchsfällen« in den Mund gelegt. Gerade noch konnte der Abtprimas die ›Hexenjagd‹ verhindern. »Vielleicht passe ich manchmal zu wenig auf«, musste er erneut eingestehen.

Smalltalk

Wer so viele Bücher herausbringt, dem bleibt nicht erspart, sich immer wieder in der Öffentlichkeit zu zeigen. Dafür werden die Autoren von den Verlagen zu kurzweiligen Smalltalks in alle möglichen Formate geschickt. Da sitzt Notker Wolf dann bei Markus Lanz zwischen Stars und Sternchen, macht es sich auf blauen Sofas mitten in der Buchmesse bequem und erklärt, warum der Glaube Flügel verleiht, wohin er pilgert und warum er sich – eigentlich überhaupt keine – Zeit gönnt. Aber diese lockeren Talkrunden haben den Vorteil, dass Fragen nach Reformen und der Zukunft der Kirche, nach Zölibat und Diskussionsbereitschaft des Vatikan irgendwie draußen vor der Tür bleiben.

Notker Wolf sieht sich darum schon lange in einem Dilemma. Er weiß um das Glatteis der Talkshows und glaubt auch, dass dort nur wenig dem Zufall überlassen wird. Die Freunde, die so manche Runde schon am Fernsehgerät miterlebt haben, sehen das ähnlich: »Wenn er etwas sagt, was denen nicht in den Kram passt, dann wird sofort das Thema gewechselt.« Doch Notker Wolf will das Feld nicht immer nur den anderen überlassen, darum betritt er gelegentlich sogar ›unterstes Niveau‹.

Ein Mann zum Anfassen. Das dachte sich offensichtlich auch die Schauspielerin Ute Lemper in der Sendung 3 nach 9 von Radio Bremen am 31. Januar 2014. Notker Wolf macht auch solche Späße mit, vor denen zertifizierte Katholiken eher zurückschrecken.

2011 interessierte sich ein neuer Sender für den Abtprimas. Der Privatsender *Servus TV*, eine hundertprozentige Tochter der Red Bull GmbH mit Sitz – inzwischen – in Fuschl am See/Österreich, lud ihn zum *Talk im Hangar 7* nach Berlin ein. Das Thema »Wer glaubt, wird selig?« sollte eine »hitzige Debatte« werden, in der »überzeugte Atheisten wie Michael Schmidt-Salomon auf überzeugte Gläubige wie Abtprimas Notker Wolf treffen«. Die Zuschauer im Studio schienen mehr den Argumenten der Atheisten zugeneigt und beklatschten deren Beiträge. Was wiederum Notker Wolf zu der Vermutung kommen ließ, dass das mitgebrachte Claqueure waren.

Aber eigentlich stand hinter dem Ganzen ein ganz anderes Projekt. Der Sender plante einen Talk direkt aus Rom und hatte dafür schon im Vorfeld einen geeigneten Ort gesucht. Die OSB-Zentrale, das Kloster Sant'Anselmo, sollte es sein, und als Gegenleistung war Notker Wolf in den *Talk im Hangar 7* eingeladen worden. Aber irgendwie hatte der Abtprimas das Rom-Projekt nur als Interview-Anfrage verstanden, bis 50 Techniker anreisten, eine Woche die Abtei belagerten und den Innenhof des Klosters in tiefrotes Licht hüllten. Am Vorabend der Seligsprechung von Johannes Paul II. war eine Talk-Runde geplant über »Wert und Wirkung von Leitfiguren für unsere Gesellschaft«.

Eigentlich sollte ein Moderator das Ganze leiten, aber der fiel ganz plötzlich aus, weil es ihm angeblich zu kalt war. Woraufhin das Servus-TV-Team den Abtprimas bat einzuspringen. Der musste dann auch nicht lange gebeten werden. Im Nachhinein, sagt er, tat er es Johannes Paul zuliebe. Am 28. April 2011 ›debütierte‹ – wie *Servus TV* es in seinem Internet-Auftritt formulierte und damit suggerierte, dass dies nicht das letzte Mal sein werde – der Abtprimas als Moderator in einem ›Kultur-Talk‹ mit dem aktuellen Thema: »Von Helden und Heiligen – Was bleibt für die Ewigkeit?«

Aus dem dunklen Kreuzgang kommend begrüßte Notker Wolf nonchalant seine abendlichen Gäste. Das war dann auch der längste Rede-Part für ihn an diesem Abend. Denn als Nur-Moderator war dem Abtprimas keine persönliche Meinung vergönnt, obgleich das Thema ihm auf den Leib geschneidert und Inhalt unzähliger seiner Vorträge und Interviews gewesen war. Mit kurzen Zwischenfragen sollte er vielmehr das Gespräch in Gang halten und lenken – oder Werbepausen ansagen. Er ließ sich zum Pausenclown degradieren, und das alles für die Quote. Denn er war das Zugpferd für den jungen Privatsender.

Wie ernst er danach die Kritik nahm, hat er nicht gesagt.

Es gab einige dieser unglücklichen TV-Auftritte. Fragt man ihn, warum er immer und immer wieder in solche oberflächlichen Gesprächsrunden geht, sagt er, dass das auch eine seiner Aufgaben sei:

Dann beklagen wir uns, dass die Kirche in der Öffentlichkeit und in der öffentlichen Diskussion nicht präsent ist. Sollen wir wirklich das Feld allen anderen überlassen? Die Meinungsmache der Bevölkerung geschieht zu einem guten Teil durch die Talkshows. Ich kann das nicht ändern und kann auch nicht die Qualität der Moderatoren ändern.

Und Notker Wolf sieht noch einen weiteren Grund für seine Bereitschaft zum öffentlichen Talk. Jesus habe gesagt: »Es jammert mich des Volks« (nach Mt 15 /32).

Ein Held mit Lampenfieber

Zur regen Vortragstätigkeit Notker Wolfs meinte ein Benediktinerabt einmal folgendes und spricht damit aus, was einige denken.

Ich habe den Eindruck, dass Notker es nur noch schwer bei sich aushalten kann und dass er deshalb seinen Terminkalender mit den vielen Vorträgen vollknallt.

Der Saal war nur zur Hälfte gefüllt. Der Termin war ungünstig. Freitagabend in Stuttgart, kurz vor der Landtagswahl in Baden-Württemberg. Die Katastrophe im japanischen Atommeiler Fukushima und Stuttgart 21 waren wohl interessanter. Denn nicht so viele wie sonst hatten das Bedürfnis, dem höchsten Repräsentanten der weltweit über 800 Benediktinerklöster zuzuhören. »Notker Wolf erzählt von seinen Erfahrungen mit den Tugenden Tapferkeit, Gerechtigkeit, Klugheit,

Maß, Glaube, Liebe, Hoffnung«, kündigte die Pressemitteilung an. Er wolle auch darlegen, welche Rolle diese christlichen Tugenden »im internationalen Unternehmenshandeln überhaupt spielen«.

Vorträge am laufenden Band, wie hier 2008 in Augsburg.

Das Publikum war sehr gemischt: die Richterin und der Rechtsanwalt, der leitende Angestellte mit Frau – die gar nicht gewusst hatte, wohin sie ihr Mann da mitnahm –, ein Rentnerehepaar, zwei Damen, »Fans«, wie sie sich zu erkennen gaben, ein Mitarbeiter der (evangelischen) Akademie Bad Boll, ein junger Mann, der sich als Student für Wirtschafts- und Unternehmensethik an der Universität Hohenheim outete und gerade an seiner Promotion saß. Sie wollten mit rund 150 anderen hören, was dieser Ordensmann zu sagen hat. Der »Versicherer aus dem Raum Kirche« wurde da schon konkreter. Der wollte herausfinden, wie einer wie Notker Wolf ›tickt‹, um danach mit dem Kirchenpersonal versicherungstechnisch besser umgehen zu können. »Er sagt, was ich denke«, sagte eine Frau am Ende. Einigen war das zu wenig oder zu wenig konkret. »Ich hätte da schon so manches anzumerken gehabt beim Thema Bildung«, meinte eine Sozialpädagogin.

Zwei Wochen später sprach der Abtprimas vor einem ganz anderen Publikum. Die 80 handverlesenen Gäste aus Universität, Verwaltung und Kirche, dazu Geschäftspartner und Freunde des gastgebenden Unternehmers wollten wissen, was Notker Wolf zur »Ethik der Arbeitslosigkeit« zu sagen hat. »Kannst du übrigens verstehen, dass ich vor jedem Vortrag Lampenfieber habe?«, hatte der Benediktiner einmal gestanden. An diesem Abend war sie spürbar, diese Nervosität.

Später, an den runden Stehtischen bei Häppchen und Wein, zeigten sich einige enttäuscht. Sie hatten »wegweisende Sätze« erwartet, provokant, fordernd. Notker Wolf konnte an diesem Abend niemanden von den Sitzen reißen. Das ›Querdenker-Image‹ fiel aus. Was er sagte, war bereits bekannt – aus Funk und Fernsehen. Ein Gast orakelte: »Man munkelt, er strapaziere zu sehr seine Gesundheit und sei ziemlich fertig. Er hätte besser seine E-Gitarre ausgepackt. Davon hätten wir mehr gehabt.«

Es wird nicht einfacher für den Benediktiner, das Bild zu bedienen, das man inzwischen schon vor seinem Auftritt von ihm hat. Ob er das überhaupt will, ist dabei eine ganz andere Frage. Seine Zuhörer wollen jedenfalls das, was sie in seinen Büchern lesen, ›live‹ erleben. Sie hoffen »auf gute Gedanken« und eine Mischung aus Unterhaltung, Bestätigung der eigenen Wertevorstellungen und mindestens »ein Bömbchen«, das Notker Wolf so gern legt. Darunter versteht er Seitenhiebe auf Politiker, Banker, Entscheider und auf die, die sich an der Solidargemeinschaft bedienen.

Hin und wieder ergibt sich sogar die Gelegenheit, ihnen direkt ins Gesicht zu sagen, was er zu beanstanden hat. Dem damaligen Deutsche-Bank-Chef Josef Ackermann etwa, den er im März 2009 in

Luzern auf dem Podium traf. Zuvor hatte Notker Wolf der *Neuen Züricher Zeitung (NZZ)* bereits gesagt, was er von »Ackermann und Co.« hielt, dass der Mann »ja schon sehr arrogant aufgetreten ist … aber mir ist lieber ein Arroganter, der etwas kann, als ein Bescheidener, der nichts kann«. Geld darf Ackermann und Co. auch verdienen, aber nur so viel, »dass sie sorgenfrei leben können. Mehr nicht.« Liest man die Zeitungsberichte über dieses Zusammentreffen, muss davon ausgegangen werden, dass Notker Wolf seine Vorwürfe an die Banker auf dem Podium nicht wiederholt hat.

Die vielen Anfragen, Notker Wolf als Gastredner für alle möglichen Events zu engagieren, kanalisieren mittlerweile Agenturen, wie ›Gastreferenten‹ oder die ›Agentur für Helden‹. Auf der Suche nach ebensolchen hatten Letztere ihn 2006 angesprochen. Man will Vorbilder und Mutmacher im Angebot.

> *Notker Wolf ist so ein Mensch: Er gilt als unabhängiger und unkonventioneller Geistlicher, der für seine ketzerischen Gedanken zu Deutschland bekannt ist. Mit ihm können sich unsere Kunden Impulse und Welten ins Unternehmen holen, zu denen sie normalerweise keinen Zugang haben.*

So die Erklärung der ›Helden‹-Agentur dazu.

Aber auch Notker Wolfs Tag hat nur 24 Stunden und es stehen ihm nicht mehr als 365 Tage im Jahr zur Verfügung. Obwohl es manchmal bis zu zehn Vortragsveranstaltungen im Monat werden, finden sich immer noch Lücken in seinem kleinen Taschen-Terminkalender, millimetergroße Freiräume, die noch nicht mit Trauungen, Taufen, Gesprächen, Sitzungen, Reisen oder eben mit Vorträgen belegt sind. Die Agentur weiß das zu schätzen.

> *Es ist erstaunlich und beeindruckend, wie schnell Notker Wolf auf unsere Vortragsanfragen reagiert. Oft antwortet er innerhalb von ein paar Stunden. Wenn es lange dauert, erhält man sein Feedback am Folgetag – und das dann oft vom anderen Ende der Welt.*

»Ein Profi – ohne Starallüren«, charakterisierte ihn Simone Wizani, Projekt-Managerin der ›Agentur für Helden‹. »Außerordentlich kooperativ und entgegenkommend«, stufte sie ihn ein, denn bei hartnäckigen Anfragen von Kunden nach einem Termin mit dem Abtprimas sei der »gerne bereit, das Meine beizutragen und das Unmögliche möglich zu machen«. Also, die Lücke im Kalender wird irgendwie doch gefunden. Viele Anfragen, das räumte die Agentur-Managerin jedoch ein, müssen aus Zeitmangel negativ beschieden werden.

Der Themenkatalog, aus dem sich die Kunden bedienen, orientiert sich meist an Notker Wolfs Büchern. Er wird geholt, um über Begriffe wie Werte, Ethik, humanes Management oder Nachhaltigkeit zu reden. Inzwischen sind auch der neue Papst Franziskus und die Versuche, ihn zu deuten, zum festen Repertoire von Notker Wolfs Ausführungen geworden. Wer, wenn nicht er, den man ganz nah am Vatikan vermutet, kann den Südamerikaner analysieren.

Es passiert schon einmal, dass zwar der Veranstalter und die Agentur kurzfristig noch einen Themenwechsel absprechen, allein Notker Wolf bleibt unwissend. Wer da nicht aufgepasst hat, ist nicht mehr wichtig, wenn er vor 400 Zuhörern steht und zu einem ganz anderen Thema sprechen soll, als er sich vorbereitet hatte. »Und dann: sich nichts anmerken lassen und eine Stunde frei reden … Ich bin am Ende einer solchen Rede immer total kaputt.« Meistens hat tatsächlich keiner etwas bemerkt. In einem konkreten Fall hatte sich der Veranstalter hinterher bei der Agentur »für einen umwerfenden Vortrag« bedankt. Es gehört quasi zu Notker Wolfs Arbeitsstil: »Wenn ich Vorträge halte, arbeite ich bis zur letzten Minute dran.«

Gelegentlich hat sein Thema nichts zu tun mit dem der Veranstaltung. Da treffen sich Immobilienmakler oder Mediziner, da spricht er bei Sparkassen-Hauptversammlungen, Neujahrsempfängen oder Managerseminaren. Notker Wolf weiß den konkreten Anlass nicht immer ganz genau, denn Vorgespräche finden mit ihm, das bestätigte die Agentur, nur hin und wieder statt.

Bei einem anderen Vortragstermin sahen nicht alle Geladenen ein, warum eine Bank anlässlich des Weltfrauentages ausgerechnet einen Mönch als Gastredner eingeladen hatte. Man versuche ihn schon seit zwei Jahren zu bekommen, war die arglose Begründung, und nun hätte es zu diesem Termin geklappt. Kritik und Enttäuschung waren die logische Folge.

Notker Wolf versucht sich dennoch auf sein Publikum einzustellen. »Ich ziehe nie Altes aus der Schublade«, darum ist jede Rede ein Unikat. Und er ist sein eigener Kontrolleur. Wenn er im Vorfeld erkennt, dass seine Ausführungen wenig zünden und einer Aufpeppung bedürfen, zerreißt er seine mühevolle Nachtarbeit schon einmal kurzerhand. Es wird sich eine weitere Nacht, eine Flugstrecke oder ein Hotelzimmer finden, wo ihm die »entscheidenden Gesichtspunkte« einfallen. »Es hatte die ganze Zeit geklemmt, aber auf dem Flug von Rom nach Paris ist mir das Passende eingefallen.«

Der Erfolgsdruck steigt permanent, weil ihn irgendwelche Leute irgendwo erlebt haben und sich nun den gleichen Event ins eigene Haus holen wollen. Man hofft, mit ihm als »auserwählten Redner« bereits im Vorfeld zu punkten. Man weiß auch schon genau, was man erwarten darf.

> *Wolf ist ein Mönch, der kein Blatt vor den Mund nimmt. Seine Thesen sind zum Teil provokant, wie beispielsweise seine Kritik am Sozialstaat und den seiner Meinung nach zu hohen Hartz-IV-Sätzen. Auch seine Beharrlichkeit ist berüchtigt, zahlt sich aber aus, wie die Eröffnung eines Krankenhauses mit 600 Betten in Nordkorea zeigt.*
>
> SCHWÄBISCHE.DE

Genauso, wie sich die Bettenzahl plötzlich von 100 auf 600 vervielfachte, werden die Erwartungen hochgeschraubt und sind am Ende schwer zu bedienen, wenn er drei Vorträge an drei aufeinanderfolgenden Tagen hält. »Er soll ja jedes Mal den Nagel auf den Kopf treffen.«

Im Laufe der Zeit veränderte sich sein Publikum. Nicht, weil die kleinen Leute nicht mehr kamen zu Notker Wolf, sondern weil ihm die Agenturen immer Exquisiteres vermittelten. Sicher, der Abtprimas spricht immer noch vor den Landfrauen oder in einer kleinen Pfarrei im Allgäu. Auch Benefiz-Veranstaltungen können weiterhin auf sein Mitwirken zählen. Aber die Vorträge bei Banken, Versicherungen oder vor Managern und ›Entscheidern‹ bei großen Unternehmen mehrten sich. Diese Kreise zahlen Vortragshonorare, Flug- und Bahntickets sowie Übernachtungskosten im gehobenen Hotelsegment ohne Murren.

Dazu kommen Seminare und Workshops ›zur Persönlichkeitsbildung‹, abgehalten in Schlössern mit integriertem Vier-Sterne-Hotel. Hier trifft Notker Wolf auf die junge Elite, diejenigen, die ganz nach oben wollen. Vor einiger Zeit wollte er dann auch denen begegnen, die es schon lange geschafft haben und nun ihr Altersruhegeld genießen. Der Benediktiner ließ sich darum auf einem Kreuzfahrtschiff anheuern. Zwischen Orient und Asien bot man den Cruise-Gästen ›Frisches Denken voraus‹, unter anderem mit Vorträgen des »meinungsfreudigen Talkshow-Gastes Notker Wolf« über ›humanes Management‹. Die Zahl der Zuhörer im Kinosaal ließ darauf schließen, dass er gut ankam bei den Kreuzfahrtgästen.

In solch einem Ambiente bewegt sich auch der Teil der Gesellschaft, der nicht mit dem Pfennig – oder Cent – rechnen muss. Das Glück, auf diese finanzstarken Randgruppen zu treffen, wurde Notker Wolf zuteil im Golf von Bengalen. Hier auf dem Schiff hatte er die Menschen hautnah um sich, die für eine großzügige Spende sensibilisiert werden konnten. Und es gab tatsächlich den einen oder anderen, der ihm anbot, etwas tun zu wollen für den Benediktinerorden und dessen Engagement für das abendländische Bildungsgut.

Spätestens jetzt muss etwas zu dem Armuts-Gelübde der Mönche im Allgemeinen und zu dem des Notker Wolf gesagt werden. Denn die Frage kommt: Was macht der Mann nur mit dem vielen Geld, das er mit seinen Büchern und seinen Vorträgen einnimmt, mit den Spenden, die er zugesteckt oder überwiesen bekommt?

Sie fließen in die Ordenskasse. Mit diesem Geld wird zum einen die Benediktinerzentrale in Rom saniert und erhalten. Zum anderen wird es genutzt, um Stipendien an benediktinische Studenten in Sant'Anselmo zu vergeben, die zur Ausbildung nach Rom geschickt werden, deren Heimatklöster jedoch die Studiengebühren nicht bezahlen können.

Nichts von diesen Einnahmen fließt in seine eigene Tasche, aber es gibt eben auch nichts, was er aus einer eigenen Tasche bezahlen müsste.

Trilemma – »Wie Salzsäure im Gesicht«

Mai 2011 – Notker Wolfs Heimatkloster in Bayern wird von einer Anfrage des Wochenmagazins *Focus* aufgeschreckt. Es werde ein Roman erscheinen mit dem ehemaligen Erzabt und jetzigen Abtprimas als eine der Hauptfiguren. Ein inzwischen 43-jähriger Münchner Stückeschreiber, Lyriker und Romancier habe einen Teil seines Lebens literarisch aufgearbeitet. Sein Verlag kündigte einen ›rasanten Thriller‹ an, ein »erschütterndes Panorama moralisch-politischer Strukturen in Deutschland«.

Die Erinnerung an das »Trilemma«, wie es Notker Wolf nennt, in dem er einer vermeintlichen Ärztin vertraut, damit gleichzeitig einen jungen Mann in Lebensgefahr gebracht hatte, und das Ende einer Freundschaft, holte der Roman wieder hervor. Nun aber aus der Sicht des anderen, der offensichtlich, genau wie Notker Wolf, die Ereignisse 20 Jahre lang in der hintersten Schublade seiner Gedanken verstaut hatte.

Kaum war das Buch auf dem Markt, erkannten die Medien in der Vorlage zur Person des ›Abt Silvester‹ – der immer wieder nach China und Indien unterwegs ist und Querflöte und E-Gitarre spielt – Notker Wolf, damals Erzabt des Benediktinerklosters am Ammersee. Und ›Sebastian‹ glich dem Autor, jenem Albert, der mit dem Erzabt Latein gepaukt, ihn als Vaterersatz auserkoren hatte und sich am Ende von ihm alleingelassen fühlte. Verstanden hatte der Romanschreiber diesen Bruch der Freundschaft offensichtlich nicht, geschweige denn ihn verziehen.

Klang nach Autobiografie und nach Aufarbeitung? Ja und nein, versuchte der Verlag abzuwiegeln. Der Autor baute ebenfalls vor und nahm mit seinem einstigen »väterlichen Mentor« Kontakt auf, noch bevor das Buch offiziell erschienen war. Er wolle ihn nicht in den »Rummel« um diesen Roman hineinziehen. Rummel? War der schon vorprogrammiert?

Albert war wohl klar geworden, wie wenig sich seine fiktiven Romanfiguren unterscheiden von existierenden Menschen, wie simpel der Weg sein würde von seinem ›Abt Silvester‹ zu Abt Notker und von ›Sebastian‹ zu ihm selbst. Aber diese Aufräumarbeiten in seiner Seele sollten trotzdem kein Tatsachenbericht sein. Es ist ein Roman, beharrte er Notker Wolf gegenüber, und vor allem sei es keine Anklage. Die Redakteure in den Medien sahen das offenbar anders.

Die Vorlage zu dem Roman ist der gemeinsame Teil zweier Leben, der des etwa 50-jährigen Notker Wolf, Erzabt von St. Ottilien, und des gut 20 Jahre alten Albert Ostermaier, Schüler des Rhabanus-Maurus-Gymnasiums und Sohn ehrgeiziger Unternehmer-Eltern. Der Roman gibt, abgesehen von den veränderten Namen, ziemlich genau die Geschichte wieder. Ein Mann, der sein Vater sein könnte, kümmerte sich um einen jungen, holte aus ihm die Fähigkeiten, die seine Eltern weder sahen noch akzeptierten. Er büffelte mit ihm Latein und versuchte nach dem Abitur zu vermitteln zwischen den Eltern und dem Junior, die keinen Schriftsteller in ihm sahen, sondern den Erben der Firma. Und – das komplizierte die Sache – die Eltern waren angetan von der Nähe zu diesem Abt und erhofften sich Prestige und Fürsprache durch die guten Taten, die sie ihm und seinem Kloster angedeihen ließen.

Notker Wolf weiß heute, dass es ein Fehler war, die ›guten Taten‹ in Form von Geschenken, Reisen, Einladungen in Restaurants und finanzielle Unterstützung für das Kloster anzunehmen, ohne der Vereinnahmung entgegenzuwirken. Auch Sebastian im Roman, ebenso wie Albert in der Realität, forderten diesen Freund, erwarteten seine Verfügbarkeit. Genau das aber ist mit Notker Wolf nicht zu machen. Dass er zu vielem trotzdem nicht Nein sagte, verschlimmerte das Ganze.

Wegen einer ungeklärten Krankheit des jungen Mannes brachte der Erzabt ihn mit einer Ärztin in Kontakt. Notker Wolf ist bis heute von deren Fähigkeiten überzeugt, denn sie habe ihm selbst und seinen Mitbrüdern geholfen. Aber sie war keine examinierte Medizinerin. Als sie Sebastian / Albert prophezeite, dass er binnen eines halben Jahres sterben werde, brach der in Panik aus.

Eine zweite Diagnose in einem Münchener Krankenhaus brachte Gewissheit, dass nämlich der junge Mann völlig gesund und die Ärztin keine Ärztin war, schon gar keine Koryphäe auf dem Gebiet der Tropenkrankheiten. Notker Wolf war inzwischen auf Distanz gegangen, nicht zur Ärztin, sondern zu seinem jungen Freund und dessen Familie. Er musste abwägen, sagt er bis heute, zwischen seinen eigenen, guten Erfahrungen mit der angeblichen Ärztin, deren Familie, die der Benediktiner mit einer Anklage glaubte zu zerstören, und der Wut und Enttäuschung des jungen Mannes, die ihm in dieser Intensität nicht bekannt gewesen seien.

> *Weißt du, was es heißt, in einem Trilemma zu sitzen und zu wissen, was immer du machst ist verkehrt? Nur, dass er zu keinem Frieden kam, war mir nicht bewusst, bis der Roman erschien.*

Dennoch habe er Albert die eigene Entscheidung nicht abnehmen können und damit auch nicht die Verantwortung. »Ich fühlte mich schuldhaft, obwohl ich eigentlich nichts dafür konnte.«

Die Freundschaft, oder wie es Notker Wolf charakterisiert, das »Vater-Sohn- / Lehrer-Schüler-Verhältnis« hatte letztendlich dieser extremen Belastung nicht standgehalten. Er habe mit Albert geredet, sagt der Benediktiner, verständlich machen konnte er ihm seine Haltung offenbar nicht. »Ich habe ihm dann noch einen Brief geschrieben und mich von ihm verabschiedet … Ich habe mich nie von jemandem verabschiedet außer gerade von ihm.«

Goldenes Schweigen

Das erste Treffen nach 20 Jahren fand, wie beim Abtprimas inzwischen üblich, im Flughafen statt – zwischen zwei Flügen. Sie benötigten gerade zwei Stunden, um jene »tiefe Wunde« in Notker Wolf zu verarzten und die »tiefe Bitterkeit« (Rezension *FAZ*) des Romanschreibers zu lindern. Der Schauplatz war (wieder) ein Restaurant. Nur sollten jetzt die Probleme nicht beginnen, sondern aus der Welt geschafft werden. Aber Notker Wolf konnte Albert auch bei diesem Gespräch in München-Erding kaum anderes sagen als 20 Jahre zuvor. Trotzdem waren beide nun der Meinung, »die alten Freundschaftsbande« erneut aufnehmen zu können. Für den Literaten begann sogar die eigene Welt wieder zu leuchten. In der Öffentlichkeit blieb Albert lieber beim Schweigen – über »ihre Geschichte«.

Es ist nicht leicht, einen Roman, dessen 288 Seiten so vieles enthalten, was offensichtlich Tatsachen entsprach, ausschließlich als Fiktion, als Literatur zu betrachten. Darum lasen die Buchrezensenten – neben Kritik an der Sprache – Anspielungen heraus auf Homoerotik, auf »emotionalen Missbrauch«. Gefragt nach solchen Intentionen oder versteckten Hinweisen, verwies der Autor immer wieder auf die Freiheit der Gedanken eines jeden Lesers.

Andere Buchbesprechungen filterten doch eine »Anklage« heraus, »eine flehende Frage: Wie konntest du mir das antun?« *(FAZ.net)*. Dieser Sichtweise neigte der Autor am ehesten zu, wenn er seiner Figur Sebastian »blindes Vertrauen« in den Vaterersatz bescheinigte, in den Freund, »der den Glauben repräsentiert hat, und zwar die Autorität« (*SWR2 Literatur,* 21.06.11). Er sah das Zusammentreffen von Glauben und Wissenschaft, von Abt und Ärztin im Moment der tödlichen Diagnose als eine Bedrohung.

> *Wenn hier zwei das Gleiche sagen, aus zwei verschiedenen und sich eigentlich widersprechenden Wegen, dann wird es natürlich umso bedrohlicher, diese Diagnose, und verlangt es einfach wahnsinnig viel, dem nicht zu glauben, sich dem zu widersetzen.*
>
> *SWR2 LITERATUR*

Es habe ihn »einige Nerven gekostet« das Buch zu lesen, sagt Notker Wolf. Denn alles, an das er 20 Jahre lang nicht mehr denken wollte, kam jetzt wieder hoch. Zudem sahen die Medienvertreter plötzlich in der literarisch überzeichneten Figur von Abt Silvester nur noch den real existierenden Notker Wolf. Das lag ihm dann wirklich schwer im Magen. Vor allem die Häme in einigen Beiträgen hatte den Menschen Notker tief getroffen, nicht zuletzt die Buchbesprechung, die Freunde und Verwandte in seiner Allgäuer Heimat zu lesen bekamen. Da war die Rede von einem Abt, »der ein so böses Spiel mit dem jungen Mann spielt«. Notker Wolf sah sich nicht als »cooler Typ«, wie es – inklusive vieler sachlicher Fehler – in allen Regionalausgaben der *Augsburger Allgemeinen* (8. Juni 2011) abgedruckt war, auch nicht als »… halb Engel, halb Dämon … ein charismatischer Benediktiner, ein Seelenfänger, ein geistlicher Entrepreneur … der die kulinarischen Wonnen des Lebens mit klerikaler Grandeur zu genießen versteht und sein geistliches Amt aus der Fülle des Seins in Szene setzt« (*Zeit online – Literatur / Die ZEIT,* 01.06.11).

Der Schriftsteller blieb derweil dabei: Ein Roman ist ein Roman. Manchmal griff er aber doch mit Interpretationsvorgaben ein, um seine »tollkühne Achterbahnfahrt«, wie sich der Musiker Herbert Grönemeyer auf dem Buchumschlag zitieren ließ, in die von ihm gewollte Richtung zu dirigieren. »Genau diese psychologischen Muster« seien ihm wichtig, sagte er im Südwestrundfunk, »diese Mechanismen … wie jemand sich in diese Familie hineinbegibt und eine Tür öffnet, um Mitglied dieser Familie zu sein … was das an seelischen Schäden anrichten kann«. Der Roman-Abt wurde also weiter zum Teufel degradiert, zum Macht-Katholiken und Dämon, der mithilfe von falschen Diagnosen einer falschen Ärztin seine Opfer einfing. Alle blickten auf Notker Wolf, obwohl der gar nicht gemeint sein sollte. Es war ja nur ein Roman.

Die *aspekte*-Sendung im ZDF widmete sich gute fünf Minuten dem Buch samt klaren Hinweisen auf Notker Wolf und St. Ottilien (*aspekte* v. 17.6.11). Kryptische Sätze wie: »Eine Manipulation, ein abgekartetes Spiel, vom Abt lanciert, ein Versuch, ihn [Albert oder Sebastian?] zu brechen« wechselten sich ab mit dramatischen Textpassagen, rezitiert vom Autor selbst in düsteren, leeren Kirchenhallen. Ansonsten überließ dieser stoisch dem Publikum, irgendwelche Schlüsse und Rückschlüsse zu ziehen aus der »Erfahrung, um die es mir da in dem Buch geht und die natürlich unglaublich ist«.

Es passte alles so schön in die Missbrauchsskandal-Landschaft jener Tage.

Der Einzige, der konsequent schwieg, war Notker Wolf, obwohl es sich für ihn anfühlte wie »Salzsäure im Gesicht«. Dieses Schweigen war inzwischen ein Akt der Vernunft geworden, ein Schutz für ihn selbst. Er habe sich niemandem aufgedrängt oder sich gar irgendwo eingeschlichen, sagte er einigen wenigen. Im Kloster St. Ottilien registrierte man kaum besorgte Anfragen. Einige meldeten sich, wollten helfen, Gymnasium, Abtei, den Orden und vor allem den Abtprimas vor Rufschädigung zu bewahren.

Sechs Wochen nach Erscheinen des Romans und einem Schwall von Deutungen, Mutmaßungen und Kaffeesatzlesen darüber, was den Autor dazu bewegt haben könnte, ein Drama seines Lebens aufzuschreiben, meldeten sich die *Missionsblätter* (2 / 2011), die Hauspostille der Erzabtei St. Ottilien, zu Wort. Zwei ganze Seiten räumte man diesem Roman ein, der einem eigenen Mitbruder und Altabt geradezu einen Schlag ins Gesicht versetzt hatte und explizit die Macht einer Abtei im voralpenländisch-bayerischen Gesellschaftsgefüge herausarbeitete.

Aber statt eines erwarteten Verrisses war der Verfasser geradezu stolz auf »berühmte« Absolventen der Schule, wie eben den Autor. Locker-fröhlich erkannte er einen »Bildungsroman« und entdeckte: »Das Ottilianer Missionsthema kommt vor, in seiner Ambivalenz als heldenhafter Horizont des weltweiten Wirkens, und auch als Fluchtpunkt bei denen, die ständig zwischen den Kontinenten hin- und herreisen.« Der Buchautor als ein durch das tiefe Tal der Enttäuschung Gegangener ahne, »dass man den anderen letztlich nicht versteht«.

Endlich war Albert angekommen. Notker Wolfs Mitbrüder am Ammersee verstanden ihn besser als alle anderen Textdeuter. Der Verfasser des ungekennzeichneten Beitrags – ein Mönch, der anonym bleiben wollte? – verhalf dem Romanschreiber zu einer unerwarteten Ehre und erkannte eine »Liebeserklärung an St. Ottilien«, den Ort, der Albert zu den »Instanzen der Erweckung einer Sehnsucht nach dem Schönen« verhalf. Er sei einer der Ihren, weil er »die Benediktusregel und sogar die wenig bekannte Benediktusvita« in sein »mit Herzblut« geschriebenes »Emanzipationsdrama« eingewebt habe.

So schöne Worte hatte keiner der Feuilleton-Redakteure gefunden.

ANHANG

Personenregister

Glossar

Abtpräses – Leiter eines Zusammenschlusses von selbstständigen Klöstern (Kongregation) der Benediktiner und der Zisterzienser, gewählt vom Generalkapitel. In Kongregationen mit einer Erzabtei sind oft Erzabt und Abtpräses identisch qua Amt

Äbtekongress – Kongress der Konföderation, zu dem die Leiter (Oberen, Äbte) der benediktinischen Klöster alle vier Jahre in Rom zusammenkommen

AIM – Alliance Inter Monastères, unterstützt und begleitet benediktinische Gemeinschaften

Apostolische Visitation – außerordentliche Visitation, die der Papst anordnet, um Vorfälle zu untersuchen, die sich gegen die kirchliche Ordnung richten

Ateneo – Päpstliches Athenaeum Sant'Anselmo, internationale Hochschule des Benediktinerordens

Cellerar – Zuständiger für die wirtschaftlichen Belange eines Klosters, wird einem Finanzvorstand und Personalchef gleichgesetzt, auch Leiter des Wirtschaftsbetriebes

Collegio – Kollegium, hier Collegio Sant'Anselmo, Studienhaus

Curie – Gesamtheit der Leitungs- und Verwaltungsorgane des Heiligen Stuhls, päpstliche Behörde

Digos – Benediktinerkloster in der gleichnamigen Stadt in der philippinischen Provinz Davao del Sur auf der Insel Mindanao

Foundation Benedict – Stiftung der Benediktiner mit Sitz in Luzern

Generalkapitel – regelmäßige Versammlung der Oberen der einzelnen Klöster einer Ordensgemeinschaft (Kongregation)

Kapitelsaal – Versammlungsstätte einer klösterlichen Gemeinschaft

Komplet – Schlussandacht oder Nachtgebet, Teil des Stundengebets der Mönche und Nonnen

Konföderation – Zusammenschluss selbstständiger Einheiten, hier Zusammenschluss aller benediktinischen Kongregationen (21), oberster Repräsentant ist der Abtprimas

Kongregation – Zusammenschluss mehrerer selbstständiger Klöster (Klosterverband)

Konvent – Klostergemeinschaft

Laudes – Morgenlob, Morgengebet

Legio Mariae – katholische Laienorganisation, 1921 in Irland entstanden

Misereor – Hilfswerk der Katholiken in Deutschland mit Sitz in Aachen

Missionsbenediktiner – weltweiter Zusammenschluss von 19 selbstständigen Klöstern und insgesamt 50 Niederlassungen in Afrika, Amerika, Asien und Europa

Mittagshore – Teil des Stundengebets, meist vor dem Mittagessen

Nuova Consonanza – Improvisationsensemble (1964–75), gegründet auf Anregung von Franco Evangelisti

Patriotische Vereinigung der katholischen Kirche = Chinesische Katholisch-Patriotische Vereinigung – offiziell von der Regierung in Peking anerkannte kath. Gemeinschaft in der Volksrepublik China, wird von der röm.-kath. Kirche nicht anerkannt

Pileolus – Hut, Mütze, auch Scheitelkäppchen, Teil der kirchl. Kleidung, vor allem von Äbten (meist schwarz), Bischöfen (violett), Kardinälen (scharlachrot) und des Papstes (weiß)

Presbyterianer – größter Zweig der reformierten Kirchen mit schottischen Wurzeln

Primatialabtei – die Abtei des Abtprimas, die keine eigenen Münche hat. Der Abtprimas ist kirchenrechtlich gesehen der einzige Mönch von Sant'Anselmo

Prior – Vorsteher eines Klosters (Priorat) oder Vertreter des Abtes

Refektorium – Speisesaal eines Klosters

Trappisten – Mönchsorden, Reformzweig des Zisterzienserordens,

Vesper – kirchliches Abendgebet

Visitation – Besuch eines Oberen mit Aufsichtsbefugnis, meist zur Bestandsaufnahme oder Normenkontrolle

Waegwan – Benediktinerkloster in der gleichnamigen Stadt mit Verwaltungssitz in Südkorea

Zisterzienser – Orden, entstanden durch Reformen im Kloster Cîteaux (Frankreich) aus der Tradition der Benediktiner

Bildnachweis

Heidemarie Winter-Lehming S.7. 12, 19, 23, 28, 35, 44, 51, 65, 97, 99, 130, 135, 145, 181, 186, 199, 207, 216
Archiv Sant'Anselmo S. 21, 148, 193
Notker Wolf S. 41, 62, 72, 110, 112, 115
P. Bartholomäus S. 107
Wolfgang Höchenberger S. 174
Gerhard Brendel S. 154, 156, 166, 178
Helmut Steffan S. 151, 159, 173
L'Osservatore Romano S. 37
Tabak Forum (Pfeifenraucher-Lobby) S. 183
Ulli Hoffmann (Feedback) S. 138, 141
Landkarte aus www.weltkarte.com S. 103
Frank Pusch, Hamburg S. 213

Quellennachweis

S. 8 © www.orden.de
S. 123, 127 Abtprimas Notker Wolf, in: *Worauf warten wir? Ketzerische Gedanken zu Deutschland* © 2006 Rowohlt Verlag GmbH, Reinbek bei Hamburg
S. 203 STERN 26/2006
S. 220 © schwäbische.de, 15.10.2010
S. 226 SWR2 Literatur, 21.06.2011

Bücher von Notker Wolf

Notker Wolf und Johanna Domek: *Freisein für Gott. Einübung in die Geistliche Lesung*, Bonifatius-Druckerei 2004
Notker Wolf: *Worauf warten wir? Ketzerische Gedanken zu Deutschland*, Rowohlt-Verlag Reinbek 2006
Notker Wolf und Enrica Rosanna: *Die Kunst, Menschen zu führen*, Rowohlt-Verlag 2007

Notker Wolf: *Die Botschaft Benedikts. Die Weisheit seiner Äbte und Äbtissinnen*, Vier Türme 2008

Notker Wolf: *Aus heiterem Himmel. Einfälle und Eingebungen für das Leben unten*, rororo 2008

Notker Wolf und Corinna Mühlstedt: *Im Schatten des großen Drachen: Begegnungen mit Chinas Christen*, Kreuz-Verlag 2008

Notker Wolf und Matthias Drobinski: *Regeln zum Leben: Die Zehn Gebote – Provokation und Orientierung für heute*, Herder Verlag 2008

Notker Wolf mit R. Haas und N. M. Becker: *Wie mit neuen Augen. Weg-Begleiter für Pilger*, mit Audio-CD, Butzon & Bercker 2008

Notker Wolf: *Gott segne Sie! Neue Einfälle für das Leben hier unten*, Rowohlt-Verlag 2009

Notker Wolf: *Von den Mönchen lernen*, Pattloch-Verlag 2009

Notker Wolf: *Gönn dir Zeit. Es ist dein Leben*, Herder-Verlag 2009

Notker Wolf: *Wohin pilgern wir? Alte Wege und neue Ziele*, Rowohlt-Verlag 2009

Notker Wolf und Corinna Mühlstedt: *Mitten im Leben wird Gott geboren*, Herder-Verlag 2010

Notker Wolf: *Alles Gute kommt von oben. Kleine Wahrheiten für zwischendurch*, Rowohlt-Verlag 2010

Notker Wolf: *Schmetterlinge im Bauch*, Herder-Verlag 2011

Notker Wolf: *Das kleine Buch der wahren Freiheit*, Herder-Verlag 2011

Notker Wolf: *Erfüllte Zeit: Ermutigungen für das Leben*, St. Benno Verlag 2011

Notker Wolf und Alfons Kifmann: *JETZT ist die Zeit für den Wandel. Nachhaltig leben, für eine gute Zukunft*, Herder-Verlag 2012

Notker Wolf: *Seien Sie unbesorgt!: Vorschläge für ein erfülltes Leben*, Knaur TB 2012. Neuauflage von »Von den Mönchen lernen«

Notker Wolf und Leo G. Linder: *Jesus: Ein Leben*, Gütersloher Verlagshaus 2012

Notker Wolf: *Die sieben Säulen des Glücks: Tugenden für das Leben*, Herder-Verlag 2012

Eine Option für die Armen
Gerhard Ludwig Kardinal Müller
ARMUT
Die Herausforderung für den Glauben
Mit einem Geleitwort von Papst Franziskus
KÖSEL
Gebunden mit SU | 176 Seiten
ISBN 978-3-466-37106-8
Ausgehend von sehr persönlichen Erfahrungen, widmet sich Kardinal Müller einem Thema, das auch Papst Franziskus immer wieder in den Mittelpunkt seiner Predigten stellt: die solidarische, gerechte und mitmenschliche Gesellschaft und Konsequenzen für die Weltkirche.
Kösel
www.koesel.de